Basiswissen Sachunterricht

Herausgegeben von Astrid Kaiser und Detlef Pech

Band 3

Integrative Zugangsweisen für den Sachunterricht

Schneider Verlag Hohengehren GmbH

Umschlagentwurf: Gerrit Kaiser

Gedruckt auf umweltfreundlichem Papier (chlor- und säurefrei hergestellt).

Bibliografische Information Der Deutschen Bibliothek

Die Deutsche Bibliothek verzeichnet diese Publikation in der Deutschen Nationalbibliografie; detaillierte bibliografische Daten sind im Internet über ›http://dnb.ddb.de‹ abrufbar.

Basiswissen Sachunterricht. / hrsg. von Astrid Kaiser und Detlef Pech
  Bd. 1–6   ISBN 3-89676-860-3

  Bd. 1 Geschichte und historische Konzeptionen des Sachunterrichts
  ISBN 3-89676-861-1

  Bd. 2 Neuere Konzeptionen und Zielsetzungen im Sachunterricht
  ISBN 3-89676-862-X

  Bd. 3 Integrative Zugangsweisen für den Sachunterricht
  ISBN 3-89676-863-8

  Bd. 4 Lernvoraussetzungen und Lernen im Sachunterricht
  ISBN 3-89676-864-6

  Bd. 5 Unterrichtsplanung und Methoden
  ISBN 3-89676-865-4

  Bd. 6 Die Welt als Ausgangspunkt des Sachunterrichts
  ISBN 3-89676-866-2

Schneider Verlag Hohengehren, Wilhelmstr. 13,
D-73666 Baltmannsweiler 2004

© Schneider Verlag Hohengehren, 2004.
  Printed in Germany – Druck: Druckerei Hofmann, Schorndorf

Inhaltsverzeichnis

Vorwort

In den sechs Bänden der Reihe Basiswissen Sachunterricht haben wir uns der Anforderung gestellt, eine breite und doch klar strukturierte Übersicht zum Wissens- und Erkenntnisstand des Sachunterrichts und seiner Didaktik zu Beginn des 21. Jahrhunderts vorzulegen. Dazu haben wir über 70 Fachleute aus dem In- und Ausland um Beiträge gebeten. Basiswissen für ein so komplexes Fach wie den Sachunterricht zusammen zu stellen, ist keine einfache Aufgabe. Schon allein die Auswahl von Schwerpunkten für die einzelnen sechs Bände war kein leichtes Unterfangen. In ihrer Struktur spiegelt sich letztlich das Verständnis der Herausgebenden vom Sachunterricht wider. Eine Struktur, die trotz aller inhaltlichen Differenz der einzelnen Autorinnen und Autoren, auch in den Beiträgen zum Tragen kommt. Denn die meisten Autorinnen und Autoren profilieren den Sachunterricht unabhängig voneinander in Richtung einer kritischen wissenschaftsorientierten Disziplin.

In Abwägung vieler Alternativen haben wir uns dazu entschlossen, einen ersten Band zur Geschichte des Sachunterrichts herauszugeben, weil wir der Auffassung sind, dass die Entwicklung eines Unterrichtsfaches ein allmählicher Prozess ist und dass sich frühere Konzepte auch im heutigen Sachunterricht herauskristallisieren lassen.

Im zweiten Band sollen grundlegende Perspektiven und neuere Konzeptionen des Sachunterrichts präsentiert werden. Sie sollen verbunden werden mit der Diskussion wesentlicher Lernprinzipien im Sachunterricht. Zugleich soll in diesem Band der aktuelle Stand der curricularen Entwicklung in der Bundesrepublik beispielhaft vorgestellt und die Möglichkeit eröffnet werden, diesen mit dem internationalen Stand abzugleichen.

Der dritte Band soll verschiedene Diskurse und Konzeptansätze einer über einzelfachliche Perspektiven hinaus gehenden Neudimensionierung von Sachunterricht eröffnen. Die Qualifizierungsabsicht geht hier in Richtung einer mehrperspektivischen Pädagogik der Vielfalt, die stärker die Bildung der Person fokussiert und weniger die direkte fachliche Vermittlung von Inhalten. Somit stehen in diesem Band mehr von den Lernsubjekten und ihren Denk- und Wahrnehmungsweisen her gedachte konzeptionelle Innovationen im Zentrum.

In Band vier wird der Sachunterricht aus der Perspektive des Lernens und der Lernenden beleuchtet. Erkenntnisse über Lernvoraussetzungen für den Sachunterricht und lerntheoretische Ansätze sowie die konzeptionellen Konsequenzen für einen lernförderlichen Sachunterricht bilden das Zentrum der Analyse.

Im fünften Band steht die praktische Umsetzung des Sachunterrichts im Vordergrund. Planung und Unterrichtsanalyse werden in ihren Möglichkeiten beleuchtet; verschiedene methodische Ansätze erörtert und in ihrer Begründung wie auch hinsichtlich der Probleme der unterrichtlichen Umsetzung reflektiert.

Der sechste Band widmet sich schwerpunktmäßig dem Sachunterricht als Theorie der Allgemeinbildung. Die verschiedenen epochaltypischen Schlüsselprobleme wie sie Wolfgang Klafki als Strukturierung von Allgemeinbildung formulierte, werden hier bezogen auf den Sachunterricht in der Grundschule entwickelt.

Für die intensive redaktionelle Arbeit danken wir insbesondere Isabel Ahrens, Astrid Brosowsky, Sabine Binnemann, Femke Lane (Oldenburg) und Marei Ludath, Carolin Schwiezer, Andrea Becher (Lüneburg).

Lüneburg und Oldenburg
Detlef Pech und Astrid Kaiser

ASTRID KAISER / DETLEF PECH

Auf dem Wege zur Integration durch neue Zugangsweisen?

Mixtur oder Integration im Sachunterricht?

Wenn wir die Materialsammlungen von Schulen für den Sachunterricht anschauen, sehen wir eine bunte Mixtur: hier steht ein Skelett, dort ein ausgestopfter Fasan, daneben ein roter Koffer mit kleinschrittig festgelegtem Experimentalmaterial für Schülerinnen- und Schülerversuche.

Dieses Sammelsurium macht deutlich, dass die Geschichte des Sachunterrichts viele verschiedene Wurzeln hat. Die Chance, die in dieser Vielfalt liegt, bleibt allerdings weitestgehend ungenutzt. Es bleibt eine Zusammenhäufung von einzelnen Elementen, Gedanken, Ansätzen oder Ideen, in der die orientierenden Grundlinien für ein integriertes Konzept des Sachunterrichts fehlen.

Sachunterricht ist nicht Unterricht über einzelne Sachen. Das wäre eine schier unlösbare Aufgabe, denn die Zahl der Sachen auf der Welt ist unermesslich. Sachunterricht soll Kindern eine basale Orientierung in der Welt ermöglichen. Diese Welt ist aber kein Stückwerk, sondern ein sehr komplexes Gefüge. Immer häufiger wird betont, dass sich eine „Weltgesellschaft" (Stichweh 2000) ausbildet.

Sachunterricht in einer Weltgesellschaft

An einigen Beispielen sollen die *Zusammenhänge* ansatzweise verdeutlicht werden. Kein Mensch auf der Welt lebt ohne andere Menschen; jedes Handeln hat Konsequenzen für die anderen Personen. Sogar ein Eremit, mitten im Bergwald, kann nicht autark existieren, er ist auf Austausch und Regelungen angewiesen. Seine Existenz hat Modell- oder Abschreckungsfunktion für andere Menschen. Er wirkt somit in die Welt hinaus. Und die Welt wirkt in seine Einsiedelei hinein. Er wird mit einer Ausnahmeregelung von der Grundsteuer befreit oder muss einen Privatwald verlassen.

Auch ökonomisch ist klar: Jede Ware muss produziert werden und ist von der Arbeit sowie den Rohstoffen, den technischen Möglichkeiten und dem gewachsenen Wissen abhängig. Keine Ware kann ohne Handel verkauft werden. Viele Waren haben schon im Produktionsprozess lange Wege zu gehen. So wird beispielsweise die Baumwolle in Usbekistan oder den USA geerntet – die Fasern werden in Indien gefärbt – in Europa werden die Kleidungsstücke entworfen – in Nordafrika genäht – in Europa vermarktet und in Zentralafrika schließlich entsorgt. Wenn wir noch tiefer in die weltweiten Handels- und Produktionsverflechtungen schauen, werden wir sehen, welche Belastungen dabei auf die Menschen zukommen, welche Veränderungen der traditionellen Sozialstrukturen sich durch die Umstellung von bislang agrarischen Arbeitsformen hin zur Lohnarbeit in Fabriken mit festen Arbeitszeiten, vom Wechsel von der Produktion von Lebensmitteln für den Eigenbedarf (Subsistenzproduktion) hin zum Lebensunterhalt mit am Markt erworbenen Waren durch Arbeitslohn ergeben. Wenn wir die persönlichen Schicksale, die Belastungen der Menschen durch Emissionen näher betrachten, stoßen wir auf Zusammenhänge von Produktion und Gesundheit, Mensch und Technik sowie Verantwortung und Expansion der Produktion.

Keine Region der Erde existiert ohne die anderen. Es fängt schon damit an, dass der Straßenbau im brasilianischen Regenwald Brandrodung nach sich zieht. Der Straßenbau erleichtert den Busverkehr und dieser wiederum lockt Menschen in die entfernten Regenwaldregionen, die sonst nicht dorthin hätten gelangen können. Dieser Trend der Expansion wird durch Verarmung in den Städten verschärft, denn viele Menschen hoffen, aus Hunger und Elend zu entkommen, wenn sie sich im Regenwald ein Stückchen Land urbar machen. Eigentlich fängt die Brandrodung aber schon beim Verzehr eines Joghurts in den Metropolen der Welt an. Denn das für den Deckel des Joghurtbechers verwendete Aluminium kann nur aus Bauxit hergestellt werden – und die Lagerstätten von Bauxit finden wir weltweit nur in den tropischen Zonen Südamerikas, Afrikas oder Indonesiens. Für einen ökonomischen Abbau und Transport werden Straßen als unerlässlich betrachtet und Bauaufträge erteilt. Durch die darauf folgende Brandrodung werden riesige Flächen des Regenwaldes zerstört und damit auch das klimatische Gleichgewicht auf der Erde. So hat der Verzehr eines Joghurts Auswirkungen auf das Wetter. Es ließen sich noch viel differenziertere Verbindungen zwischen dem, was an einer Stelle der Erde passiert und sich infolge auf andere auswirkt, aufzeigen. Dietmar von Reeken belegt in diesem Band in wie vielfältiger Weise diese globale Einbindung auch für Grundschulkinder gegeben ist und folgert daraus, dass die schon von Harnisch (vgl. Beitrag Mitzlaff in Band 1 dieser Reihe) grundgelegte Weltkunde, heute aktueller denn je ist.

Hier kommt es lediglich darauf an, die didaktische Bedeutung der Globalisierung zu erkennen: Denn wenn die Welt so komplex ist, kann die Orientierung auf diese Welt nicht einfach gestrickt sein! Sie kann nicht aus einzelnen Dingen, Gegenständen oder Inhalten zusammengesetzt werden.

Konzeptionelle Vorläufer eines Sachunterrichts in einer Weltgesellschaft

Deshalb brauchen wir konzeptionelles Denken, in dem diese tatsächlichen Verflechtungen und Verwobenheiten berücksichtigt werden; denn „Sachunterricht ist Weltbegegnung" (vgl. Siller in diesem Band). Dies ist kein gänzlich neuer Gedanke. Es wurde schon lange nach Orientierungskonzepten für die Auswahl von Inhalten gesucht und zwischen verschiedenen Ansätzen gerungen. Maria Montessori beispielsweise stellte in ihrer kosmischen Erziehung eine Verbindung von der Entstehung des Universums über die Erdgeschichte bis hin zu elementaren kulturellen Techniken wie dem Rechnen zueinander in Verbindung. Schon bei Ilse Lichtenstein-Rother tauchte als Fachbezeichnung elementare Weltkunde (Lichtenstein-Rother 1977, S. 64) auf. Diese Idee fand allerdings noch nicht großen Nachklang. In den Jahren vor der Herausbildung des Faches Sachunterricht stand insgesamt eher nicht der Gedanke nach Orientierung in der Welt im Vordergrund, sondern mehr oder weniger das Denken, möglichst viel für wichtig angesehenes Wissen weiter zu geben. Insbesondere beim Vorläuferkonzept des Sachunterrichts, der Sachkunde, wurde mehr ein Additum verschiedener Sachen für wichtig erachtet, als einen einheitlichen „Guss", wie er in der Heimatkunde noch angedacht war, zu erreichen. Dabei wurden verschiedene Spektren von Wissen entwickelt. Doch diese waren noch sehr eindimensional. So war das erweiterte Sachwissen Schwerpunkt der Sachkunde der frühen 60er Jahre des 20. Jahrhunderts – und doch gab es sehr viele verschiedene Vorstellungen über die auszuwählenden Inhalte. Jeziorsky (vgl. Beitrag Plickat in Band 1 dieser Reihe) äußerte sich damals völlig anders als etwa Karnick (vgl. Mitzlaff in Band 1 dieser Reihe) mit seinen Praxis anleitenden Büchern. Eine Konzeptrichtung kann verschiedene Wege eröffnen. Beide wollten sie das Wissen der Grundschulkinder erweitern. Karnick ging aber stärker von räumlich erreichbaren Lernfeldern aus, während Jeziorsky für einen Allgemeinbildungsanspruch eintrat und danach fragte, welche Inhaltsbereiche sinnvoll sind und welche für die Altersgruppe bildsam. Dabei hat er allerdings mit dem von ihm gesetzten Maßstab der „Verfrühung" auch problematische Schlussfolgerungen gezogen. So hat er mit einem eng auf Stufen bezogenen Begriff von Bildsamkeit sozialwissenschaftliche Fragen als nicht angemessen für das Grundschulalter betrachtet. Beide Autoren sind aber unter das Etikett Sachkunde zu fassen, also als Vorläuferkonzepte des Sachunterrichts aus den 60er Jahren des 20. Jahrhunderts zu verstehen, die sich allmählich aus der über hundertjährigen Heimatkunde-Vorgeschichte gelöst hatten. Konzepte sind zunächst immer nur allgemeine Formeln, es kommt immer auf die jeweilige Interpretation an und wie diese wiederum in der Praxis ausgefüllt wird.

Doch schon Jahrzehnte vor der Einführung des Sachunterrichts gab es eine Zeit, in der eine neue Grundidee für den allgemein bildenden Unterricht entwickelt wurde. So stand die neue *Reformidee* der „Arbeit" in der Arbeitspädagogik zur Gründungszeit der Weimarer Republik hoch im Kurs - und schon sie wurde sehr vielfältig interpretiert! Die einen sahen darin freies Erarbeiten von Themen in Gruppen (vgl. Gaudig in Band 1 dieser Reihe), die anderen sahen darin das Anfertigen eines konkreten Werkstücks (vgl. Kerschensteiner in Band 1 dieser Reihe) und wiederum andere sahen es als Utopie der Arbeitsschule an, wenn industrielle Arbeit und Lernen zu einer Einheit zusammengeführt wird (vgl. 'Östreich' in Band 1 dieser Reihe). Eine einzige eng gedachte Idee, eine einzige Formel, kann sehr vielfältig verstanden werden. Wir können nicht einen Sachunterricht der Zukunft an nur einer einzigen methodischen oder inhaltlichen Leitlinie festmachen. Denn letztlich gibt es diese nicht. Dennoch ist mit der Idee der Arbeitspädagogik ein erster orientierender Gedanke geboren, nämlich den allgemein bildenden Unterricht auf die Arbeitswelt zu orientieren und aus der Arbeitswelt Methoden in die Schule einzubringen. So betrachtet ist die Arbeitspädagogik trotz ihrer Heterogenität in den einzelnen Ausformungen der erste Versuch, Gesellschaft und Didaktik in ein produktives Verhältnis zu stellen. Doch damals – ebenso wie heute – überwogen ganz andere Denkmuster. Auch früher wurde aus den tradierten Fächern der eigentliche Schub für die schulischen Inhalte genommen. In manchen reformpädagogischen Konzepten wie bei der Landerziehungsbewegung (vgl. Beitrag Jung in Band 1 dieser Reihe) unterschied sich das Curriculum überhaupt nicht von den herkömmlichen Schulen.

Fachorientierung statt Weltorientierung?

Aus einem *Einzelfach* und seinen Inhalten lässt sich Sachunterricht nicht konstruieren, selbst wenn wir mehrere Fächer zusammen kombinieren. Mittlerweile ist der fachadditive Ansatz, der in den 70er Jahren die Schulbücher und Lehrpläne für den neu gegründeten Sachunterricht dominierte, im Schwinden begriffen. Zwar zeigt er noch seine Fortwirkungen im Planungshandeln von Lehrkräften, wenn sie für sich sagen: „Die letzte Einheit in meiner Klasse war mehr Biologie, jetzt mache ich ein Thema aus der Geographie", aber weder Richtlinien noch Zukunftskonzepte wie der Perspektivrahmen der GDSU (Gesellschaft für Didaktik des Sachunterrichts) befürworten eine Orientierung an Einzelfächern. Dennoch ist es schwer für uns alle, aus dem vertrauten Rahmen des Fächerdenkens heraus zu kommen. Wir sind es gewohnt, Inhalte nicht in Problembereichen, sondern in Fächerkästchen zu sehen. Mehrjährige Erfahrungen der meisten Menschen in Schulen mit klaren Fächerabgrenzungen bleiben nicht ohne Wirkung auf unser Denken.

Gleichwohl bieten die Fächer keinen der Qualitätsmaßstäbe von morgen, denn sie sind für eine umfassende Kompetenzentwicklung von Kindern nicht die geeignete Folie. Es gibt dabei vier besondere Probleme zu beachten:

– Fächer sind träge und reflektieren zu wenig den Wandel.
   Sie sind nicht von ihren Inhalten auf den schnellen Wandel von Wissen eingestellt, sondern reflektieren immer gerade das schon überholte Wissen. Denn die Übertragung von neuen Entwicklungen in wissenschaftliche Erkenntnisse dauert seine Zeit. Ehe das Wissen von wissenschaftlichen Fächern aber in Schulfächern landet, sind viele Erkenntnisse schon veraltet. Dies ist besonders in der heutigen schnelllebigen Zeit mit ihren exponentiell wachsenden Bestandteilen an Wissen ein Problem.

- Fächer stellen eine künstliche Struktur dar.
  Sie repräsentieren nicht die Realität, sondern sind von Menschen gemachte
  besondere Ansammlungen von Wissen. Das Wissen der Menschheit hat sich im
  Laufe der Geschichte entwickelt. In dieser Zeit haben sich auch spezifische
  Wissensbestandteile nach besonderer Förderung – zum Beispiel bei der Tele-
  kommunikation durch Regierungsaufträge, um kriegswichtige Technologien
  zu bekommen - entwickelt. Fachwissen ist nie eine objektive Abbildung gesellschaftlichen Wissens, sondern wird durch Forschungsförderung und besondere historische Bedingungen konstruiert.

- Das Fachdenken entspricht nicht den Wahrnehmungsstrukturen von Kindern.
  Kinder nehmen ihre Wirklichkeit situativ wahr. Ihr Augenmerk fällt auf Phänomene und konkrete Situationen. Sie kennen noch nicht die künstliche Ein-
  teilung der Weltsicht in Fächerkästen. Siller zeigt in diesem Band sehr deutlich
  auf, dass nur die Phänomene in ihrer Vielschichtigkeit legitimer Ausgangspunkt für das Lernen der Kinder sind und betont, dass dies nicht deckungs-
  gleich mit unklaren Ganzheitsphantasien der Heimatkundedebatte sein kann.

- Fachdenken engt ein.
  Interdisziplinäre Verbindungen sind aus einmal gesetzten Fachrahmungen
  schwer zu ziehen. Dagegen wäre ein auf vernetztes Denken orientierter
  Ansatz, wie er gerade im Rahmen der Bildung für eine nachhaltige Entwicklung (vgl. Stoltenberg in Band 2 in dieser Reihe; Stoltenberg 2002) angedacht
  wird, ein Weg, der sowohl der gesellschaftlichen Wirklichkeit als auch den
  Denkstrukturen der Kinder eher angemessen ist. Die in diesem Kontext
  betonten drei Grunddimensionen:

  ökonomisch – ökologisch – soziokulturell
  eröffnen einen Fokus, der der Komplexität von Wirklichkeit eher gerecht wird
  als verengte Fächer.

Wenn wir davon ausgehen, dass der Sachunterricht für das aktuelle und zukünftige Leben von Schülerinnen und Schülern die wesentlichen Grundlagen bilden
soll, dann ist das aus den Fächern destillierte Wissen zu schmal.

> „Sachunterricht, der hilft, Beziehungen zur Umwelt zu erschließen, konzentriert
> sich auf das Ziel, dem Kind zu helfen, diese Beziehungen besser zu erkennen und zu
> verstehen, neue Beziehungen zu finden und das Geflecht der Beziehungen, das fort-
> während ergänzt, erneuert, umgebaut wird, so zu bewältigen, dass die eigene Auto-
> nomie wächst ohne die von anderen in unvertretbarem Ausmaß einzuengen" (Kah-
> lert 2002, S. 51).

Wenn die Autonomie von Kindern im Erkennen ihrer Welt und im Umgang mit
dieser Welt entwickelt werden soll, kann ihnen keine Kunstwelt, sondern nur die
dynamisch-reale Welt gezeigt werden.

Es ist erforderlich, dass *grundlegende Bildung im Sachunterricht* auf eine sich
entwickelnde Welt orientieren muss und nicht veraltete Wissensstrukturen in ver-
kleinerter Form anbieten kann. Nun kann diese Zukunftsorientierung nicht dif-
fus sein, sondern bedarf einer Struktur. Es müssen klar erkennbare Baupläne
entwickelt werden, also gemeinsame Grundlinien zur Konstruktion sichtbar
sein. Gleichzeitig wissen wir, dass diese zukunftsfähigen Inhalte komplex sein
müssen, wenn sie die sich entwickelnde Wirklichkeit erfassen sollen.

Wir brauchen also einen übergreifenden Ideenrahmen für das didaktische Handeln. Kein Zusammenwürfeln von Einzelideen! Das heißt, wir brauchen konkrete, komplexe Baupläne, bei denen die jeweiligen Einzelpläne zueinander
passen. Ein Gebäude bricht zusammen, wenn die Fundamente, die tragenden
Wände oder die Dachkonstruktionen nach unterschiedlichen Grundideen konstruiert werden.

Von daher suchen wir in diesem Band nach dem integrativen Sachunterricht.
Alle der hier vorgestellten Zugangsweisen oder integrierten Perspektiven versuchen, eine verzweigte Verbindung zwischen einzelnen Inhalten und den Problemen der Welt zu schaffen.

Kann der Konstruktivismus die verbindende Orientierung sein?

In den letzten Jahren ist verstärkt der Konstruktivismus (vgl. Maturana / Varela
1987) zuerst in die Gender-Debatte (vgl. Butler 1991), später in die Didaktik und
letztlich bis in die Sachunterrichtsdidaktik (vgl. Klein / Oettinger 2000) eingedrungen. Auf den ersten Blick wirkt es so, als biete diese Theorie eine zeitgemäße allgemeine Orientierung. Der Grundgedanke des Konstruktivismus ist
eine durchaus wichtige erkenntnistheoretische Aussage, nämlich dass Menschen
Dinge immer verschieden sehen und entsprechend verschieden deuten. So ist es
unbestritten, dass „Erkenntnisse, Weltbilder, 'Wahrheiten', Urteile immer auf
das erkennende Subjekt bezogen und von ihm abhängig" (Popp 1999, S. 61)
sind. Dies heißt, dass die Objektivität oder die Gegenständlichkeit einer Sache
durch Wahrnehmung gefiltert wird. Wahrnehmung ist also stets subjektiv. Dementsprechend „konstruiert" ein Subjekt stets seinen oder ihren Gegenstand und
es handelt sich um einen vom Subjekt 'veränderten' Gegenstand, der außerhalb
des Subjekts aber derselbe bleibt. Doch die Welt kann nicht durch subjektive
Konstruktionen allein verändert werden. Konstruktivismus ist eine Erkenntnistheorie und kann nicht eine Gesellschaftstheorie und/oder Bildungstheorie
ersetzen (Kaiser 2000a). Dies heißt zweierlei: Es stimmt, dass wir nicht 'absolu-
tes' Erkennen erreichen können. Die Wirklichkeit zu erkennen ist kein objekti-
ver Vorgang, denn dies ist immer abhängig von den Perspektiven jedes einzelnen
Menschen. Was wir über die Wirklichkeit sagen und denken ist abhängig von den
verschiedenen menschlichen Deutungen. Diese Seite ist für den Sachunterricht
hoch interessant, denn wir können aus erkenntnistheoretischer Sicht nicht eine

einzige Antwort oder auch zwei oder drei Antworten als die richtige Lösung betrachten.

Diese wichtigen erkenntnistheoretischen Gedanken dürfen aber nicht überdecken, dass die Welt auch ohne unser Denken existiert. Wir verändern sie zwar täglich, aber wir selbst sind nur ein Teil dieser Welt. Diese Sicht fällt schwer. Besonders Kindern im Primarschulalter fällt es noch schwer, den Menschen als „animal" zu begreifen (vgl. Harlen 2000). Es ist angenehmer, sich als einflussreich und bedeutsam – eben als besondere Spezies – zu begreifen. Diesem Wunsch kommt die radikal-konstruktivistische Sicht, dass es möglich ist, durch die eigene Sichtweise vorhandene Strukturen zu durchbrechen (vgl. die Gedanken zum 'doing gender' bei Butler 1991), durchaus entgegen.

Aber es muss nicht adäquat sein, was vielen Menschen gefällt. Wir vertreten die Position, dass unabhangig von den Gedanken einzelner Menschen Welt existiert. Und auf diese Welt hat der Sachunterricht zu orientieren, wenn auch gebunden an die verschiedenen Sichtweisen der einzelnen Menschen. Sicherlich haben auch die subjektiven Denkweisen und Einschätzungen eine Auswirkung. Aber diese existieren nicht unabhängig von der Welt.

Es gibt aber noch einen weiteren Grund, der eine generelle Übertragung der wichtigen erkenntniskritischen Denkansätze des Konstruktivismus in die Didaktik begrenzt. Denn mit diesen Denkansätzen wird die Wechselbeziehung zwischen Welt und Individuum in ihrer komplexen Dynamik verkürzt. Zunächst ist deutlich, dass in einer Theorie wie der des Konstruktivismus die subjektive Sicht des lernenden Individuums im Vordergrund steht und nicht die Wirklichkeit, deren objektive Existenz in radikal konstruktivistischen Konzepten umstritten ist. Der Sachunterricht hat aber immer eine Bedingung, nämlich die Entwicklung des Verstehens für und in der jeweiligen Lebenswelt zu fördern. Aber „in konstruktivistischen Theorien gibt es keine Lebenswelten [...]" (Richter 2002, S. 62). Die „Subjektivität der Lernenden wird in einer biologistischen Sichtweise verdinglicht" (Richter 2002, S. 62). Nicht nur die Ausklammerung der Realität in ihrer Wechselwirkung zu den Lernenden und Lehrenden ist problematisch, auch die fehlende normative Orientierung versperrt den Weg zu didaktischen Entscheidungen. Richter bezieht diese Kritik auf die Politische Bildung, sie könnte allerdings analog auf den gesamten Sachunterricht übertragen werden.

> „Denn politische Bildung und Konstruktivismus passen nicht zusammen: 'Politische Bildung hat gesellschaftspolitische Ziele – der Konstruktivismus ist gesellschaftlich indifferent. Der Konstruktivismus ist eine Erkenntnistheorie ohne Auftrag, politische Bildung bemüht sich um die Umsetzung der demokratischen Idee. Ohne Normativität ist politische Bildung unvorstellbar [....]' (Hufer 2001, S. 5)" (Richter 2002, S. 62).

Sie führt weiter aus, dass damit nur einzelne Inhalte relativiert werden können, aber nicht eine Didaktik konstituiert wird: „Insofern eignen sich konstruktivistische Didaktiken eventuell für entsprechend technisierte Inhalte, m.E. nicht aber für eine Didaktik des Sachunterrichts, die das Ziel der Aufklärung verfolgt" (Richter 2002, S. 62).

Globalisierung als Hintergrundsfolie und Ziel für den Sachunterricht

Das heißt, wir müssen in erster Linie den *Konstruktionsplan von Sachunterricht* betrachten. Und wie bei jedem Konstruktionsplan gibt es einen Grundriss, der in alle Details hinein wirkt. Unseres Erachtens ist dieser Grundriss mit dem Gedanken der Globalisierung der Welt am ehesten zu charakterisieren. In diesem Begriff steckt nicht nur eine optimistische Sicht der Welt, sondern auch eine kritische, wie sie mit Begriffen wie „McDonaldisierung", „Verwestlichung" (Hannerz 1997) oder „McWorld" (Barber 1997) ausgedrückt wird. Denn in der Tat ist Globalisierung ein Prozess der zunehmenden Machtergreifung über Märkte, Kulturen, Regionen und Menschen. Für viele Menschen heißt dies, dass Verarmung zunimmt (Chomsky 2002; Bourdieu 1997) und damit auch die Gegensätze zwischen Arm und Reich. Aber diese Herrschaftsseite von Globalisierung ist nur eine Seite der Medaille. Gleichzeitig werden die Lebenswelten vielfältiger durch globalen Austausch, Kontakt, Beeinflussung und zwischenmenschliche Interaktion. Regionales und Lokales treten in Verbindung und das Besondere gewinnt an Gewicht, wie es mit dem Begriff der „Glokalisierung" (Robertson 1992) ausgedrückt werden kann (was indes nicht immer unproblematisch ist). Die Globalisierung ist kein Vorgang, der das Besondere vor Ort auslöschen kann. Es kann sogar, gerade durch die Globalisierung als Kontrast, ein besonderes Gewicht auf das jeweils Einzigartige einer Kultur gelegt werden. Aufkommende Straßenfeste in anonymen Städten und Ethnopop im Kontext einer globalen Popkultur sind nur einige Signale für diesen Gegentrend. Es sind durch die vielen Ebenen von Aushandlungen weltweit auch große Chancen zur Demokratisierung im Sinne eines „Dritten Weges" (Giddens 1999) gegeben, die globale Zusammenschlüsse (Beck 1998) hervorbringen.

Dieses *Gerüst der Globalisierung* enthält also widerstrebende Träger – die aspektreiche Demokratisierungsseite und die Vereinheitlichungs- und Unterwerfungsseite. Aber ein Gebäude wie die Welt, kann nicht mit einfachem Gestänge gerahmt werden. Mit diesen inneren Gegensätzen ist es gleichzeitig offen für verschiedene inhaltliche Ausgestaltungen, und doch ist das Gebäude groß genug entworfen, um die wichtigen Inhalte darin aufzunehmen.

In einer pluralistischen Gesellschaft, in der verschiedene Interessen und Sichtweisen aufeinander treffen, kann kein geschlossenes System der Inhaltsstrukturierung von oben herab deklariert werden. „Fertigbauweise" ist nicht angemessen. Das widerspricht der Dynamik der Entwicklung und der Notwendigkeit, dass Menschen in wechselseitiger Auseinandersetzung zur Verständigung gelangen müssen.

Vielmehr folgt systematisch aus der Entwicklung hin zur Globalisierung, dass wir eine Didaktik der Vielfalt entfalten müssen, wenn wir nicht die verschiedenen Kräfte und Stärken der verschiedenen Menschen unterdrücken wollen. Auf didaktisches Handeln umgesetzt heißt dies,

> „daß es nicht notwendig ist, die Gültigkeit einer bestimmten Ansicht zu ermitteln oder anderen aufzuzwingen, sondern daß die Unterschiede nebeneinander bestehen bleiben können, auch wenn wir selber eine bestimmte Auffassung vertreten und verfechten, ist die dem Pluralismus eingeschriebene und zu ihm hinführende Bildungserfahrung bedeutsam" (Schreier 1999, S. 54).

Neben der Vielschichtigkeit von Inhalten kommt es darauf an, dass der Unterricht mehrdimensional verortet ist. Nicht nur die einzelne Anregung, die einzelne unterrichtliche Interaktion ist von Bedeutung, sondern der Kontext, die Situation in der Klasse, das Schulleben und das gesellschaftliche Leben in Familie, Ort und Gesamtgesellschaft. Für den Sachunterricht heißt dies, dass wir nicht simple lineare Lösungen anbieten dürfen, wie sie in der Arbeitsblattdidaktik gang und gäbe ist, sondern mehrere Zugangsweisen und Mehrperspektivität bei allen Inhalten brauchen, um die breiten Fähigkeiten aller Menschen in der globalisierten Welt produktiv aufzugreifen.

> „Vielperspektivisches Denken wird schließlich als grundlegende Kompetenz in einer pluralistischen Gesellschaft bestimmt; es schließt die Fähigkeit ein, Positionen argumentativ zu begründen und die anderer Menschen zu verstehen, aber auch die grundsätzliche Bereitschaft zum Perspektivenwechsel" (Köhnlein 1999, S. 18).

Diese Vielperspektivität kann aber nicht beliebig sein, sondern bedarf normativer Regulierungen.

> „Die gesellschaftliche Struktur der Pluralität bedarf formaler Regelungen für einen Basiskonsens wie etwa die Grundrechte (Artikel 1 bis 19 des Grundgesetzes), darin liegt aber auch die Anerkennung und Berechtigung unterschiedlicher Lebensformen, Überzeugungen und Ansprüche" (Popp 1999, S. 77).[1]

Unter globaler Perspektive muss dieser normative Rahmen von den nationalen Bezügen noch erweitert werden auf eine allgemeine humanistische Sicht. Die Deklaration der Menschenrechte und die der Kinderrechte (vgl. Carle / Kaiser 1998) sind dabei die zentralen inhaltlichen Orientierungen. Es geht also generell um das Ziel der Humanisierung der Welt. An diesem Ziel sollten sich nach unserer Auffassung alle didaktischen Entscheidungen messen lassen. In diesem Rahmen können sich aber vielfältige Möglichkeiten der Ausgestaltung des sozialen Miteinanders entfalten.

---

[1] Die unterschiedlichen Lebensformen werden sehr aspektreich von Hartmann in diesem Band ausgeführt.

Soziale Wende als erste neue Orientierung

In Richtung auf Verständigung als Ziel laufen schon viele Diskussionen in der Sachunterrichtsdidaktik. Auf allgemeiner Ebene wird mittlerweile immer öfter eine „Soziale Wende" (Meier 1993) in der Grundschulpädagogik eingefordert. Es gibt nicht nur auf Seiten der adäquaten Sacherkenntnisse, sondern gleichzeitig auf Seiten der erzieherischen Ziele, wichtige Argumente für kommunikativen Sachunterricht.

Die Intention, die sozialen Beziehungen der Menschen untereinander stärker zu entwickeln und zu pflegen, ist angesichts gesellschaftlicher Konkurrenz, Ellenbogenmentalität, Atomisierung und sozialer Ausgrenzung außerordentlich wichtig. Sie ist aber nur dann wirklich zu ergründen, wenn wir es im Lichte der Globalisierung sehen, die neue Verständigungsmöglichkeiten der Menschen untereinander erfordert, aber auch verlangt, die Welt besser zu begreifen und die Kinder in der gegenwärtigen und zukünftigen Welt handlungsfähig zu machen. Dies ist die Kernaufgabe von Sachunterricht.

Hier bieten sich integrative Zugangsweisen gleichzeitig als Medium des sozialen Lernens an. Zum einen kann die Hierarchie zwischen Lehrenden und Lernenden etwa beim gemeinsamen Deuten ästhetischer Objekte oder im philosophischen Gespräch relativiert werden. „Ein philosophischer Diskurs von Kindern und Erwachsenen setzt voraus, dass die Beteiligten sich 'auf Augenhöhe' begegnen und geeignete Formen finden, um gemeinsam zu zumindest vorläufigen Antworten zu gelangen" (Pfeiffer 2003, S. 43). Derartige neue Zugangsweisen bieten aber auch viele Anlässe für soziale Lernerfahrungen. „In der Auseinandersetzung mit anderen Kindern erfährt es sich als Teil einer Gemeinschaft, in der ähnliche und andere Erfahrungen offen besprochen werden können und damit das Furchteinflößende verlieren" (Pfeiffer 2003, S. 44).

Angesichts globaler Beziehungsgeflechte erscheint die Fokussierung der sozialen Beziehungen als sehr wichtig, aber nicht hinreichend. Ebenso gilt es im Kontext wahrnehmbarer Heterogenität, die kulturellen wie die politischen Beziehungen stärker in den Blick zu nehmen. Vielleicht sollte daher statt von einer „Sozialen Wende" verstärkt über eine „Gesellschaftliche Wende" in Sachunterrichtsdidaktik und Grundschulpädagogik nachgedacht werden.

Globalisierung als zukünftige Orientierung

Doch noch sind die Baupläne für zukünftigen Sachunterricht nicht fertig gezeichnet. Wir haben also kein festes System zur Strukturierung des Sachunterrichts, aber wir können schon Wege aufzeigen, wie die tragenden Wände gestaltet werden könnten. Das Grundgerüst ist die Orientierung auf die globalisierte Welt in ihrer Widersprüchlichkeit und ihren Chancen und Risiken. Dies klingt einfach, eröffnet aber einen schier unendlichen Raum verschiedener Sichtweisen. Denn sobald die Welt pluralisiert gesehen wird, kann nicht mehr von einer Beurteilungsperspektive ausgegangen werden. In einer traditionalen Gesellschaft, etwa einem geschlossenen Pazifik-Archipel, waren die überlebensnotwendigen Techniken des Fischfangs, des Uferschutzes und des Pflanzenbaus eng verknüpft mit traditionellen Riten und Bedeutungen. Alles Handeln und Denken der Menschen war traditional geklärt. Die Menschen hatten keine Orientierungsprobleme, sondern klaren Orientierungsnotwendigkeiten zu folgen. Dies änderte sich mit jeder weiteren Pluralisierung, die verschiedene Sichtweisen in jede Handlungssituation hinein brachte. Jetzt entstand die Notwendigkeit, eine eigenständige ethische Entscheidung zu treffen und aus der Vielfalt der Möglichkeiten und Perspektiven, sich begründet für eine eigene zu entscheiden. Dietlind Fischer zeigt in diesem Band sehr deutlich auf, wie die Notwendigkeit zu ethischen Entscheidungen aus diesen gesellschaftlichen Pluralisierungsprozessen erwächst und damit für jeden einzelnen Menschen von Bedeutung wird. Da es keine unumstrittenen Traditionen der Beurteilung gibt, wird dies zu einer fundamentalen Aufgabe der Allgemeinbildung und bekommt somit einen herausragenden Stellenwert im Sachunterricht. Es ist legitim, diesen Bereich schon in der Grundschule aufzubauen, denn Kinder fragen nach Orientierungen. Dietlind Fischer zeigt verschiedene im Grundschulalter praktikable Ansätze auf, wie dies über Vorbilder und eine positive Erziehungshaltung hinausgehend möglich ist. Nicht nur über ein entwickeltes Schulleben, sondern über einzelne unterrichtliche Methoden wie den Einsatz von Kinderbüchern, Gruppendiskussionen, Klassenrat und Rollenspielen sieht sie Ansatzpunkte, die ethische Beurteilungsfähigkeit in der Grundschule zu entwickeln. Die ethischen Probleme zu diskutieren ist nicht Gegenstand einer einzigen Unterrichtseinheit, sondern Unterrichtsprinzip, das sich durch alle Inhaltsbereiche des Sachunterrichts ziehen muss.

So wie die ethische Dimension den gesamten Sachunterricht durchdringen sollte, von der Frage, ob ein Versuch, die Kressesamen mit harten Reinigungsmitteln zu gießen, vertretbar ist bis hin zur Beurteilung der Eroberung Lateinamerikas, wie sie in einer Sachunterrichtserzählung (Kaiser 1997) dargestellt ist, so sind auch die anderen hier in diesem Band vorgestellten Zugangsweisen nicht unabhängig voneinander, sondern sind bestimmte didaktische Antworten auf diese Welt. Sie durchdringen einander wechselseitig wie Unterrichtsprinzipien. Nicht nur das „Philosophieren als durchgängiges Unterrichtsprinzip" (Pfeiffer 2003, S. 44), sondern alle Zugangsweisen gilt es zueinander in Beziehung zu setzen.

Für interkulturelles Lernen (vgl. Beitrag Lange in diesem Band) und ästhetisches Lernen wird dieser Zusammenhang schon explizit genannt: „Interkulturelles Lernen und ästhetisches Lernen verstehen sich beide als Antworten auf eine multikulturelle Gesellschaft, die Begegnungen ermöglicht, aber auch Konflikte produziert" (Schuhmacher-Chilla 2000, S. 317). Beide Zugangsweisen produzieren

Vielfalt und gleichzeitig sind sie aus der vorhandenen Vielfalt und Pluralität in der Gesellschaft geboren. Denn „Pluralität ist schließlich ein Merkmal, das nicht nur den ästhetischen, sondern auch den sozialen Lebensraum kennzeichnet; Vielfalt und Unterschiedlichkeit der Kulturen wie der Wahrnehmungsweisen sind nicht mehr die Ausnahme, sondern das Gewöhnliche" (Schuhmacher-Chilla 2000, S. 319).

Zum weiteren Aufbau des Gebäudes stehen uns Verbindungsmöglichkeiten zur Verfügung. Diese Verbindungen werden didaktisch als Zugangsweisen bezeichnet. Diese bieten allein noch nicht die Lösung, aber eröffnen einen Zugriff hin zum Verstehen des globalen Systems.

– Verbindung 1 – Stärkung des Wissens und der Kritikfähigkeit durch Medienkompetenz (vgl. Beitrag Brülls in diesem Band):

  Die globale Welt bekommt ihre Stärke aus der wissenschaftlich-technisch geleiteten Nutzung der natürlichen Ressourcen der Erde. Aus Bauxit im Regenwald werden Aluminiumbauteile von schnellen Fahrzeugen; aus der Kohle wird Energie, die Wärmelampen zur intensiven Tierzucht speist, um nur zwei Beispiele anzuschneiden. Um in dieser Welt bestehen zu können und diese innere Substanz human gestalten zu können, bedarf es einer naturwissenschaftlichen und sozialwissenschaftlichen Grundbildung für alle. Naturwissenschaftliche Hintergründe müssen erkannt und bedacht werden, soziale Folgen müssen gesehen und reflektiert werden. Dazu bedarf es der Recherche, des kritischen Vergleichs und der fundierten Analyse einer Vielzahl an Informationen. Diese kritische Beurteilungskompetenz ist eine Grundlage der Orientierung in einer globalisierten Welt und gleichzeitig ein wesentliches Fundament für den Sachunterricht. Medienkompetenz bedeutet aber auch, dass wir lernen, lineare Wissensanordnung zu überwinden. So wie multimedial präsentiertes Wissen keinen Anfang und kein Ende hat, weil durch Hyperlinks in verschiedene Ebenen eingedrungen werden kann oder nicht, so müssen bereits die Lernprozesse im Sachunterricht auf einen strukturierenden Wissenserwerb in einer schier unendlichen Wissensflut orientiert sein. Zur Medienkompetenz im Sachunterricht gehört aber auch die Fähigkeit, sich nicht nur Inhalte anzueignen, sondern ebenso zu präsentieren, also das eigene Wissen wiederum aktiv nach außen zu tragen und dadurch mit der Mit- und Umwelt in Verbindung zu treten. Medienkompetenz ist auch Präsentationskompetenz und damit gleichzeitig ästhetisch entwickelter Zugang zur Welt. Ebenso kommt es darauf an, für eine globale Welt eine Intensivierung der Information und Kommunikation durch neue Medien zu eröffnen: Die Globalisierung hat einen weltweiten Zugriff auf und Austausch von Informationen möglich gemacht. Die Tatsache des Internets und der vielfältigen elektronischen Kommunikationswege sind besonders sichtbare globale Verbindungswege. Auch auf diesem Weg der Globalisierung müssen Kinder zukünftig sicher gehen und die Grenzen kritisch durchschauen können. Von

daher haben wir neben anderen – auch die medienpädagogischen Zugangsweisen – zu den fundamentalen des Sachunterrichts erklärt. Selbst wenn die
Euphorie der neuen Medien mit dem sinkenden Kurs der New Economy fällt,
ist der Computer als neue Kulturtechnik für den Sachunterricht nicht mehr
weg zu denken. „Kinder frühzeitig mit dem Werkzeug Computer vertraut zu
machen, heißt deshalb, ihnen die Fähigkeit zur Selbständigkeit zu vermitteln" (Jablonski 2003, S. 66). Die Integration neuer Medien in den Sachunterricht ist eine unabdingbare Aufgabe der Orientierung auf das Leben in
einer globalisierten Welt.

> „Computer wälzen die Lebenswelt um, wie es vorher vielleicht kein anderes
> Werkzeug und Medium getan hat. Der Sachunterricht sollte hierauf reagieren.
> Er kann auf der einen Seite Computer zum Thema des Sachunterrichts machen.
> Geeignete Unterrichtskonzepte hierzu müssen aber erst noch entwickelt wer-
> den. Auf der anderen Seite kann der Sachunterricht selbst das Arbeiten mit dem
> Computer fördern. Der oft formulierte Einwand der Computerkritiker, Compu-
> ter würden durch Sekundärerfahrungen die basalen Primärerfahrungen verdrän-
> gen und deshalb nicht in den Sachunterricht der Grundschule gehören, verfehlt
> das Ziel. […] Die Arbeit am Computer ist allerdings gleichzeitig eine Primärer-
> fahrung, von der es gilt, sie im Sinn der Chancengleichheit allen Kindern unab-
> hängig von den Sozialisationsbedingungen im Elternhaus frühzeitig zu ermögli-
> chen, weil sie eine der fundamentalen Erfahrungen überhaupt für die Zukunft
> der Kinder darstellen wird" (Jablonski 2003, S. 58).

Gleichwohl ist immer wieder deutlich zu betonen, dass die Nutzung dieser
medialen Instrumente allein noch nicht Bildung hervorbringt, wie es in man-
chen euphorischen Stellungnahmen anklingt (vgl. zur Kritik: Jablonski 2003,
S. 60). Die neuen Medien sind Zugangsweisen zu den zentralen Inhalten des
Sachunterrichts wie sie in den epochaltypischen Schlüsselproblemen auftre-
ten und kein Selbstzweck. „Vom Webben als vierter Kulturtechnik ist die
Rede. Dennoch – das eigene Denken kann der Computer nicht ersetzen"
(Pfeiffer 2003, S. 43). Von daher ist es wichtig, die Medienzugänge nicht als
Selbstzweck, sondern immer in einen sinnvollen Kontext zu integrieren.

> „Die Arbeit mit dem Computer sollte im Sachunterricht vornehmlich in Projekte
> eingebunden werden. So wird gewährleistet, dass der Computer nicht als sin-
> nentleerter Selbstzweck oder kostengünstiger Ersatzlehrkörper verstanden
> wird, sondern von vornherein von den Kindern als Werkzeug zur gemeinschaftli-
> chen Planung, Durchführung und Dokumentation ihrer Arbeit begriffen wird"
> (Jablonski 2003, S. 65).

– Verbindung 2 – Sinn durch philosophische Zugangsweisen:

Die globale Welt ist kein mechanisches System. Sie besteht aus verschiedenen
Interessen und Interessengruppen. Es gibt keine monolineare Antwort. Um
Kinder dafür zu qualifizieren, sind philosophische Zugangsweisen, die auf
das Verstehen der Anderen orientiert sind, die verschiedene ethische Maß-

stäbe aufdecken und den Menschen den Weg zur Sinnfindung in der Komplexität verhelfen, ein zentraler Verbindungsweg hin zum Verstehen in einer globalen Welt. Durch das gemeinsame Bemühen von Lehrpersonen und Kindern bei der Klärung der jeweiligen Fragen, können sich die traditionellen
Rollen und Hierarchien relativieren. „Das Gefühl des Kindes, gleichwertig
mit einem Erwachsenen über Fragen und Probleme nachzudenken, der selbst
über keine fertigen Antworten verfügt, eröffnet dem Philosophieren mit Kindern die Möglichkeit, die traditionelle Wissens- und damit verbundene Auto-
ritätskluft schulischen Lernens nachhaltig in Frage zu stellen" (Matthews
1991 zit. n. Jablonski 2003, S. 199). In dieser Basiswissen-Reihe knüpfen wir
an das Konzept der Kinderphilosophie nach Martens an (vgl. Beitrag Pfeiffer
in diesem Band), weil wir in diesem Konzept einen aktiven Zugriff für Kinder
zu den Problemen der Welt eröffnet sehen. Denn „Ekkehard Martens verei-
nigt in seiner didaktischen Position 'Dialog-Handeln' (Behaupten, Nachfragen, Prüfen, Bestreiten), 'Begriffs-Bildung' (Analyse von Begriffen und
ihren Verwendungsweisen), 'Sich-Wundern' (philosophische Fragen als
begriffliche Probleme diskutieren) und 'Aufklärung' (Selberdenken, ohne in
einen rigiden Rationalismus oder schwärmerischen Romantizismus zu verfal-
len) zu der wohl ausgereiftesten und anspruchvollsten Gesamtkonzeption des
Philosophierens mit Kindern" (Jablonski 2003, S. 198).

– Verbindung 3 – Individuelle Stärkung der Menschen durch ästhetische
   Zugangsweisen (vgl. Beitrag Schomaker in diesem Band):

Die globale Welt neigt durch Handel, globale politische Organisierung und
Entwicklung zentraler Macht dazu, die Welt zu vereinheitlichen oder gar ein-
zuebnen. Kulturell Verschiedenes gerät unter Druck. Damit droht aber die
Lebenskraft der Menschen beeinträchtigt zu werden. Um in dieser globalen
Welt als einzelner Mensch zu bestehen, bedarf es der Stärkung der subjektiven Kräfte. Nichts ist in diesem Zusammenhang bedeutsamer als ästhetische
Zugangsweisen im Sachunterricht. Denn ästhetisches Lernen im Sachunterricht ermöglicht, dass die Schülerinnen und Schüler „in ihrem ästhetischen
Selbstausdruck und Symbolverständnis gefördert und für das Ästhetische
(als sinnlich wahrnehmbare Erscheinungsform von 'Dingen') sowie für ihre
sinnlich-ästhetischen Wahrnehmungsfähigkeiten so sensibilisiert werden,
dass sie kognitiv durchdrungen zu (sich ergänzenden logischen und ästhetischen) Erkenntnissen werden können" (Richter 2003, S. 12). Ästhetische
Zugangsweisen im Sachunterricht sind integrierte Formen der Wahrneh-
mungs- und Erkenntniserweiterung (vgl. Beitrag Freeß in diesem Band) und
nicht bloße Ergänzung des Sachunterrichts durch einzelne ästhetische
Objekte. „Ästhetisches Lernen umfasst *drei verschiedene Wahrnehmungsvollzüge*' (nach Seel 1993), die sich als Lernmöglichkeiten beschreiben
lassen:"

- „die sinnlich-leiblichen Bereiche des Wahrnehmens"
- „die Wahrnehmung der ästhetischen Erscheinung von 'Sachen' aus der Lebenswelt bzw. von Natur"
- „die von Kunstobjekten" (Richter 2003, S. 13–14).

So umfassend verstanden, sind ästhetische Zugangsweisen im Sachunterricht Möglichkeiten, die allen Unterricht durchdringen können und dadurch einen Zugang auf die Probleme und Gegenstände der Welt schaffen.

- Verbindung 4 – Stärkung der Demokratie durch interkulturellen Austausch (vgl. Beitrag Lange in diesem Band):

Die globale Welt verstärkt Hierarchien und Ungleichheit und durchdringt gleichzeitig alle Kulturen. Wenn dieser Prozess nicht die Konflikte verstärken soll, brauchen wir eine interkulturelle Verständigung, die den Menschen ihre Identität nicht raubt, sondern diese eher positiv in den Globalisierungsprozess einzubringen erlaubt. Ein Sachunterricht der Toleranz und Akzeptanz kultureller Vielfalt bei gleichzeitigem Austausch der Verschiedenheiten, ist ein wichtiger Weg zur menschengerechten Globalisierung. Für den Unterricht heißt dies, dass die Inhalte vielperspektivisch beleuchtet werden. Denn „Vielperspektivität wird angeregt durch unterschiedliche kulturelle Herkunft der Kinder und die Notwendigkeit einer angemessenen Enkulturation" (Köhnlein 1999, S. 20), aber ist auch eine Folge der vielperspektivischen Welt und der Pluralisierung von Lebenswelten, die sich nicht auf eine simple Lösung reduzieren lässt.

- Verbindung 5 – Stärkung der Menschen durch Akzeptanz ihrer Verschiedenheit:

Die Globalisierung ist auch eine Machtstrategie, die Dominanz und Herrschaft ausübt. Damit können menschliche Impulse und Bedürfnisse unterdrückt werden. Dies heißt weiterhin, dass damit ein 'kalter' Machtergreifungsprozess um sich geht, der die einzelnen Menschen und Menschengruppen außen vor lässt. Hier ist es dringend geboten, die menschlichen Bedürfnisse und Interessen, die verschiedenen geschlechtlichen und sexuellen Selbst-Verständnisse und Lebensplanungen (vgl. Beitrag Hartmann in diesem Band) deutlich in den Mittelpunkt zu rücken. Denn Geschlechterdemokratie, Partizipation und Respekt gegenüber verschiedenen Lebenswegen ist mit steigender Globalisierung nötiger denn je. Deshalb ist ein Sachunterricht, der Gleichheit und Verschiedenheit als Norm in den Unterrichtsprojekten anbahnt und ausdrückt, eine entscheidende Klammer für eine humane Zukunftssicherung. Von daher wäre der von Seitz vorgeschlagene Begriff der Inklusion (vgl. Beitrag Seitz in diesem Band) noch adäquater, um die Gleichberechtigung aller Kinder auszudrücken, die im Sachunterricht gemeinsam lernen und durch ihre unterschiedlichen Kompetenzen, Vorerfahrungen und Interessen den Unterricht bereichern, wenn diese Verschiedenheiten ernsthaft bei der Unterrichtsplanung berücksichtigt werden.

– Verbindung 6 – Stärkung der Lernmöglichkeiten des Menschen durch Lebensorientierung:

Der Mensch braucht gerade in dieser durch Medien, vielfältige Weltverwicklungen und Probleme geprägten Lage, innere Stärke, die in der eigenen Person begründet liegt. Jochen Hering und Jutta Hartmann betonen in diesem Band zwei für einen produktiven Sachunterricht unerlässliche Dimensionen. Die biografische Zugangsweise wirft den Blick auf die individuelle Vergangenheit, auf die Erlebnisse eines Menschen und versucht, die dabei entwickelten Erfahrungen lebendig zu machen und für den weiteren Sachunterricht fruchtbar werden zu lassen. Das autobiografische Gedächtnis ist ein wichtiger Faktor der Identität eines Menschen und kann im Falle seines Verlustes große Orientierungsprobleme bereiten (Markowitsch 2002). Insofern ist es von besonderer Relevanz für einen Sachunterricht der produktiven Lebensvorbereitung, durch biografisches Lernen die Persönlichkeit zu stärken (vgl. Kaiser 1999). Entsprechend der Thematik biografischer Zugangsweisen für den Sachunterricht wählt Jochen Hering eine erzählende Darstellungsweise, um so von der Form bereits die spezifische Methode biografischen Lernens zu veranschaulichen. Er plädiert vor allem für das Erzählen von eigenen Geschichten, um die subjektiven Zugänge zum Sachunterricht, die schon im mehrperspektivischen Sachunterricht (vgl. Beitrag Meiers in Band 1 dieser Reihe) betont wurden, praktikabel umzusetzen. Jutta Hartmann fokussiert die soziale Seite der Biografie, indem sie verschiedene Lebensweisen sowohl als Erfahrungsquelle für Sachunterricht wie auch als dessen Zielperspektive diskutiert.

– Verbindung 7 – Verstärkung menschlicher Produktivität aus der Vielfalt:

Die Globalisierung versucht zu vereinheitlichen: Gleiche europäische Produktstandards, weltweit abgesicherte Kriegsbeschlüsse, ein globaler Warenaustausch und globale Stoffströme scheinen alles anzugleichen. Doch gerade dies übergeht die Energien und Möglichkeiten der einzelnen Menschen. Gerade aus ihrer Heterogenität lassen sich Impulse für produktive pädagogische Weiterentwicklungen schaffen. „Die Kenntnisnahme und Bejahung der Heterogenität von Denk- und Lebensformen muß nicht zur Standortlosigkeit führen, sondern zu differenzierteren Entscheidungsprozessen und zur Anerkennung des Eigenrechts der Denk- und Lebensformen anderer" (Popp 1999, S. 63). Ein wichtiger Grundgedanke in diesem Zusammenhang ist es, das Kind in seiner körperlichen Existenz anzunehmen und im Unterricht anzusprechen und nicht nur über den Intellekt. In diesem Band geht Siller fundamental vom Kind in seiner körperlichen Existenz aus und entwickelt daraus, die bis hin auf Körperbewegung, Rhythmus und Tanz bezogenen Ideen für einen ästhetisch orientierten Sachunterricht. Bäuml-Roßnagl betont in diesem Band sehr deutlich die sinnlich-körperlichen Dimensionen der Existenz von Kindern und fordert dazu auf, diese zu den zentralen

Zugangsweisen im Sachunterricht hinzu zu nehmen. Ihr kommt es dabei wesentlich darauf an, die „Berücksichtung personaler Dimensionen beim Lernenden" (Bäuml-Roßnagl in diesem Band) zu ermöglichen. Schon daraus – so schließt sie – erfolgen mehrdimensionale Zugänge im Sachunterricht. Diese werden von Jutta Hartmann in diesem Band auf verschiedene Lebensformen fokussiert. Denn das Private ist nicht abstrakt, sondern bringt vielfältige Erfahrungen für die verschiedenen Kinder mit sich. Die Orientierung am sinnlich-körperlichen Menschen für die Planung von Sachunterricht steht nicht im Widerspruch zur inhaltlichen Erweiterung hin zur globalen Perspektive. Von Reeken betont in diesem Band explizit, dass die globale Perspektive immer an Handlungserfahrungen der Kinder in ihrem konkreten Umfeld gebunden ist und aus diesen heraus erst zu produktivem Lernen führen kann.

– Verbindung 8 – Zurückführen der vielfältigen Perspektiven auf ein humanes und sozial verantwortetes konkretes Zusammenleben:

Wir haben an den Schluss der verschiedenen Dimensionen zwei Artikel gesetzt, die nicht eine Form der Öffnung in Richtung auf Pluralität entfalten, sondern wieder auf das Individuum in seinem konkreten Kontext zurückführen. Der erste Ansatz des Empowerment (vgl. Beitrag May in diesem Band) beinhaltet individuelle Stärkung und individuellen Schutz durch präventive Arbeit. Hier ist nicht nur Schutz vor sexualisierter Gewalt, sondern auch vor Drogen und anderen Gefahren der heutigen Zeit gemeint. Positiv betrachtet geht es um den Aufbau von Sozialkompetenz oder Gesundheitskompetenz – also die individuelle Stärkung angesichts gesellschaftlicher Problemlagen. Denn es wäre verkürzt, diese vielfältige Welt nur als produktives Lernfeld zu betrachten und nicht die destruktiven Seiten zu beachten. Zur Stärkung der Menschen angesichts dieser auf sie einstürmenden Gefahren halten wir den Empowerment-Ansatz für die Grundschule übertragbar. Der zweite Ansatz führt dies produktiv weiter und verlangt als Grundmaxime des Sachunterrichts die Hinführung auf ein Caring Curriculum (vgl. Beitrag Kaiser in diesem Band). Hier soll die Norm der Humanität unseres didaktischen Ansatzes auch als inhaltlicher Rahmen entfaltet werden, der den gesamten Sachunterricht zu umschließen hat. Somit wird neben den vielfältigen Zugangsweisen auch wieder ein vereinheitlichender Umkreis gezogen.

– Verbindung 9 – Die Welt besteht aus verschiedenen Kulturen:

Durch sie werden Inhalte unterschiedlich wahrgenommen und gedeutet. Um zu einer offenen Sicht der Welt zu kommen, die allen Menschen Lernchancen einräumt, müssen die verschiedenen Kulturen, seien es soziale Kulturen, verschiedene regionale Herkunftskulturen oder Geschlechterkulturen (vgl. Beitrag Kaiser in diesem Band) bewusst als besondere Zugangsweisen in den Sachunterricht aufgenommen werden. Um die Vielfalt der Kulturen zu berücksichtigen, brauchen wir ästhetische und philosophische Zugangsweisen zu den Problemen der Welt. Alle diese Zugangsweisen haben den Sinn, die vorhandene Vielfalt der Welt neu zu bedenken und damit den Sachunterricht zu gestalten.

Diese *Verbindungen* sind keine Fertigbauwände, aber auch kein einfacher Mörtel, sondern eher Netze, die vom Gerüst ausgehend immer enger geknüpft werden. Und zwar werden die Netze immer an bestimmten Problempunkten des Gerüsts angesetzt, wie dem Bedarf an Verständigung bei rapider Veränderung in der Welt. Der Umgang mit neuen Medien (vgl. Beitrag Brülls in diesem Band) im Sachunterricht ist erst dann produktiv, wenn es sich nicht um eine bloß technische Umsetzung tradierten Unterrichts handelt, sondern wenn die Chancen und Möglichkeiten des weltweiten Austauschs von verschiedenen Positionen eröffnet werden. Deshalb halten wir philosophische Zugangsweisen im Sachunterricht (vgl. Beitrag Pfeiffer in diesem Band) für dringend erforderlich. Sie bilden in besonderer Weise, neben den ästhetischen, eine Verbindung auch der Persönlichkeitsdimensionen und überwinden – wenn sie adäquat umgesetzt werden – die kognitive Engführung manchen traditionellen Sachunterrichts. „Philosophieren schult kognitive und emotionale Kompetenzen und leistet somit einen Beitrag zur Persönlichkeitsbildung sowie zur besseren Orientierung in der Welt" (Pfeiffer 2003, S. 43).

Eine weitere Problemstelle liegt in der Begegnung verschiedener Kulturen im globalen Verschiebungsprozess, sei es durch Migration oder durch Austausch von Waren oder durch Kulturimport aus verschiedenen Medien. Hier sind interkulturelle Zugangsweisen von großer Bedeutung, um dem Gebäude Halt zu geben und die Menschen in den widerstrebenden Tendenzen aufzufangen. Auch ästhetische Zugangsweisen werden in einer globalisierten Welt von hoher Bedeutung sein, weil eigene Wege der Deutung, der Glücksfindung und der Lebensfreude gefunden werden müssen, wenn globale Verschiebungen alte Maßstäbe außer Kraft setzen.

Je dichter wir die Netze von den jeweiligen Eckpunkten aus knüpfen, desto klarer wird das zukünftige Gebäude des Sachunterrichts erkennbar. So wird aus einem groben Gerüst allmählich eine integrierte Form. Diese Netze schaffen schrittweise eine Gestalt. Vorerst sind Netze noch bloße Zugangsweisen. Aber wir gehen davon aus, dass auf der Basis verschiedener integrativer Zugangsweisen im Laufe der Jahre eine neue Integration im Sachunterricht erarbeitet werden kann. Wir meinen, dass es durch integrative Zugangsweisen möglich ist, einen Sachunterricht für eine sich weiter globalisierende Welt zu gestalten.

Zugangsweisen für den Sachunterricht

Zugangsweisen für den Sachunterricht sind noch keinesfalls sichere Bestandteile. Je nach Zieldiskussion können sie sogar negativ gewertet werden. Ästhetische Zugangsweisen und Rituale standen seit Ende der 60er Jahre sogar auf dem Index des Vorgestrigen.

Ästhetik wurde als rein individuelle Betrachtungsweise kritisch beäugt. Es kam sogar zur Fachumbenennung der Ästhetischen Bildung in Visuelle Kommunikation. Grundgedanke war, dass Ästhetik zur kritischen Analyse und zum gesellschaftskritischen Denken, aber nicht zum subjektiven Genuss beizutragen habe. Damit stand auch für den Sachunterricht jeder ästhetische Zugang unter dem Damoklesschwert unkritischen Herangehens. Nur das, was kognitiv-kritische Erkenntnis versprach, galt damals in bestimmten Kreisen als wertvoller Unterrichtsinhalt. Doch mittlerweile ist klar geworden, dass das Subjekt aus mehr als nur Kognitionen besteht und dass Lernprozesse erst dann nachhaltig werden, wenn sie die gesamte Person erfassen. Aus dieser Erkenntnis wurden schrittweise neue Perspektiven in den Sachunterricht eingebracht. Anstelle der einzigen gesellschaftskritischen These trat das philosophische Betrachten verschiedener Sichtweisen. Anstelle der Entlarvung eines Interessenskerns trat die vielfältige subjektive Deutung mit ästhetischen Mitteln und der Austausch darüber. Nun ist dies bislang eher ein Wandel in der Theorie als in der Praxis. Zugangsweisen können Sachunterricht allenfalls unterschiedlich beleuchten, sie haben den Sachunterricht noch nicht integriert gewandelt.

Wir können also gegenwärtig lediglich Perspektiven und Zugangsweisen aufzeigen, die den Sachunterricht von verschiedenen Seiten anstrahlen. Aber indem wir ihn von verschiedenen Seiten beleuchten, machen wir ihn auch sichtbar. Damit ist zwar noch nicht ein geschlossenes Gerüst geschaffen, aber schon so etwas wie verschiedene Diaprojektionen auf den Bauplatz, wie das zukünftige Gebäude des Sachunterrichts aussehen könnte. Jede Projektion stellt eine mögliche Herangehensweise vor, möglichst viele Bereiche des Sachunterrichtshauses, vom Keller bis zum Schornstein, zu beleuchten. Damit wird ein integrativer Zugang versucht, bei dem der Sachunterricht jeweils in einem anderen Licht erscheinen kann. Je konkreter die einzelnen Folien sind, die auf das zukünftige Sachunterrichtsgebäude projiziert werden, desto größer ist der Ertrag, d. h., umso mehr Lehrpersonen können sich vorstellen, wie sie zukünftigen Sachunterricht errichten wollen. Damit er nicht nur eindimensional aus einer Fassade besteht, ist es wichtig, ihn von vornherein perspektivisch zu zeichnen. Nicht eine Seite des Gebäudes, sondern der Raum für die Kinder muss geschaffen werden, damit sie eine Basis haben, um von dieser aus die Welt zu erkunden.

Deshalb werden in diesem Band verschiedene integrative Perspektiven auf den Sachunterricht geworfen, um den Sachunterricht so fundierter aufbauen zu können.

Aber nicht nur vom Kind her gedacht, ist eine fachisolierende Definition von Allgemeinbildung zu eng. Wir brauchen integrative Betrachtungsweisen, um die Fragen des gegenwärtigen Alltagslebens lösen zu können. Die Komplexität einer globalisierten Welt dringt auch in den Alltag und ins tägliche berufliche Arbeiten ein. Beim Einkaufen von Gemüse genügt es nicht, den Preis zu beachten, also rein ökonomisch zu verfahren, oder nur nach dem Schadstoffgehalt mit dem Blick biochemischer Analyse zu verfahren. In jedem Alltagsgegenstand sind verschiedene Perspektiven bedeutsam und wir lernen nur dann einigermaßen adäquat zu handeln, wenn wir übergreifend denken und beurteilen gelernt haben. Insofern ist die Grundlegung der Allgemeinbildung im Sachunterricht unter integrativer Perspektive der Grundstein für eine Lebensbewältigung in der Welt.

In diesem Band sollen deshalb verschiedene Diskurse und Konzeptansätze einer über einzelfachliche Perspektiven hinaus gehenden Neudimensionierung von Sachunterricht vorgestellt werden. Die Entwicklungsabsicht für den Sachunterricht geht hier in Richtung einer mehrperspektivischen Pädagogik der Vielfalt, die stärker die Bildung der Person fokussiert und weniger die direkte fachliche Vermittlung von Inhalten. In Band 3 stehen also mehr von den Lernsubjekten und ihren Denk- und Wahrnehmungsweisen her gedachte, konzeptionelle Innovationen im Zentrum.

Die Zusammenschau der verschiedenen Zugangsweisen bedeutet, dass wir die Zukunft des Sachunterrichts nicht nur in einer Integration sehen, in der die historisch begründeten Fachgrenzen der Einzelfächer überwunden sind, sondern auch durch eine Integration von Mensch und Sache in mehrfacher Hinsicht. Bezogen auf die Inhalte des Lernens gibt es immer wieder *verschiedene Zugriffe*. So hat sich eine Tradition von subjektivierenden Zugangsweisen in den ästhetischen Fächern und objektivierenden in den Naturwissenschaften herausgebildet. Diese zwei Varianten sind aber keinesfalls einander ausschließend. Es gibt einen „Zusammenhang zwischen subjektivierendem und objektivierendem Zugang zu den Phänomenen" (Gebhard / Lück 2002, S. 102). Dabei ist ein subjektivierender Zugang eher durch „Vertrautheit", „Befangenheit" zu charakterisieren, während ein objektivierender Zugang durch „Reproduzierbarkeit", „Sicherheit", „Determinierbarkeit", „Entfremdung" (Gebhard / Lück 2002, S. 102) gekennzeichnet ist. Aber im subjektiven Zugang steckt wiederum etwas Objektivierendes und umgekehrt. Durch einen Ansatz der Integration verschiedener Zugangsweisen soll beiden Seiten ihre jeweilige Bedeutung für die Auseinandersetzung der Menschen mit ihrer Welt eingeräumt werden.

Subjektive Zugangsweisen sind keineswegs nur Beiwerk im Sachunterricht oder „als unpassendes Ornament des eigentlichen Lernstoffes" (Gebhard / Lück 2002, S. 104) zu reduzieren, vielmehr können dadurch die Erkenntnisse erweitert werden:

„Naturphänomene menschlich, d. h. auch immer potenziell anthropomorph oder geradezu anthropozentrisch zu betrachten, heißt nämlich keineswegs auch notwendig, die Natur egozentrisch auszubeuten. Im Gegenteil: Wenn die Natur (symbolisch) zum Spiegel des Menschen wird, ist dies eher ein Grund, die Natur zu bewahren" (Gebhard / Lück 2002, S. 106 f.).

Gerade durch eine „symbolisierende Bedeutungsaufladung und damit eine Sinnstiftung" (Gebhard / Lück 2002, S. 107) kann die in unserer Welt dringend erforderliche Verbindung zwischen Ethik und Sache, Sozialem und Gegenständlichem angebahnt werden. Wir sehen besonders in der Genforschung, dass hier naturwissenschaftliche Erkenntnis mit dem Ziel, Krankheiten zu heilen, gleichzeitig an ethische Grenzen stößt. Diese fundamentalen Fragen in den Grenzbereichen sind zentrale Angelegenheiten des gegenwärtigen und zukünftigen Lebens. Kinder im Sachunterricht müssen auf diese Welt vorbereitet werden und nicht von ihr ferngehalten werden. Eine Integration verschiedener Zugangsweisen im Sachunterricht ist ein Anfang, die Welt besser durchschaubar zu machen. Gebhard und Lück gehen sogar so weit, dass sie die These aufstellen: „Naturwissenschaftliches Lernen ist effektiver mit Bezugnahme auf narrativ-symbolische Zugänge zu Naturphänomenen" (Gebhard / Lück 2002, S. 107).

Grenzen der Zugangsweisen

Alle die in diesem Band vorgestellten Zugangsweisen sind Grenzgänger zwischen Sachunterricht und anderen Erkenntnisfeldern. Da besteht die Gefahr, dass Grenzen überschritten werden. Die Domain ist eindeutig in den Schlüsselproblemen des Sachunterrichts und dem Verständnis für Kinder definiert. Wir dürfen aber nicht die Grenzen unterrichtlicher Möglichkeiten überschreiten. So benennt Ragaller als „Grenzen" des biografischen Lernens im Sachunterricht:

„Trotz ihrer Nähe zu psychotherapeutischen Verfahren findet biografisches Lernen im Sachunterricht dort seine Grenzen, wo therapeutische Absichten beginnen. Bei aller Offenheit für kritische Ereignisse in der Lebensgeschichte der Kinder ist der Sachunterricht nicht der geeignete Rahmen und der Sachunterrichtslehrer nicht entsprechend ausgebildet, um tiefer liegende Probleme angemessen aufzuarbeiten. Hier ist der Lehrer auf Hilfen von außen angewiesen" (Ragaller 2003, S. 51).

Bei allen Zugangsweisen gilt also, dass hier die transdisziplinäre Seite in den Sachunterricht übertragen werden soll, aber dass der Unterricht nicht in Therapie, Politik, Philosophie oder Kunst aufgelöst werden soll. Es handelt sich um Zugangsweisen zur Wirklichkeit im Unterricht und nicht um Auflösung von Unterricht durch Nachbardisziplinen.

Es kommt also darauf an, Unterricht und Qualifizierung zu erweitern und traditionelle Grenzen zu durchbrechen, aber nicht die Qualifizierungsaufgaben und den zielgerichteten Unterricht aufzugeben. Am Beispiel des naturwissenschaftlichen Unterrichts heißt dies, dass dieser bisher nur durch Engführung in der Vermittlung naturwissenschaftlichen Wissens beschränkt war. Köhnlein sieht sogar das Scheitern vieler Konzepte darin begründet, dass der Unterricht zu eng auf die naturwissenschaftliche Dimension allein beschränkt war: „Eines der wesentlichen Momente für das Gelingen erster Ansätze naturwissenschaftlich-technischen Denkens liegt in der Art der Unterrichtsführung in Verbindung mit dem Sozialklima und herrschenden Normen" (Köhnlein 1999, S. 96). Deshalb ist es erforderlich, zu integrativen Formen zu gelangen. Denn bezogen auf den naturwissenschaftlichen Sachunterricht kann mit Köhnlein betont werden: „Das scheinbare Scheitern vielversprechender Ansätze in den letzten dreißig Jahren kann auch daran liegen, daß unerläßliche Voraussetzungen einer 'guten Schule' nach wie vor zu wenig realisiert sind" (Köhnlein 1999, S. 121).

Eine weitere Gefahr des Denkens in vielfältigen Strukturen sieht Popp in der Erstarrung zum Dogma: „Es besteht durchaus die Gefahr, daß auch aus einer perspektivischen Sichtweise alsbald ein neues Dogma werden kann, dem sich, wer reüssieren will, anzupassen hat, und sei es nur in der Form opportunistischer Lippenbekenntnisse" (Popp 1999, S. 64). In der Tat finden wir in der Geschichte von Didaktik, Pädagogik – ja Politik insgesamt – häufig nur Deklarationen und erstarrte Formen anstelle lebendiger Entwicklung. Dem kann nur entgegen gewirkt werden dadurch, dass das Ziel vielfältiger Zugangsweisen von den Beteiligten selbst bewusst getragen wird. Nicht nur Fortbildung von Lehrerinnen und Lehrern ist unerlässlich. Auch Kinder müssen wissen, wie der Unterricht gedacht ist, um auch die Qualität einzufordern. In Form von strukturell festgelegten Ritualen (Kaiser 2000), wie einem Klassenbriefkasten zur Stärkung der Meinungsvielfalt oder eines wöchentlichen Schulforums zur Präsentation und Diskussion lässt sich dies sinnvoll anbahnen.

Neuere Zugangsweisen können auch durch Glorifizierung überdimensional verzerrt werden. Dann wird ihnen eine alle Probleme lösende Macht zugeschrieben. Dies gilt besonders für philosophische und ästhetische Zugangsweisen.

> „Aber Ästhetisches ist kein Kompensationsmittel für alles Mögliche. Zudem darf nicht das 'Ästhetische im Kinde' als etwas quasi Naturhaftes angesehen werden, das sich gegen kulturelle Zurichtungen zu wehren weiß. Dies sind vor allem immer auch Sehnsüchte von Erwachsenen. Doch besteht die Chance, mit ästhetischem Lernen die Wahrnehmungs- und Symbolisierungsfähigkeit für historische, soziale und kulturelle Wirklichkeiten zu fördern; sie sind *Komponenten der Wirklichkeitskompetenz*" (Richter 2003, S. 13).

So auf ihre Chancen und Grenzen bezogen, sollten Zugangsweisen im Sachunterricht entwickelt werden, um eine breitere Wahrnehmung und Erkenntnis der Welt schrittweise aufzubauen. Zugangsweisen sind Ansätze, aber noch nicht die Lösung des Sachunterrichts in einer globalisierten Welt.

Unterrichtsqualität integrativer Zugangsweisen

Wir haben bislang die Frage des integrativen Sachunterrichts nur von der Seite der kindlichen Erkenntnismöglichkeiten her, bezogen auf die Entwicklung dieser Welt, beleuchtet. Wir haben dies aber noch nicht von der Seite der Unterrichtsqualität her betrachtet. Wenn wir uns der hohen Qualitätsansprüche an zukünftigen Sachunterricht vergewissern, wie sie in der „Einführung in die Didaktik des Sachunterrichts" (Kaiser 2004) formuliert worden sind, werden wir feststellen, dass es sich hier um einen hohen integrativen Anspruch handelt. Denn in diesen Maßstäben kommt eine komplexe oder dynamische Weltsicht, die Einheit von Erkenntnis und Handeln, die Mehrperspektivität und Systemhaftigkeit von Inhalten zutage:

- Integrativer Sachunterricht[2] muss Kindern helfen, Veränderungen zu sehen, zu verstehen und aktiv zu gestalten.
- Integrativer Sachunterricht muss den Blick unter die Oberfläche von Erscheinungen lenken.
- Integrativer Sachunterricht muss die Inhalte in ihrer Entwicklung zeigen. Er muss das Vorher und das Nachher sowie das Gewordensein und die Entwicklungsmöglichkeiten des Gegenwärtigen in den Mittelpunkt stellen.
- Integrativer Sachunterricht muss über das konkrete Phänomen / Problem hinausgehend in verschiedene Bedeutungsschichten eindringen. Er muss systemisch die Zusammenhänge erschließen.
- Integrativer Sachunterricht muss den Kindern Gelegenheit zum Selbermachen, selbst Gestalten und Verändern eröffnen.
- Integrativer Sachunterricht muss differenziert und vielfältig sein, weil die Kinder vielfältige Motivationen und Erfahrungen in den Unterricht einbringen.

So betrachtet soll Sachunterricht eine intensive, in die Tiefe gehende Auseinandersetzung mit den Problemen der Welt ermöglichen. Und alle hier in diesem Band beschriebenen Zugangsweisen fordern auf, inne zu halten. Die ästhetischen Zugangsweisen fordern den Einbezug verschiedener Betrachterperspektiven. Die interkulturellen und gender-bezogenen Zugangsweisen bleiben nicht bei einer Kultur dogmatisch oder dominierend stehen, sondern öffnen sich für verschiedene Kulturen. Die philosophischen Zugangsweisen fordern geradezu zum Innehalten für verschiedene Wertmaßstäbe und Standpunkte auf.

Verschiedene Bedeutungsschichten sind geradezu konstitutiv für philosophische und ästhetische Zugangsweisen. Von daher können wir sagen, dass die o. g. Qualitätskriterien für Sachunterricht sehr eng mit den wesentlichen Merkmalen der verschiedenen Zugangsweisen korrespondieren. Wir erwarten eine Qualitäts-

---

[2] Wir haben uns entschieden, den Begriff „zukünftig" mit integrativ zu ersetzen, weil wir denken, dass damit klarer ausgedrückt wird, was wir meinen. Wir verstehen integrativ allerdings nicht separierend, wie es Simone Seitz zu Recht in diesem Band kritisch anmerkt, und sich stattdessen für den Begriff inklusiv entscheidet.

steigerung von Unterricht, je mehr verschiedene Zugangsweisen Einfluss gewinnen.

Denn diese Zugangsweisen fokussieren den Sachunterricht aus zwei Perspektiven: Zum einen aus der der verschiedenen Kinder, Mädchen und Jungen, mit
verschiedenem Förderbedarf, aus verschiedenen Kulturen, mit besonderen biografischen Erfahrungen und aus verschiedenen Lebensweisen. Kind ist somit
nicht gleich Kind, sondern ein Individuum mit sehr verschiedenen Erfahrungen
und Interessen, mit sehr verschiedenen Einstellungen und Fähigkeiten. Zum
anderen fächern diese Zugangsweisen das Inhaltsspektrum auf, indem sie breitere Deutungen durch verschiedene Sichtweisen eröffnen. Wasser ist somit nicht
einfach Wasser, das mit einer einfachen chemischen Formel beschrieben werden
kann, sondern Wasser ist Gegenstand verschiedener Interpretationen, Deutungen und Zugriffsweisen. Es ist keine einfach zu definierende Sache, sondern ein
Problem, bei dem vielfältige Lösungswege bedacht werden müssen.

Ein Sachunterricht mit integrierten Zugangsweisen scheint uns die eigentliche
Antwort auf die Frage zu sein, wie mit der Heterogenität der Schülerinnen und
Schüler produktiv umgegangen werden kann. Eine Pädagogik der Vielfalt (vgl.
Prengel 1993) ist für den Sachunterricht nicht anders realisierbar. Jede Zugangsweise wirft in besonderer Weise den Blick auf die Inhalte und eröffnet hetero-
gene Blickrichtungen. Didaktik der Heterogenität und Sachunterricht mit verschiedenen Zugangsweisen sind nur zwei Seiten einer Medaille.

Literatur

Barber, Benjamin R.: Dschihad versus McWorld – Globalisierung, Zivilgesellschaft und
    die Grenzen des Marktes. In: Lettre International 39, 1997, S. 4–9

Baumann, Zygmunt: Schwache Staaten. Globalisierung und die Spaltung der Weltgesell-
    schaft. In: Beck, Ulrich: Kinder der Freiheit. Frankfurt a.M.: Suhrkamp 1997, S. 315–
    332

Beck, Ulrich: Was ist Globalisierung? Irrtümer des Globalismus – Antworten auf Globali-
    sierung. Frankfurt a.M.: Suhrkamp 1998

Bourdieu, Pierre: Das Elend der Welt. Zeugnisse und Diagnosen alltäglichen Leidens an
    der Gesellschaft. Konstanz: UVK 1997

Butler, Judith: Das Unbehagen der Geschlechter. Frankfurt a.M.: Suhrkamp 1991

Carle, Ursula / Kaiser, Astrid: Rechte der Kinder. Baltmannsweiler: Schneider 1998

Chomsky, Noam: La Globalización en Latinoamerica. Porto Alegre 2002. Online verfüg-
    bar unter: http://www.forumsocialmundial.org.br/

Gebhard, Ulrich / Lück, Gisela: Die Vertrautheit der Dinge. Symbolische Deutung der
    belebten und unbelebten Natur als Element des Heimatgefühls. In: Engelhardt, Wolf /
    Stoltenberg, Ute (Hrsg.): Die Welt zur Heimat machen? Bad Heilbrunn: Klinkhardt
    2002, S. 97–109

Gesellschaft für Didaktik des Sachunterrichts (GDSU): Perspektivrahmen Sachunterricht.
    Bad Heilbrunn: Klinkhardt 2002

Giddens, Anthony: Der dritte Weg. Die Erneuerung der sozialen Demokratie. Frankfurt a.M.: Suhrkamp 1999

Hannerz, Ulf: Transnational Connections. London: Routledge 1997

Harlen, Wynne: The Teaching of Science in Primary Schools. London: David Fulton Publishers 2000 (3)

Hufer, Klaus-Peter: Konstruktivismus – die Entpolitisierung der politischen Bildung mit Hilfe einer Erkenntnistheorie. In: Erwachsenenbildung 47, 2001, H. 1, S. 2–6

Jablonski, Maik: Arbeiten mit dem Computer. In: Reeken, Dietmar von (Hrsg.): Handbuch Methoden im Sachunterricht. Baltmannsweiler: Schneider 2003, S. 58–67

Jablonski, Maik: Philosophieren mit Kindern. In: Reeken, Dietmar von (Hrsg.): Handbuch Methoden im Sachunterricht. Baltmannsweiler: Schneider 2003, S. 196–205

Kahlert, Joachim: Der Sachunterricht und seine Didaktik. Bad Heilbrunn: Klinkhardt 2002

Kaiser, Astrid: Konstruktivismus als hinreichende Theorie für veränderndes Handeln? In: Zeitschrift für Frauenforschung & Geschlechterstudien 18, 2000a, H. 4, S. 20–30

Kaiser, Astrid: 1000 Rituale für die GrundSchule. Baltmannsweiler: Schneider 2000

Kaiser, Astrid: Tencha. In: Kaiser, Astrid (Hrsg.): Geschichten für den Sachunterricht. Essen: Neue deutsche Schule Verlag 1997, S. 21–23

Kaiser, Astrid: Anders lehren lernen. Baltmannsweiler: Schneider 1999

Kaiser, Astrid / Carle, Ursula (Hrsg.): Rechte der Kinder. Baltmannsweiler: Schneider 1998

Kaiser, Astrid: Einführung in die Didaktik des Sachunterrichts. Baltmannsweiler: Schneider 2004 (9)

Klein, Klaus / Oettinger, Ulrich: Konstruktivismus – die neue Perspektive im (Sach-)Unterricht. Baltmannsweiler: Schneider 2000

Köhnlein, Walter: Vielperspektivisches Denken – eine Einleitung. In: Köhnlein, Walter / Marquardt-Mau, Brunhilde / Schreier, Helmut (Hrsg.): Vielperspektivisches Denken im Sachunterricht. Bad Heilbrunn: Klinkhardt 1999, S. 9–23

Köhnlein, Walter: Vielperspektivität und Ansatzpunkte naturwissenschaftlichen Denkens. Analyse von Unterrichtsbeispielen unter dem Gesichtspunkt des Verstehens. In: Köhnlein, Walter / Marquardt-Mau, Brunhilde / Schreier, Helmut (Hrsg.): Vielperspektivisches Denken im Sachunterricht. Bad Heilbrunn: Klinkhardt 1999, S. 88–124

Lichtenstein-Rother, Ilse: Sachunterricht und elementare Weltkunde. In: Schwartz, Erwin (Hrsg.): Von der Heimatkunde zum Sachunterricht. Braunschweig: Westermann 1977 (Reprint), S. 63–80

Markowitsch, Hans: Dem Gedächtnis auf der Spur. Darmstadt: Primus 2002

Matthews, Gareth B.: Denkproben. Berlin: Freese 1991

Maturana, Humberto / Varela, Francisco: Der Baum der Erkenntnis. Bern: Scherz 1987

Meier, Richard: Dimensionen des Zusammenlebens. In: Lauterbach, Roland u. a. (Hrsg.): Dimensionen des Zusammenlebens. Kiel: IPN 1993, S. 19–44

Pfeiffer, Silke: Philosophieren in der Grundschule. Die Förderung reflexiver und kommunikativer Fähigkeiten. In: Grundschulmagazin 18, 2003, H. 1-2, S. 43–48

Popp, Walter: Perspektivität und Pluralität als Aufgabe des Sachunterrichts. In: Köhnlein, Walter / Marquardt-Mau, Brunhilde / Schreier, Helmut (Hrsg.): Vielperspektivisches Denken im Sachunterricht. Bad Heilbrunn: Klinkhardt 1999, S. 60–87

Prengel, Annedore: Pädagogik der Vielfalt. Opladen: Leske + Budrich 1993

Ragaller, Sabine: Biografisches Lernen. In: Reeken, Dietmar von (Hrsg.): Handbuch Methoden im Sachunterricht. Baltmannsweiler: Schneider 2003, S. 47–57

Richter, Dagmar: Ästhetisches Lernen. In: Reeken, Dietmar von (Hrsg.): Handbuch Methoden im Sachunterricht. Baltmannsweiler: Schneider 2003, S. 12–21

Richter, Dagmar: Sachunterricht – Ziele und Inhalt: Ein Lehr- und Studienbuch zur Didaktik. Baltmannsweiler: Schneider 2002

Robertson, Roland: Globalization: Social Theory and Global Culture. London: SAGE 1992

Schwier, Volker / Jablonski, Maik: Legowelten und Lebenswelten – warum der Sachunterricht heimatlos sein sollte. In: Engelhardt, Wolf / Stoltenberg, Ute (Hrsg.): Die Welt zur Heimat machen? Bad Heilbrunn: Klinkhardt 2002, S. 124–136

Schreier, Helmut: Vielperspektivität, Pluralismus und Philosophieren mit Kindern. In: Köhnlein, Walter / Marquardt-Mau, Brunhilde / Schreier, Helmut (Hrsg.): Vielperspektivisches Denken im Sachunterricht. Bad Heilbrunn: Klinkhardt 1999, S. 24–59

Schuhmacher-Chilla, Doris: Kunst / Ästhetische Erziehung. In: Reich, Hans H. / Holzbrecher, Alfred/ Roth, Hans Joachim (Hrsg.): Fachdidaktik interkulturell. Ein Handbuch. Opladen: Leske + Budrich 2000, S. 311–325

Seel, Martin: Zur ästhetischen Praxis der Kunst. In: Welsch, Wolfgang (Hrsg.): Die Aktualität des Ästhetischen. München: Fink 1993, S. 398–416

Stichweh, Rudolf: Die Weltgesellschaft. Frankfurt a. M.: Suhrkamp 2000

ROLF SILLER

Integrative Dimensionen für einen künftigen Sachunterricht

Sachunterricht ist Weltbegegnung. Die Begegnung erfolgt in Formen des Erkundens und Konstruierens. Die Dimensionen dieser Begegnung und damit des Sachunterrichts erstrecken sich der Möglichkeit nach bis an den Horizont menschlichen Wahrnehmens und Denkens, also bis an den Horizont der Welt.

Der Begriff „Welt" unterstellt, dass sie ein Ganzes ausmacht, vollständig ist, für sich besteht. Ist die Welt wirklich eine Ganzheit und nicht nur ein kontingentes Erfahrungsfeld, dessen Parzellen und Facetten erst durch das Subjekt vernetzt und integriert werden? Findet sie sich immer schon als Ganzheit vor oder wird sie erst im wahrnehmenden und verstehenden Zugriff des Subjekts zu einem Ganzen synthetisiert?

Da angesichts seines Stellenwertes in der aktuellen bildungspolitischen und erziehungswissenschaftlichen Diskussion jede Beschreibung des faktisch vorfindbaren Sachunterrichts in die Resignation führt, ist dieser prospektiv auf einen künftigen Sachunterricht hin zu entwerfen. Wenn daher über integrative Dimensionen im Unterricht nachgedacht wird, stehen diese notwendigerweise in einem Spannungsverhältnis zu den aktuellen bildungspolitischen Reformbestrebungen, die sich nahezu ausschließlich an Effizienzkriterien bemessen.[1]

Nach einer Hinführung zur maßgebenden Problemstellung und zu ausgewählten Bezugspunkten aus der jüngeren Geschichte des Sachunterrichts, wird zunächst in integrativer Absicht die Weltbegegnung des Kindes im Modus von Ästhetik und Sprache entfaltet. Vor dem Hintergrund einer phänomenologischen Begründung wird sodann die Wahrnehmung und Gestaltung der Lebenswelt von Kindern in ästhetischen und sprachlichen Darstellungsformen aufgezeigt. Aus der so gewonnenen Struktur resultiert ein zukunftsweisender Entwurf für eine Didaktik des ästhetisch-integrativen Sachunterrichts.

Umriss eines integrativen Sachunterrichts

Die Fächerung des gegenwärtigen Grundschulunterrichts umfasst nicht nur Deutsch, Fremdsprachen, Mathematik, Kunst, Musik, Sport und Religion, viel-

---

[1] Die international standardisierten Leistungsmessungen der TIMSS- und PISA-Studie haben den Glauben an die Machbarkeit technologischen und ökonomischen Fortschritts durch didaktische und curriculare Bildungsstrategien so sehr in den Vordergrund gerückt, dass die operationalisierte Effizienzmessung zum Bezugspunkt aller Reformbestrebungen erklärt werden konnte. Effizienzsteigerung in der Bildung durch organisatorische Maßnahmen ist aber immer nur in streng begrenzten und definierten Bezugsfeldern möglich.

mehr werden im Sachunterricht immer auch die Sekundarstufenfächer Biologie, Geographie, Geschichte, Politik / Gemeinschaftskunde, Physik, Chemie, Technik und Hauswirtschaft mit gedacht[2]. Diese Fächer separieren den gesellschaftlichen Wissensvorrat in einem System von Schubladen, die voneinander abgeschottet sind und damit einen Austausch mit synergetischen Effekten behindern. Eine solche auf Profession und Wissenschaftsorientierung ausgerichtete Spezialisierung beim Erwerb von Wissen und Können, steht den Ansprüchen des Alltags und seiner Bewältigung entgegen. Kinder wie erwachsene Laien sprengen permanent die Engführung von Fächern und Disziplinen, wenn sie mit technischen Geräten umgehen, finanziell abrechnen und planen, sich eine politische Meinung bilden, für ihre Gesundheit sorgen, sich umwelt- und mobilitätskompetent verhalten usw.

Damit Kinder die Fächerung des Wissens, die ihnen im Laufe des weiteren Bildungsganges schnell abverlangt werden wird, als Konstrukt begreifen können und damit eigenständige, fächerübergreifende Vernetzungen möglich werden, ist es notwendig, die Welt zunächst mit den vorhandenen Kräften und Möglichkeiten zu ordnen und aufzubauen. Bevor Kinder den Dingen ihrer Welt nach Inhaltsbereichen und methodischen Hinsichten gefächert und „diszipliniert" begegnen, wenden sie sich diesen in viel direkteren und natürlicheren Formen zu: Sie ordnen ihre Erfahrungen im leiblichen Handeln, in der sinnlichen Wahrnehmung und Gestaltung sowie im sprachlichen Verstehen.

Es ist müßig zu fragen, was denn früher sei; denn das induktiv geleitete Wahrnehmen erfordert immer schon einen Vorgriff und Fingerzeig des Verstehens und das deduktiv geleitete Verstehen benötigt ein vorgängiges Sich-Zeigen der Phänomene.

Eine Welt, die nicht aus der Summe kontingenter Phänomene besteht, ist kategorial gedacht: die Phänomene zeigen sich von sich her im verstehenden Zugriff. Sie werden kategorial wahrgenommen, vernetzt und in Sinnzusammenhängen zu Ganzheiten gebündelt.

Integrative Aspekte in der Geschichte des Sachunterrichts

Seit Bestehen der Grundschule konzentriert sich die Diskussion um den auf Gegenstände bezogenen Unterricht in der Grundschule auf die Frage nach der Möglichkeit eines integrativen und sinnhaften Aufbaus von Welt durch Kinder. Wie kann, durch Unterrichtsführung und -organisation angeleitet, ein Wissen

---

[2] Auch der „Perspektivrahmen Sachunterricht" der Gesellschaft für Didaktik des Sachunterrichts (GDSU) orientiert sich weitgehend an den traditionellen wissenschaftlichen Disziplinen, bei Vernachlässigung der spezifischen Perspektiven von Kindern. Wenn Hameyer und Schreier schreiben, dass „die fachbezogene Orientierung des Perspektivrahmens akzeptiert" sei, ist diese Aussage zumindest missverständlich. Was heißt hier fachbezogen? Die Perspektiven des Perspektivrahmens sind in der Sprache der Fächer gefasst. Diese Ordnungsstruktur liegt für Fachwissenschaftler auf der Hand, für Kinder und erwachsene Laien ist sie unangemessen.

und Können ausgebildet werden, das Kindern hilft, das Erleben und Wahrnehmen in Kultur und Gesellschaft in Erfahrungen umzumodellieren und damit eine Grundlage für das Handeln zu schaffen, die es ihnen ermöglicht ihre alltäglichen Sorgen bewältigen zu können.

Curricula, die sich auf den Umgang mit den Erscheinungen der Welt beziehen, brauchen zu deren Auswahl und Anordnung legitimierende Prinzipien. Die epochalen Ordnungssysteme der Antike, des Mittelalters und der Neuzeit stellten hierfür mögliche Rahmen zur Verfügung: gesetzliche Regelungen zum Erhalt staatlicher Macht, die Teilhabe an der göttlichen Ordnung, die Absicherung der Erkenntnis durch rationale Begründungszusammenhänge. Bis heute sind die neuzeitlichen Ordnungen der Vernunft von Bedeutung, wie sie z. B. in Enzyklopädien dokumentiert wurden und dann, seit der Aufklärung, in einem transzendentalen Bewusstsein alle Erscheinungen der Welt kategorial geordnet wurden. Als im frühen 20. Jahrhundert der Glaube an ein allgemeingültiges Wissen von der Welt erschüttert wurde und weg brach, mussten die Ordnungsvorstellungen neu überdacht und gerechtfertigt werden: die Lebensreformbewegung suchte ihren Weg im naiven Rückgriff auf die Naturfrömmigkeit, das Dritte Reich installierte nationale Mythen, martialische Rituale und den Glauben an eine schicksalhafte Vorsehung, und im letzten Drittel des 20. Jahrhunderts schließlich erklärte der pädagogische Konstruktivismus das kindliche Individuum zum Erfinder seiner Welt.

Alle diese Theoriegebäude, die im 20. Jahrhundert angeboten wurden, können den Ansprüchen einer grundlegenden Didaktik der Weltbegegnung nicht genügen, mit einer Ausnahme: der *Phänomenologie*, die allerdings ein volles Jahrhundert benötigte, um sich so weit entwickeln zu können, dass sie für didaktische Zwecke zur Anwendung kommen kann. Die Phänomenologie begreift die Welt von ihrem Ansatz her zugleich als menschliches Konstrukt wie auch als Welt, die sich von sich her zeigt und die uns immer wieder aufs Neue überrascht und mit Staunen erfüllt. Diese doppelte Perspektive kommt in der aktuellen Leibphänomenologie zur Geltung und entspricht damit sowohl erkenntnistheoretischen wie didaktischen Ansprüchen.

Die Schule und ihre Didaktik sahen sich durch die Unübersichtlichkeit der geistigen Positionierungen herausgefordert, ihre Ordnungsvorstellungen neu zu überdenken. Vor allem der Formalismus, der in den Fächerordnungen zur Anwendung kommt, erscheint zu systematisch angelegt. So legte der Leipziger Lehrerverein Vorschläge zum gebundenen Gesamtunterricht vor, die sich in den Richtlinien des Reiches von 1921 und 1923 niederschlugen. Nach diesem Konzept wurden die Fächer Lesen, Schreiben, Rechnen, Zeichnen, Singen, Werken und Bewegung in den Dienst von Anschauungsbeispielen gestellt und konzentrierten sich um einen Sachkern herum.

Die didaktischen Zauberworte „Gesamtheit" und „Ganzheit" suchten ihre Maßstäbe in den subjektiven Zugängen von Kindern. Demnach galt und gilt bis heute als „kindgemäß", was entwicklungspsychologischen Standards entspricht, Erlebnischarakter hat, zur sinnlichen Anschauung gebracht und von Kindern in Eigentätigkeit erschlossen wird. Erlebnisse wiederum sind eng an Erfahrungen in Gemeinschaften und der Heimat gebunden.

Die Schwachpunkte einer solchen Konzeption resultieren aus der Unabgeklärtheit des Begriffs der „Gesamtheit". Einerseits sollen Gesamtheiten im subjektiven Bewusstsein des Kindes erst konstruiert werden, wie in den Erkenntnistheorien des 18. und 19. Jahrhunderts entwickelt, und andererseits sollen sich die Erscheinungen der Welt von sich her zeigen, in ihrer faszinierenden Vielfalt. Ein Weg aus diesem Dilemma zeigte sich zunächst nicht. Gesamtunterrichtliche Einheiten, die sich immer zugleich als lebendige Situationen darstellen, lassen sich nur als Facheinheiten ausweisen oder unterliegen willkürlichen Aneinanderreihungen und Ausgrenzungen. Die Inhalte verschwimmen miteinander, werden als harmlose und verniedlichte Erlebnisse präsentiert und sind anfällig für Ideologisierungen. Das methodische Vorgehen formalisiert sich in rituellen Arbeitsformen und Lernabschnitten. Die Konzentration auf die Enge der Heimat verwurzelt das Kind in der Tradition, verhindert aber zugleich Flexibilität, Rollendistanz und Weltoffenheit.

Im weiteren historischen Verlauf versuchte sich die Weltbegegnung der Grundschulen an den natur- und sozialwissenschaftlichen Disziplinen zu orientieren und damit die Kinder auf ein Leben in einer wissenschaftlich-technisch strukturierten Gesellschaft vorzubereiten. Wie sich Wissenschaften durch ihre besonderen Gegenstandsfelder und ihr methodisches Vorgehen unterscheiden, so wählten in den 60er und 70er Jahren neue Didaktikentwürfe die wissenschaftlichen Disziplinen als konzeptionelle Vorlagen für den Sachunterricht, einerseits das Wissen und Kennen ihrer Strukturen (Spreckelsen 1971) und andererseits das Können und Beherrschen ihrer Verfahren (Arbeitsgruppe für Unterrichtsforschung Göttingen 1970). In diesen beiden wissenschaftsorientierten Ansätzen traten die integrativen Ansprüche des heimatkundlichen Gesamtunterrichts, dem es vorrangig um Weltverstehen, Lebensführung und Sinnstiftung ging, weitestgehend in den Hintergrund und die propädeutische Funktion des Sachunterrichts dominierte. Er richtete sich nunmehr auf das Leben in der wissenschaftlich-technischen Erwachsenenwelt und im Beruf aus.

Die gleichzeitig entwickelte Konzeption des mehrperspektivischen Unterrichts (Giel / Hiller / Krämer 1974 ff.) wiederum nahm ihren Ausgangspunkt an der wissenschaftlich-technischen Alltagswirklichkeit der Kinder und setzte sich die Erweiterung der Handlungsfähigkeit in dieser Alltagswirklichkeit zum Ziel. Damit richtete der Sachunterricht sein Interesse auf das sinnhafte Verstehen und Gestalten der kindlichen Handlungsfelder, die durch dekonstruktive Zerlegungen und konstruktive Arrangements eine integrierende Perspektivität erhalten. Die Konzeption des mehrperspektivischen Unterrichts liefert eine gute Vorlage, um prospektiv integrative Dimensionen für einen künftigen Sachunterricht zu entwickeln.

Weltbegegnung im Modus von Ästhetik und Sprache

Um einen Ansatz für die Verstehens- und Erkenntnisprozesse im Sachunterricht zu gewinnen, der die verschiedenen Versatzstücke der Weltbegegnung sinnvoll miteinander verknüpft und zusammenführt, sind die tradierten Diskrepanzen zwischen Subjekt und Objekt sowie zwischen Körper, Geist und Seele aufzuheben. Diese erkenntnistheoretische Aufgabe leistet gegenwärtig lediglich die Denkfigur der Phänomenologie. Nach ihr muss kein Mechanismus konstruiert werden, wie der innere, geistige Akt des Kindes die äußere Welt der Phänomene erfassen kann, vielmehr wird das Kind zugleich als Subjekt und Objekt seiner Lernprozesse begriffen. Das Kind ist in seiner Körperhaftigkeit ein Teil seiner phänomenal erscheinenden Welt. Erst diese transzendentale Einheit erlaubt einen „Rückgang auf die Sachen selbst", in der diese von sich aus zur Erscheinung kommen. Beides ist immer zugleich erforderlich, das kategoriale Verstehen und das sinnliche Erscheinen der Dinge.

Das ästhetische Erkennen, im Sinne der ursprünglichen Bedeutung von aisthesis als sinnlichem Wahrnehmen, bildet den Ausgangspunkt aller Lernprozesse, auch der im Sachunterricht. So erfolgt die elementare Wahrnehmung der Wirklichkeit (Bräuer 1989) im Medium der Leiblichkeit des Kindes. An seinem Leib spielt sich alles ab, was den Menschen ausmacht und alles was ist, zeigt sich an ihm.

Kinder nehmen über die Organerfahrungen der Sinne ihre Welt zunächst eher *rezeptiv* wahr. Sie empfinden sinnliche Eindrücke und reagieren auf sie und wenn die Sinne nicht ausreichen, verwenden sie, gleichsam als Organverlängerungen, künstliche Medien, z. B. technische Werkzeuge, Seh-, Hör- und Tasthilfen. Die Kinder greifen auf die Phänomene zurück, wie sie sich von sich her zeigen und lassen sich beeindrucken, faszinieren und motivieren. Diesbezüglich besteht die Aufgabe des Sachunterrichts in einer Stärkung der Sensibilität der Wahrnehmungsfähigkeit von Kindern.

Solche eher rezeptiven Wahrnehmungen sind jedoch nicht von den eher *produktiven* zu trennen. Überhaupt geht es nicht um ein „Entweder-Oder", sondern immer um ein „eher Dies oder eher Das". Die Kinder gestalten (konstruieren) ihre Wirklichkeit neu, indem sie das rezeptiv Wahrgenommene ordnen, rhythmisieren, kontrastieren, ausdrücken, verändern, beschreiben, vergleichen, deuten und beurteilen. Diesbezüglich besteht die Aufgabe des Sachunterrichts in einer Stärkung der kindlichen Kreativität sowie der Gestaltungs- und Ausdruckskraft.

Die Welt begegnet dem Kind im Modus seiner Leiblichkeit, aber auch des Verstehens. Dabei steht ihm ein Repertoire an Formen zur Verfügung, mit deren Hilfe es seine Wahrnehmungen zur Darstellung bringen kann in den Repräsentationsformen der Ästhetik und der Sprache. In diesen *Darstellungsformen* findet das Kind Zugang zur Welt.

Jerome S. Bruner unterscheidet drei Formen der Weltbegegnung: enaktives Handeln, ikonisches Vorstellen und symbolisches Repräsentieren.

„Zuerst kennt das Kind seine Umwelt hauptsächlich durch die gewohnheitsmäßigen Handlungen, die es braucht, um sich mit ihr auseinanderzusetzen. Mit der Zeit kommt dazu eine Methode der Darstellung in Bildern, die relativ unabhängig vom Handeln ist. Allmählich kommt dann eine neue und wirksame Methode hinzu, die sowohl Handlung wie Bild in die Sprache übersetzt, woraus sich ein drittes Darstellungssystem ergibt. Jede dieser drei Darstellungsmethoden, die handlungsmäßige, die bildhafte und die symbolische, hat ihre eigene Art, Vorgänge zu repräsentieren. Jede prägt das geistige Leben des Menschen in verschiedenen Altersstufen, und die Wechselwirkung ihrer Anwendungen bleibt ein Hauptmerkmal des intellektuellen Lebens des Erwachsenen" (Bruner 1966).

Die drei Darstellungsfunktionen stehen nach Bruner in einem komplizierten inneren Verhältnis zueinander. Ihre Diskrepanzen und Übersetzungsschwierigkeiten sind es dann gerade, die einen Motor für das Verstehen und Erkennen ausmachen, sie sind als „Verstärker" des motorischen, sensorischen und reflexiven Verhaltens von Menschen zu betrachten.

Darstellungen in Form von *Handlungen* sind an Organerfahrungen gebunden, neben allen Sinneswahrnehmungen vornehmlich an das Ertasten der Dinge: Kraft, Druck, Wärme- und Kälteempfindung, Schmerz, Balance. Der bisher weitgehend vergessene Körper wird zum Erkenntnisorgan mit eigenem Gedächtnis. Im Sachunterricht kommt das körperliche Handeln in Form von Erprobungen, Experimenten, Konstruktionen, mimischen und gestischen Inszenierungen, Tänzen, psychomotorischen Gestaltungen, diversen Übungsformen und Handhabungen besonders zur Geltung. Das in vielfältigen, anstrengenden und langwierigen Übungen erworbene Können wird zur Grundlagenkompetenz aller weiteren Lernschritte. Ausgehend von einer eher rezeptiven Weltaneignung bildet sich die Grundlage für eigene Produktionen, für die Konstruktion einer eigenen Welt, die in sinnhafter Weise die Dinge miteinander verknüpft.

Darstellungen in Form des *optischen Vorstellens* sind an das Sehen gebunden, allerdings immer in Kombination mit anderen Sinneswahrnehmungen. In einer Welt, die zunehmend über Bilder gesteuert wird, gewinnt die Fähigkeit Bilder lesen zu können, zunehmend an Bedeutung. Die Beherrschung des Instrumentariums, mit dessen Hilfe sich die inneren und äußeren Vorstellungen ausdifferenzieren und präzisieren lassen, wird primär beim künstlerischen Gestalten erworben. Wie wichtig ist es doch, dass die Kinder der Übermacht der modernen Bildwelt nicht ungeschult ausgeliefert sind. Das rezeptive Sehen und sich Vorstellen beschreibt die Komplexität dieses Vorgangs nur unzulänglich. Denn „Sehen ist in sich selbst schon eine schöpferische Tat, die eine Anstrengung verlangt" (Henri Matisse). Wenn Kinder zeichnen und malen, bringen sie zunächst ihr subjektives Weltverstehen ins Bild, erst später sind sie in der Lage, Natur abzubilden, um schließlich als Fortgeschrittene ihr differenzierteres Verstehen ins Bild zu setzen.

Darstellungen in Form des *akustischen Vorstellens* sind an das Hören gebunden, aber immer zugleich auch an die stimmliche Artikulation. Das Kind bewegt sich in allgegenwärtigen Geräusch- und Klangkulissen durch seinen Alltag, lässt sich „volldröhnen", hört darüber hinweg oder verstopft die Ohren. Wie lässt es sich in einer Welt, die durchgängig mit technischen Klang- und Hörmaschinen bestückt ist, zu Hörerfahrungen hinführen, die ihm die Welt erschließen? „Die Welt ist Schwingung", sagt Hugo Kükelhaus: Wir leben in Taktfolgen und rhythmischen Wellenbewegungen, die wiederum das Kind produktiv aufgreifen und weiterentwickeln kann, in Arbeits- und Bewegungsabläufen oder gar in tänzerischen Formationen. Gerade hier zeigt sich besonders deutlich, wie konstitutiv der Hörunterricht, die Musik, für das Welterfahren und -gestalten der Kinder ist.

Darstellungen in Form der *symbolischen Repräsentationen* kommen in der Schule in der Regel symbolisch und sprachlich zur Geltung. Die entsprechenden Kompetenzen dominieren über die Leistungsbeurteilungen von Schülerinnen und Schülern. Das ist auch nicht weiter verwunderlich, denn die verbale Sprache verleiht Aussagen ein hohes Maß an Präzision.

> „Komplexe und äußerst abstrakte Zusammenhänge lassen sich logisch ordnen, Beziehungen, Bedingungsverhältnisse und Negationen sind über Raum- und Zeitgrenzen hinweg exakt darstellbar. Was an Inhalten überhaupt übernommen und unterschieden werden kann und was hier und jetzt nicht wahrgenommen wird, aber jemals im menschlichen Denken aufgetaucht ist, findet in der Sprache seinen Niederschlag. Sie repräsentiert Kommunikation in ausgezeichneter Weise" (Siller 1976, S. 48f.).

Die Darstellungsform der Sprache ist zwar ebenfalls an die Leiblichkeit des Menschen gebunden, hat aber in der Vergangenheit eine eigene Kunst des Verstehens entwickelt, die Hermeneutik. Nun unterscheiden jedoch Rittelmeyer und Parmentier (2001) neben der Texthermeneutik eine Bild- und eine Dinghermeneutik, die sich in Äquivalenz zur Sprache, auf die Medien des Vorstellens und des handelnden Umgangs beziehen. Während es bei der Texthermeneutik um das Verstehen von sprachlichen Darstellungen geht, die gehört, gesprochen und gelesen werden, konzentriert sich die Bildhermeneutik auf die Welt der Vorstellungen und Bilder und die Dinghermeneutik auf die Welt der Dinge und des handelnden Umgangs mit ihnen.

Eine der wichtigsten Aufgaben der Schule besteht nun in der Vermittlung der Kunst des Verstehens,

– des Verstehens von gesprochener und geschriebener Sprache,

– des Verstehens von bildhaften Vorlagen aus Kunst und Werbung, dem Fernsehen und von Computern und

– des Verstehens von Dingen und Gegebenheiten aus Natur (Landschaften, Pflanzen, Tieren, Menschen) und Kultur (Zivilisation, Technik).

In der Begegnung mit Beispielen von solchen Repräsentationen werden diese in ihren spezifischen Kontexten ausgelegt und zugleich von den Kindern zu sinnhaften „Weltbildern" aus- und umgestaltet. Die Einübung in das Weltverstehen erfolgt für Kinder damit exemplarisch an ausgewählten Beispielen, aber auch generell als Einübung in die Kompetenz der Text-, Bild- und Dingauslegung, zum Beispiel durch Reflexion und Beachtung methodischer Grundsätze der hermeneutischen Interpretation (Rittelmeyer / Parmentier 2001, S. 41 ff.).

Die Diskrepanzen zwischen den drei Darstellungsformen und die Übersetzungsschwierigkeiten von einer in die andere machen für Bruner den Motor für die Weiterentwicklung des Verstehens und Erkennens aus. Sie gelten für ihn als „Verstärker" des motorischen, sensorischen und reflexiven Verhaltens. Und genau dieser Zusammenhang ist im Unterricht aufzugreifen und als Chance zu nutzen. Die Aufforderung zur Übersetzung enaktiver und ikonischer Darstellungen in Sprache und umgekehrt bietet Schulklassen, deren Schülerinnen und Schüler in ihren Lernvoraussetzungen immer weiter auseinander liegen, neue Impulse für eine Teilhabe an der schulischen Bildung. Ein Bildungsbegriff allerdings, der sich nicht nur auf die symbolischen Darstellungsformen der Sprache und Mathematik bezieht, sondern der Welt des Vorstellens und Handelns einen größeren Raum zugesteht, zeigt sowohl in Bezug auf das Verstehen und Gestalten von Welt, wie auch in Bezug auf die sozialen Differenzierungen unserer Gesellschaft, integrative Dimensionen für einen künftigen Unterricht auf.

Vorläufige Anmerkungen zu einer Didaktik des ästhetisch-integrierenden Sachunterrichts

Im Sachunterricht werden die Wahrnehmungen der Kinder einem strukturierten Verstehen, Wissen und Können zugeführt. Die Lebenswirklichkeit wird unter Anleitung des Lehrers oder der Lehrerin rekonstruiert, dekonstruiert und wiederum neu konstruiert, damit ein sinnhafter Aufbau der Welt gelingen kann.

Wenn nach PISA von unzureichender Lesekompetenz die Rede ist, ist nicht nur die Muttersprache gemeint, in der Kinder einen Zugang zur Welt finden, sondern von Sprachkompetenz überhaupt, von symbolischer, ikonischer und enaktiver Sprache, von mutter- und fremdsprachlichen Zugängen, von numerischen, algebraischen und geometrischen, künstlerischen und musischen, körperlichen und kinästhetischen.

Entsprechend den vorhergehenden Ausführungen lässt sich ein ästhetisch-integrierender Sachunterricht entwickeln:

In einem eher *rezeptiven Zugriff* eignet sich das Kind zunächst körperbezogen und sinnlich die Lebenswirklichkeit an, die Faktizitäten von belebter und unbelebter Natur und die menschlichen Produktionen von Kultur und Technik.

Durch eine Schulung der natürlichen sinnlichen Wahrnehmung, die in aller Regel an Bewegungen gebunden ist (Sensomotorik) und mit Hilfe spezieller Werkzeuge, Instrumente und Requisiten, aber auch künstlerischer und musikalischer Mittel, können die elementaren Wahrnehmungen der frühen Kindheit nochmals deutlich differenzierter erfasst werden.

Zu diesem rezeptiven Zugriff gehört aber auch das *Verstehen*. In der dialogischen Verständigung über die Wahrnehmungen erhalten die Dinge Namen und Bedeutungen. In einer elementaren Hermeneutik lässt sich das Kind auf die Dinge ein, beschreibt, vergleicht, unterscheidet, deutet und beurteilt sie. So entsteht die Welt des Kindes, mit all seinen imaginierten Möglichkeiten, erfundenen Geschichten, Träumen, Spielen, Abenteuern, Entdeckungen und Erfindungen. Die Welt des Kindes ist eben weit mehr als seine bloße Wirklichkeit.

Die eher *produktive Gestaltung* seiner Lebenswirklichkeit verlangt dem Kind ein hohes Maß an Können ab. Wer Vieles wahrgenommen und verstanden hat, kann Dinge auswählen, suchen, sammeln und ordnen. Wer die Wellenbewegungen von Wasser, Zeit, Sprache, Schwingungen, Atem, Ermüdung und Erholung bewusst wahrgenommen hat, kann diese wiederum in Sprachmelodien, Musik, Tanz, Takt, Rhythmus, Arbeits- und Bewegungsabläufe übersetzen. Wer die gegensätzlichen Eigenschaften der Dinge kennt, verwendet sie souverän: rau und glatt, grob und fein, trocken und nass, spitz und stumpf, laut und leise, schrill und dumpf, hell und dunkel, mild und scharf, locker und dicht, hoch und tief, voll und leer, statisch und dynamisch, positiv und negativ, entweder oder. Und je besser sich Kinder selbst kennen, desto besser können sie sich auch selbst ausdrücken, in Bildern, im Theaterspiel, in Musik. In Verkleidungen und im Maskenspiel stellen sie eine Distanz zu sich selbst her, um anschließend umso sicherer bei sich selbst anzukommen.

Die Dinge und Ereignisse der Lebenswelt von Kindern liegen diesen nicht eindeutig und mit sich identisch vor und können auch nicht direkt und abschließend wahrgenommen und erkannt werden. Erst beim wiederholten Hinblicken im Fächer unterschiedlicher Medien und Darstellungsformen, eben ästhetisch-integrierend, setzen sich die diversen Wahrnehmungsaspekte in eine spannungsreiche Beziehung. In der speziellen Leistung, solche Spannungen auszuhalten, an ihnen zu arbeiten oder sie gar zu lösen, gelangt das Kind zu klaren und deutlichen Handgriffen, Bildern und Begriffen. Aus der integrativen Vernetzung erwächst Sinn. Darauf bezieht sich der Auftrag des Sachunterrichts.

Literatur

Arbeitsgruppe für Unterrichtsforschung, Göttingen: Weg in die Naturwissenschaft. In: Die Grundschule 2, 1970, H. 3, S. 21–27

Bräuer, Gottfried: Zugänge zur ästhetischen Elementarerziehung. In: Deutsches Institut
   für Fernstudien an der Universität Tübingen: Musisch-Ästhetische Erziehung in der
   Grundschule. Grundbaustein Teil 1. Tübingen 1989, S. 31–102

Bruner, Jerome S. / Olver, Rose R. / Greenfield, Patricia M.: Studien zur kognitiven Entwicklung. Eine kooperative Untersuchung am „Center for Cognitive Studies" der Har-
   vard-Universität. Stuttgart: Klett 1966; 1971

Buck, Peter / Jäkel, Lissy / Siller, Rolf / Weidmann, Herwig: Handelt es sich beim Heimat-
   und Sachunterricht um interdisziplinäres Lehren und Lernen? In: Wellensiek, Anneliese
   und Petermann, Hans-Bernhard (Hrsg.): Interdisziplinäres Lehren und Lernen in der
   Lehrerbildung. Weinheim / Basel: Beltz 2002, S. 86–95

Cassirer, Ernst: Philosophie der symbolischen Formen. 3 Teile. Darmstadt: Wissenschaftliche Buchgesellschaft e. V. 1923; 1956

Duncker, Ludwig / Popp, Walter (Hrsg.): Fächerübergreifender Unterricht in der Sekundarstufe I und II. Bad Heilbrunn: Klinkhardt 1998

Freeß, Doris: Ästhetisches Lernen im fächerübergreifenden Sachunterricht. Baltmannsweiler: Schneider 2002

Gesellschaft für Didaktik des Sachunterrichts (GDSU): Perspektivrahmen Sachunterricht.
   Bad Heilbrunn: Klinkhardt 2002

Giel, Klaus / Hiller, Gotthilf G. / Krämer, Hermann: Stücke zu einem mehrperspektivischen Unterricht. Aufsätze zur Konzeption 1 und 2. Stuttgart: Klett 1974 ff.

Löffler, Gerhard / Möhle, Volker / Reeken, Dietmar von / Schwier, Volker (Hrsg.): Sachunterricht – Zwischen Fachbezug und Integration. Bad Heilbrunn: Klinkhardt 2000

Rathenow, Hanns-Fred: Fächerübergreifende Konzeptionen in der Reformpädagogik.
   Gesamtunterricht und Vorhaben bei Berthold Otto, Johannes Kretschmann und Adolf
   Reichwein. In: Dittmar, Reinhard / Willer, Jörg (Hrsg.): Schule zwischen Kaiserreich
   und Faschismus. Darmstadt: Wissenschaftliche Buchgesellschaft 1981, S. 176–195

Rittelmeyer, Christian / Parmentier, Michael: Einführung in die pädagogische Hermeneutik. Darmstadt: Wissenschaftliche Buchgesellschaft 2001

Schneider, Gerhard (Hrsg.): Ästhetische Erziehung in der Grundschule. Argumente für
   ein fächerübergreifendes Unterrichtsprinzip. Weinheim / Basel: Beltz 1988

Siller, Rolf: Strukturen erzieherischer Kommunikation. In: Westermanns Pädagogische
   Beiträge 18, Braunschweig 1976, H. 1, S. 48 f.

Spreckelsen, Kai: Strukturbetonter naturwissenschaftlicher Unterricht auf der Grundstufe. In: Die Grundschule. Braunschweig: Westermann 1970, H. 3, S. 28–37

Unglaube, Henning: Fächerübergreifendes Arbeiten im Sachunterricht – ein altes Konzept
   im neuen Gewand? In: Richard Meier u. a.: Sachunterricht in der Grundschule. Frankfurt a. M.: Arbeitskreis Grundschule, Bd. 101, 1997, S. 45–61

SILKE PFEIFFER

Nachdenklichkeit und Orientierung fördern durch Philosophieren im Sachunterricht

Das Philosophieren mit Kindern hat in den letzten Jahren an Bedeutung gewonnen. Das trifft insbesondere für das Philosophieren innerhalb des breiten inhaltlich-methodischen Spektrums des Sachunterrichts zu. Ursache dafür ist ein zunehmendes Bewusstsein für die Rätselhaftigkeit und Bedrohtheit der Welt und der Gedanke, dass Kinder diesen Geheimnissen des Daseins oft näher stehen als Erwachsene. Argumente gegen das Philosophieren mit Kindern, wie z. B., dass wirklich offene Gespräche in der Institution Schule gar nicht möglich sind, dass unter dem Deckmantel des Philosophierens verkappt eine Werteerziehung stattfinden könnte, die eine wirklich kritische und individuelle Auseinandersetzung mit Sinn- und Wertvorstellungen gar nicht anstrebe oder dass Kinder aus entwicklungspsychologischen Gründen intellektuell noch gar nicht in der Lage sind zu philosophieren (vgl. u. a. Schmidt 1999; Jablonski 2003), werden durch Debatten in der Grundschulpädagogik und der Philosophiedidaktik (vgl. Matthews 1991; Schreier 1993; Martens 1999) und durch einige widerlegende Beispiele aus der Praxis der Kinderphilosophie (Schreier 1999; Pfeiffer 2002) zumindest relativiert. Unbestritten bleibt, dass das Philosophieren mit Kindern an die praktizierenden Lehrerinnen und Lehrer besondere Anforderungen stellt, die zu einem grundsätzlichen Nachdenken über Kinder, ihre Bedürfnisse und Möglichkeiten und über die eigene Person herausfordern.

Zur Geschichte des Philosophierens mit Kindern

Das Philosophieren mit Kindern kann auf eine lange Tradition zurückgreifen. Bereits im 17. Jahrhundert machte der Philosoph John Locke darauf aufmerksam, dass schon jüngere Kinder wahrhaft philosophische Fragen haben, dass sie über eine einzigartige Ursprünglichkeit, Phantasie und Kreativität im Denken verfügen, die es zu fördern gilt. Allerdings dürfe dies auf keinen Fall in komplizierten formallogischen Schulungen geschehen, sondern durch Einübung des dem Kind gemäßen natürlichen Denkens (vgl. De Beer 1978, S. 535 ff.). Etwa 100 Jahre später entwickelte der Pädagoge Johann Friedrich Herbart diesen Gedanken weiter. Ihn beschäftigte die Frage, wie Kindern in der Schule die Freiheit zur Selbstbildung gewährt werden könne, wie ihre natürlichen Anlagen und ihre ursprünglichen Fragen entwickelt und gefördert werden können (vgl. Meyer 1991, S. 165 ff.). Dass Kinder prinzipiell neugierig und wissbegierig sind und dass es die Aufgabe der Erwachsenen ist, den Prozess des Forschens freundschaftlich zu begleiten, ist auch Ausgangspunkt der pädagogischen Reformbewegung in

Europa, die gegen Ende des 19. Jahrhunderts begann. Berthold Otto und Hermann Nohl zeigten an eindrücklichen Unterrichtsbeispielen, wie sich philosophische Fragen gelegentlich ganz natürlich im Unterrichtsverlauf ergeben und gemeinsam weiter entwickelt werden können (vgl. Otto 1963; Nohl, 1949).

Anfang der 70er Jahre griffen die amerikanischen Philosophen Gareth B. Matthews und Matthew Lipman das Philosophieren mit Kindern auf, wobei ihre Konzeptionen stark von einander abweichen. Während Lipman von einem sprachanalytischen Ansatz ausgeht und die Förderung der logisch-argumentativen Denkfähigkeit in den Mittelpunkt stellt (vgl. Lipman 1978; 1988), betont Matthews, ähnlich wie Otto und Nohl, das natürliche Bedürfnis des Kindes zu philosophieren, d. h. sich zu wundern, sich zu fragen und zu eigenen Sinn- und Wertdeutungen zu kommen (vgl. Matthews 1991). Ausgehend von diesen und anderen Philosophen (vgl. u. a. Langer 1965; Cassirer 1954) hat sich in den letzten Jahren ein grundschuldidaktischer und philosophiedidaktischer Diskurs entwickelt, der das institutionalisierte Philosophieren mit Kindern als durchgängiges Unterrichtsprinzip (vgl. Schreier 1993; 1997; 1998a; 1998b; 1999) und in einem eigenständigen Fach (vgl. Pfeiffer 2002) thematisiert. Vor allem der Sachunterricht bietet nach Schreier vielfältige Möglichkeiten „Gegenstände des Unterrichts durch Nachdenklichkeit zu vertiefen" (vgl. Schreier 1999, S. 17). Ausgehend von Hans Blumenberg (vgl. Blumenberg 1996) weist er darauf hin, dass man den Schülern nicht vormachen dürfe, dass alles erklärbar sei. Vielmehr sei „die Lesbarkeit der Welt" eine äußerst vorläufige Angelegenheit, der man nachdenklich begegnen müsse. Vom Philosophieren erhofft er sich, dass der Austausch von Gedanken zu mehr Offenheit, Toleranz und Demokratie in der Schule beiträgt (vgl. Schreier 1997, S. 13). Gegenüber den Philosophen vertritt er nicht ohne Polemik die Auffassung, dass „Philosophieren" und „Nachdenken" in gewisser Weise austauschbare Wörter seien:

> „Will man aber den Unterschied betonen, so wäre 'Philosophieren' das Wort, das dem Fachphilosophen als unverzichtbar erschiene, während 'Nachdenken' den Pädagogen näher läge. Zumal wenn es als Begriff herausgearbeitet worden ist, tritt uns das Wort 'Philosophie' mit der Ehrfurcht einflößenden Tradition und der gewissermaßen geheiligten Autorität fachphilosophischer Ansprüche entgegen. Aus diesen Ansprüchen lassen sich dann auch leicht viele Bedingungen ableiten, die zusammengenommen eine Art Lizenz für das 'echte' oder 'rigorose' Philosophieren … begründen. Demgegenüber bezeichnet 'Nachdenken' eine gleichsam nicht lizenzbedürftige Tätigkeit, der auch Laien und Dilettanten nachgehen können" (Schreier 1999, S. 10).

Der Philosophiedidaktiker Ekkehard Martens nimmt demgegenüber eine vermittelnde Position ein, die sowohl grundschuldidaktischen als auch philosophischen Überlegungen gerecht wird: „Philosophie umfasst als Inhalt die Fülle möglicher Deutungen von Dingen, Ereignissen, Handlungen und uns selbst (Dabei kann es z. B. auch um solche Fragen gehen: Wer bin ich? Was macht mich aus?

Was ist ein guter Freund? S. P.); als Haltung ist sie das ständige, prinzipiell unabschließbare Weiterdenken im Sinne eines Deutens von Deutungen (Was darauf verweist, dass es nicht eine Wahrheit gibt, sondern dass die Suche danach ein individueller Prozess ist. S. P.); als Methode enthält sie die begrifflich argumentative Analyse sowie das ästhetische Deuten im weitesten Sinne zur Erweiterung, Vertiefung und Differenzierung von Deutungen" (was auf eine beträchtliche Methodenvielfalt verweist, S. P.) (vgl. Martens 1994, S. 14).

Die Rolle der Frage beim Philosophieren

Das Philosophieren muss bei den Fragen der Kinder ansetzen. In Jostein Gaarders Buch „Hallo, ist da jemand?" (1999) gibt es eine gut nachvollziehbare Erklärung dafür, warum das so ist: Der Junge Joakim wartet in der Nacht allein zu Hause auf die Nachricht der Geburt seines Brüderchens, als plötzlich jemand kopfüber im Apfelbaum landet. Es ist Mika vom Planeten Eljo. Mika versetzt Joakim durch sein Verhalten in Erstaunen, denn immer wenn Joakim eine Frage stellt, verneigt sich Mika vor ihm. Auf die Frage, warum das so sei, antwortet er:

> „Da, wo ich herkomme, verneigen wir uns immer, wenn jemand eine witzige Frage stellt. Und je tiefsinniger die Frage ist, umso tiefer verneigen wir uns … Eine Antwort ist niemals ein Grund sich zu verneigen. Selbst wenn eine Antwort sich schlau und richtig anhört, darf man sich trotzdem nicht verneigen. Wer sich verneigt, der beugt sich, du darfst dich nie einer Antwort beugen. Eine Antwort ist immer ein Stück des Weges, der hinter dir liegt. Nur eine Frage kann uns weiterführen" (Gaarder 1999, S. 21–22).

Auch die Kinderphilosophin Eva Zoller betont die Rolle der Frage beim Philosophieren:

> „Philosophieren ist die Kunst im richtigen Moment die richtige Frage zu stellen (Zoller 1995, S. 10). Was aber zeichnet den richtigen Moment aus und was ist in diesem Zusammenhang eine richtige Frage?

Häufig ergeben sich philosophische Fragen bei Kindern aus Alltagssituationen, die ein Wundern, häufig auch eine Verunsicherung auslösen. Wichtig ist, dass Kindern in allen Unterrichtsfächern Gelegenheit eingeräumt wird, ihre Überlegungen und Fragen zu stellen. Philosophieren kann in diesem Zusammenhang der Versuch sein „durch Denken Unsicherheit zu reduzieren" (vgl. Schmidt 1999, S. 80). Rituale, wie der Gesprächskreis zu Wochenbeginn oder zum Wochenabschluss, Morgenkreise, Gedankenreisen und Nachdenkaufgaben können Kindern einen Rahmen für ihre Fragen geben (vgl. Kaiser 2000). Solche Fragen sind z. B.: Woher kommen die Farben? Warum ist der Himmel blau? Warum gibt es arme Leute? Gibt es Marsmenschen? Was ist Zeit? Gibt es Gott? Warum muss man sterben?

Alle diese Fragen haben, wenn auch unterschiedlich akzentuiert, Bezüge zu den Bereichen des Sachunterrichts, zum ästhetisch-expressiven, sprachlichen, sozialen, religiösen, philosophischen und in gewisser Weise sogar zum naturwissenschaftlich-technischen Bereich. Eine Untersuchung von einhundert Kinderfragen ergab, dass Kinder häufig zunächst ein starkes Sachinteresse haben, dass sie sich Dinge nicht erklären können, für ihr Selbstverständnis aber eine (wenn auch manchmal vorläufige) Antwort brauchen. Solche Fragen betreffen z. B. Natur- und Wetterphänomene (Regenbogen, Hagel), physikalische Prozesse (z. B. Fallen oder Schweben) oder astronomische Ereignisse (z. B. Sonnenauf- und Untergänge, Sternschnuppen). Wenn der sachliche Kern des Phänomens besprochen ist, wird an den „Rändern" nicht selten ein philosophischer Fragehorizont transparent. So kann das Beobachten und Erforschen von Lichterscheinungen zu sehr grundsätzlichen Fragen führen: Warum gibt es die Sonne? Wer hat sie gemacht? Was wäre, wenn es sie nicht gäbe?

Bei Naturbeobachtungen einer vierten Klasse ergaben sich Fragen, wie: Haben Blumen Gefühle? Können sie glücklich sein? Müssen Pflanzen auch sterben? Können Pflanzen etwas lernen (z. B. in einer Baumschule)? Was ist schön, was hässlich? Woher kommen Erde, Sonne und Mond?

In einer zweiten Klasse führte die Auseinandersetzung mit dem eigenen Tagesablauf zu den Fragen: Woher kommt die Zeit, wohin geht sie? Gab es vor meiner Geburt auch schon Zeit? Hat Zeit ein Gesicht? Kann man Zeit verschenken oder stehlen? Was passiert, wenn die Lebenszeit zu Ende ist?

In der Praxis zeigt sich, dass nur ein relativ geringer Anteil der Kinderfragen im Unterricht vordergründig ethische Perspektiven betreffen und dass vielmehr häufig metaphysische, erkenntnistheoretische und anthropologische Dimensionen (mit)angesprochen werden (vgl. Pfeiffer 2002.). In diesem Zusammenhang stellt die Zusammenführung von philosophisch-ästhetischer Naturbetrachtung und naturwissenschaftsorientierter Darstellung ausgewählter Phänomene (z. B. des Wassers, der Luft) einen interessanten Ansatz dar (vgl. Freeß 2002). Grundsätzlich stellt sich bei allen Kinderfragen ein heuristisches Problem: Die häufig noch unklare Formulierung, der Interpretationsspielraum der Fragen, ihre prinzipielle Auslegungsbedürftigkeit macht erforderlich, dass Kinder und Erwachsene zunächst austauschen, was tatsächlich das Interesse hinter einer Frage ist. Dafür sei folgendes Beispiel aus dem Sachunterricht einer zweiten Klasse ausgeführt:

In einer Unterrichtseinheit zum Thema „Ich finde mich in meiner Schule zurecht" forderte die Lehrerin die Kinder auf zu artikulieren, was ihnen an diesem Thema besonders wichtig ist. Maria formulierte die Frage: „Warum gibt es Zensuren?" Im Gespräch wurde deutlich, welches grundsätzliche Frageinteresse sich hinter dieser Frage verbarg: „Wenn Kinder nicht so klug sind, dann kriegen sie schlechte Zensuren und dann sind die Eltern böse oder traurig. Aber die Kinder können doch nichts dafür. Deshalb ist das doch nicht gerecht, dass es Zensuren gibt." Anschließend erzählte Maria ein eigenes dazu passendes Erlebnis vom Vortag. Auf Nachfrage der Lehrerin, was denn gerecht wäre, antwortete Maria: „Wenn man keine Angst vor der Schule haben brauchte." Andere Kinder warfen ein, dass es aber schön ist, gute Zensuren zu bekommen. Die Ausgangsfrage von Maria führte zu einer Auseinandersetzung mit Schulrealitäten, mit gerechter und ungerechter Bewertung und mündete in Vorstellungen von einer "Schule für alle Kinder". Das aktuelle Interesse und das Motiv hinter der Frage wurden erst im Gespräch transparent.

Die Vielfalt der philosophischen Fragen im Sachunterricht legt ein differenziertes methodisches Vorgehen nahe, das sowohl sprachlich diskursive Formen (Gespräche, Geschichten) als auch ganzheitlich – präsentative Formen der Auseinandersetzung (Zeichnungen, Rollenspiele, Auseinandersetzung mit Musik und Tanz) einschließt. In diesem Zusammenhang betonen Schreier wie auch die Kinderphilosophin Kristina Calvert u. a. die Bedeutung der Anschaulichkeit, wenn es z. B. um das Klären von Begriffen im Gespräch geht: Ein Wort z. B. „Glück" oder „Angst" rückt in den Mittelpunkt und wird in Bildern oder Rollenspielen dargestellt (vgl. Calvert 1999, S. 41; Pfeiffer 2002, S. 230).

Auf der Suche nach Antworten

Hans-Joachim Müller stellt wie auch Schreier (Schreier 1994, S. 86 ff.) u. a. die besondere Bedeutung des Gespräches für die soziale Entwicklung und gesellschaftliche Einbindung des Kindes in unserer Gesellschaft im Allgemeinen und für das Philosophieren mit Kindern im Speziellen heraus. Im Rückgriff auf David Kennedy benennt er in Analogie zum Philosophiebegriff nach Martens (s. o.) drei Dimensionen, die ein Gespräch als philosophisches charakterisieren: die inhaltliche Dimension, in der es um grundlegende Kategorien, z. B. Selbst, Freiheit, Ideen, geht, die Ebene der philosophischen Fertigkeiten, z. B. Einbringen von Ideen, Begründen, Schlussfolgern, und die Ebene der „Translation" auf der es um grundlegende soziale Fähigkeiten, z. B. Zuhören, Selbstkorrektur, Sich- Zurücknehmen, geht. Als Gesprächsformen werden u. a. das Sokratische Gespräch, das Kreisgespräch mit Sprechstein und das Schreibgespräch benannt (vgl. Müller 1999, S. 23 ff.). Anschauliche Beispiele für reflexive Gespräche sind die Gesprächsbeispiele der Kinderphilosophin Barbara Brüning. Sie verweist darauf, dass sich reflexive Gespräche im Vergleich zu anderen Gesprächsformen dadurch unterscheiden, dass die Gesprächsteilnehmer versuchen, die herausgefundenen Deutungen in einen größeren Zusammenhang einzuordnen. „Wir fragen also nicht nur: Warum bin ich glücklich?, sondern überlegen uns auch, unter welchen Bedingungen andere Menschen glücklich sein können oder ob Glück nur eine Eigenschaft von uns Menschen ist oder ob beispielsweise auch Pflanzen und Tiere glücklich sein können" (vgl. Brüning 1990, S. 45). Brüning hebt hervor, dass im reflexiven Gespräch auch die Gesprächsleiter über keine fertigen

Antworten verfügen sollten und dass das einzige Kriterium für richtig oder falsch
die Überzeugungskraft von Argumenten ist (vgl. ebd., S. 46). Darüber hinaus
sind im Philosophieren mit Kindern weitere Gesprächsformen, wie das informie-
rende, das unterhaltende, das vorrationale Gespräch und das Streitgespräch
erprobt (vgl. Pfeiffer 1999; 2002; Heinzel 2003).

Neben und innerhalb von Gesprächen ermöglichen Geschichten einen weiteren
Zugang zur Wirklichkeit. Vor allem Matthews verweist darauf, dass vielen Kinderbüchern und auch kleineren Geschichten ein „philosophischer Hintersinn"
eigen ist. Anhand von drei Kinderbüchern stellt er anschaulich dar, welche Men-
gen „grundlegender epistemologischer und metaphysischer Fragen" darin ver-
borgen sind (vgl. Matthews 1991, S. 76ff.). Entscheidendes Kriterium der Auswahl der Geschichten ist, dass sich über sie philosophische Inhalte erschließen
lassen, die auch für Kinder von Bedeutung sind. Solche Inhalte können sich z. B.
auf das Zusammenleben mit anderen Menschen oder die Verantwortung des
Menschen für die Schöpfung beziehen. Lipman hat für die philosophische Auseinandersetzung von Erwachsenen mit sechs bis zwölfjährigen Kindern philosophische Geschichten geschrieben, die 1986 in deutscher Übersetzung mit dem
Titel „Pixie" erschienen. In diesen Geschichten wird alles, was passiert zum
Anlass genommen, darüber nachzudenken, nachzufragen und nach Erklärungen zu suchen (vgl. Lipman 1986a). Das dazugehörige Handbuch (vgl. Lipman
1986b) stellt den Erwachsenen für jedes Kapitel Diskussionspläne zur Verfügung. Dabei geht es z. B. um folgende Themen: Namen, Wahrheit, Denkvor-
gänge, Zoo, Geheimnisse, Freundschaft, Rätsel, persönliche Identität.

Einsatz gefunden hatte 'Pixie' bisher vor allem im außerunterrichtlichen Bereich.
Es wäre zu prüfen, ob und inwiefern dieses Material für das Philosophieren im
Sachunterricht geeignet ist. Produktionsorientierte Verfahren, wie sie z. B. in der
Deutschdidaktik zur Anwendung kommen, sind eine weitere geeignete Methode
für das Philosophieren. Dabei wird direkt in Texte eingegriffen, indem eigene
Vorverständnisse bezogen auf das Dargestellte in den Text montiert werden. Das
kann z. B. geschehen, indem Sprechblasen neben den Text gezeichnet und
beschrieben oder Zeilen, bzw. Strophen hinzugefügt werden (vgl. Pfeiffer 2002,
S. 204ff.). Eine in besonderem Maße an die Alltagswelt der Kinder anknüpfende
Methode des Philosophierens ist das Spiel, in seinen mannigfaltigen Formen.
Zwischen den Intentionen vieler Spiele und dem Philosophieren gibt es eine
Reihe von Gemeinsamkeiten: Im Idealfall sollen positive Emotionen die Tätig-
keit begleiten; in beiden Fällen spielt das Probedenken eine große Rolle und bei-
den wohnt ein Moment der Freiheit inne und dennoch sind sie nicht beliebig.
Spiele können zur Sensibilisierung der Wahrnehmung der eigenen Gefühle,
Gedanken, Wünsche und Bedürfnisse beitragen; sie können das Bewusstsein für
eigene und fremde Handlungsmöglichkeiten stärken sowie das Selbstwertgefühl
und die Kommunikation und Kooperation mit anderen Menschen fördern.
Erprobte Spielformen beim Philosophieren sind u. a. Psychomotorische Spiele,

Stille- und Entspannungsspiele, Bauspiele und Regelspiele (vgl. Pfeiffer 2002). Das szenische Spiel (vgl. Scheller 1998), Fantasiereisen (vgl. Ragaller 2003), Meditationen (vgl. Sprenger 1997), das Gestalten von Gedanken und Empfindungen im Bild und das Wahrnehmen von Bildern sind Formen präsentativer Symbolisierungen. Susanne Langer erklärt anhand des Bildes und der Fotografie den Unterschied zu diskursiven Symbolisierungen:

> „Das Bild setzt sich zwar wie die Sprache aus Elementen zusammen, die jeweils verschiedene Bestandteile des Gegenstandes darstellen; aber diese Elemente sind nicht Einheiten mit unabhängigen Bedeutungen. Die Licht- und Schattenflächen, aus denen ein Porträt, z. B. eine Photographie, besteht, haben an sich keine Bedeutsamkeit. Einer isolierten Betrachtung würden sie lediglich als Kleckse erscheinen … Sie stellen nicht Stück für Stück die Elemente dar, die einen Namen haben; es gibt nicht einen Klecks für die Nase, einen für den Mund usw.; ihre Formen vermitteln in gar nicht zu beschreibender Kombination ein totales Bild, in dem sich benennbare Züge aufweisen lassen … Die Elemente die die Kamera darstellt, sind nicht die Elemente, die die Sprache darstellt. Sie sind tausendmal zahlreicher" (Langer 1965, S. 1001).

Ein Bild kann nur als Ganzes auf uns wirken. Das Empfinden und Ausdrücken von Gedanken und Gefühlen ist ein ganzheitlicher Prozess, an dem Emotionen und Intellekt gleichermaßen beteiligt sind. Aus dieser Einheit der Symbolisierung darf nicht auf ihre Unbefragbarkeit geschlossen werden. Beim Malen oder szenischen Darstellen geschieht eine erste Deutung der Wirklichkeit. Das Befragen und Interpretieren dieser Deutung macht das eigentliche philosophische Moment, das Deuten von Deutungen, aus. Dafür ein Beispiel:

In einer zweiten Klasse war die Auseinandersetzung mit der eigenen Person, mit Stärken und Schwächen Gegenstand des Unterrichts. Der Lehrerin ging es darum, die Kinder anzuregen, darüber nachzudenken, was ihnen wichtig ist und warum sie einzigartig sind. Es war Ihr Anliegen, das Selbstbewusstsein der Kinder herauszufordern und zu stärken. Dafür schien ihr eine präsentative Form der Auseinandersetzung für besonders geeignet. Nach einigen Übungen zum Darstellen und Artikulieren von Gedanken und Gefühlen (Selbstporträts malen, über Vorlieben und Hobbys berichten, Gefühle gegenständlich und abstrakt darstellen), erteilte die Lehrerin die Aufgabe: „Male dein Gefühl der Kraft und Stärke in ein leeres Kreisbild mit Wasserfarben!" Den Kindern gefiel die Aufgabe. Spontan wählten sie ihre Lieblingsfarben aus, meist kräftige und satte Farben. Während der Arbeit ging die Lehrerin zu ihren Schülerinnen und Schülern und ließ sich die Bilder erklären. Die meisten Kinder konnten über ihr Bild detaillierte Aussagen treffen, z. B. Georg:

„Das ist das Gute und das Böse. Gut ist die Liebe. Dafür habe ich die hellen Farben genommen. Das sind Hoffnungsfarben. Schwarz ist das Böse. Aber da gibt es auch immer Hoffnung. Das sind die roten und weißen Punkte. Blau mag ich am liebsten. Ich habe die Farbe nur einmal genommen, für meinen Hoffnungsberg. Der soll immer so groß sein."

Die Kinder legten ihre Arbeiten zu einem gemeinsamen Bild zusammen und sprachen nun miteinander über die Bedeutung ihrer Bilder.

Aus ihren Erklärungen lässt sich ableiten, dass das Nachdenken über Stärke und Kraft sehr unterschiedliche Assoziationen auslösen kann. Diese Beobachtung dürfte sich auch auf andere Inhalte und methodische Zugangsweisen (s. o.) übertragen lassen. Die Bilder machen das Denken und Fühlen der Kinder erst transparent und damit einer weiteren Auseinandersetzung zugänglich. Es versteht sich von selbst, dass ein solches Vorgehen großes Fingerspitzengefühl der Lehrerin und Vertrauen, Offenheit und Respekt in der Klassengemeinschaft voraussetzt.

Abschließend einige Bemerkungen zur Methode des Gedankenexperimentes beim Philosophieren (vgl. Freese 1995):

Der Begriff „Gedankenexperiment" geht auf den Philosophen und Wissenschaftstheoretiker Ernst Mach zurück, der darunter eine „Gedankenerfahrung" verstand. Gedankenexperimente entfremden die Wirklichkeit, indem sie ungewohnte, unmögliche oder seltene Sachverhalte darstellen. Mach unterscheidet dabei realitätsnahe und realitätsferne (kontrafaktische) Gedankenexperimente (Mach 1991). Gemeinsam ist beiden Formen der Gebrauch sprachlicher Ausdrücke wie: „Was wäre, wenn … / Nehmen wir einmal an …" u. ä. Beim Philosophieren im Sachunterricht zum Thema „Unsere Sinnesorgane" könnten Gedankenexperimente lauten:

Stelle dir vor, du könntest nicht riechen. Wie würde dir dann die Welt erscheinen? Was wäre, wenn alle Menschen den gleichen Geschmack hätten? Können wir uns ein Leben ohne die Farbe „Rot" vorstellen?

In einer zweiten Klasse führten solche Fragen zum Philosophieren über den Zusammenhang von Sinneswahrnehmungen und Denken. Lucas fand folgende

Erklärung: „Die Augen sehen, was an der Tafel steht und melden das dem Gehirn nach oben und wenn die Augen nicht richtig sehen, melden die was Falsches und wenn das Gehirn nicht richtig geht, versteht das auch nichts" (Pfeiffer 2002, S. 219).

Abschlussbemerkungen

Das Philosophieren im Sachunterricht eröffnet Erwachsenen und Kindern die Chance, offen und „auf Augenhöhe" grundsätzlichen Fragen des menschlichen Daseins nachzugehen. Lehrenden hilft es, über das eigene Selbstverständnis und über den Umgang mit Kindern nachzudenken. Kindern ermöglicht es, Fragen zu stellen, die in ihrem Alltag ansonsten vielleicht zu kurz kommen. Und vielleicht gelingt es den Erwachsenen ja tatsächlich mit Hilfe der Kinder, die Welt „frisch zu bewundern" (vgl. Matthews 1995).

Literatur

Blumenberg, Hans: Wirklichkeiten in denen wir leben. Stuttgart: Reclam 1996

Calvert, Kristina: Mit Metaphern philosophieren. Sprachlich-präsentative Symbole beim Philosophieren mit Kindern in der Grundschule. München: KoPäd 2000

De Beer, Esmond (Hrsg.): The Correspondence of John Locke. Band 3. Oxford: Oxford University Press 1978

Gaarder, Jostein: Hallo, ist da jemand? München: Carl Hanser 1999

Heinzel, Friederike: Gespräche. In: Reeken, Dietmar von (Hrsg.): Handbuch Methoden im Sachunterricht. Baltmannsweiler: Schneider 2003, S. 121–129

Jablonski, Maik: Philosophieren mit Kindern. In: Reeken, Dietmar von (Hrsg.): Handbuch Methoden im Sachunterricht. Baltmannsweiler: Schneider 2003, S. 196–205

Langer, Susanne: Philosophie auf neuen Wegen. Das Symbol im Denken, im Ritus und in der Kunst. Mittenwald: Mäander 1965

Cassirer, Ernst: Philosophie der symbolischen Formen. Darmstadt: Wissenschaftliche Buchgesellschaft 1954

Freese, Hans-Ludwig: Abenteuer im Kopf. Philosophische Gedankenexperimente. Weinheim / Berlin: Quadriga 1995

Kaiser, Astrid: 1000 Rituale für die Grundschule. Baltmannsweiler: Schneider 2000

Lipman, Matthew: Growing up with Philosophy. Philadelphia: Matthew Lipman and Theresa L. Smith 1972

Lipman, Matthews: Pixie. Wien: Hölder-Pichler-Tempsky 1986

Lipman, Matthews: Handbuch zu Pixie. Wien: Hölder-Pichler-Tempsky 1986

Lipman, Matthew: Philosophy Goes to School. Philadelphia: Matthew Lipman and Theresa L. Smith 1988

Mach, Ernst: Erkenntnis und Irrtum. Darmstadt: Wissenschaftliche Buchgesellschaft 1991 (Nachdruck der Ausgabe von 1920)

Martens, Ekkehard: Philosophieren mit Kindern als Herzschlag (nicht nur) des Ethik-Unterrichts. In: Martens, Ekkehard / Schreier, Helmut (Hrsg.): Philosophieren mit

Schulkindern. Philosophie und Ethik in Grundschule und Sekundarstufe I. Heinsberg: Agentur Dieck 1994

Martens, Ekkehard: Philosophieren mit Kindern. Eine Einführung in die Philosophie. Stuttgart: Reclam 1999

Matthews, Gareth B.: Denkproben. Berlin: Freese 1991

Matthews, Gareth B.: Die Philosophie der Kindheit; wenn Kinder weiter denken als Erwachsene. Weinheim: Beltz / Quadriga 1995

Mayer, Hilbert: Unterrichtsmethoden. I: Theorieband. Frankfurt a.M.: Cornelsen Scriptor 1991

Müller, Hans-Joachim: Das Gespräch als Werkzeug und Werk. In: Schreier, Helmut (Hrsg.): Nachdenken mit Kindern. Aus der Praxis der Kinderphilosophie in der Grundschule. Bad Heilbrunn: Klinkhardt 1999, S. 23–37

Nohl, Hermann: Die Theorie und die Entwicklung des Bildungswesens. Weinheim / Basel: Beltz 1933

Otto, Berthold: Ausgewählte pädagogische Schriften. Paderborn: Schoening 1963

Pfeiffer, Silke: „Sag mal, was ist eigentlich Denken?" – ein erster Erfahrungsbericht. In: Hastedt, Heiner / Thies, Christian (Hrsg.): Philosophieren in der Grundschule 6, Rostock: Rostocker Philosophische Manuskripte, 1999, H. 7, S. 33–44

Pfeiffer, Silke: Philosophieren mit Kindern – Versuch der Fundierung eines neuen Unterrichtsfaches. Pädagogische Schriften. Band 11. Göttingen: Duehrkohp & Radicke 2002

Ragaller, Sabine: Fantasiereisen. In: von Reeken, Dietmar (Hrsg.): Handbuch Methoden im Sachunterricht. Baltmannsweiler: Schneider 2003, S. 84–96

Scheller, Ingo: Szenisches Spiel. Handbuch für die pädagogische Praxis. Berlin: Cornelsen Scriptor 1998

Schmidt, Jochim: Zum Philosophieren verpflichten? Unfrisierte Überlegungen eines Nichtphilosophen. In: Hastedt, Heiner / Thies, Christian (Hrsg.): Philosophieren in der Grundschule 6, Rostock: Rostocker Philosophische Manuskripte, 1999, H. 7, S. 79–84

Schreier, Helmut: Himmel, Erde und ich. Heinsberg: Argentur Dieck 1993

Schreier, Helmut: Möglichkeiten und Grenzen des Gesprächs beim Philosophieren mit Kindern. In: Martens, Ekkehard / Schreier, Helmut (Hrsg.): Philosophieren mit Schulkindern. Philosophie und Ethik in Grundschule und Sekundarstufe I. Heinsberg: Agentur Dieck 1994, S. 86–107

Schreier, Helmut (Hrsg.): Mit Kindern über die Natur philosophieren. Heinsberg: Agentur Dieck 1997

Schreier, Helmut: Das Philosophieren mit Kindern und der Sachunterricht. In: Marquard-Mau, Brunhilde / Schreier, Helmut (Hrsg.): Grundlegende Bildung im Sachunterricht. Bad Heilbrunn: Klinkhardt 1998, S. 132–141

Schreier, Helmut: Die Idee der Welterkundung. Experimente im Sachunterricht. In: Grundschule 32, 1998, H. 10, S. 26–30

Schreier, Helmut (Hrsg.): Nachdenken mit Kindern. Aus der Praxis der Kinderphilosophie in der Grundschule. Bad Heilbrunn: Klinkhardt 1999

Sprenger, Werner: Schleichwege zum Ich. Fulda: Nie-Nie-Sagen 1997

CLAUDIA SCHOMAKER

„Mit allen Sinnen ... , oder?"
Über die Relevanz ästhetischer Zugangsweisen im Sachunterricht

Musa: „Schnecken sehen nicht so aus!"
Daniel: „Jawohl! So sehen Schnecken innen aus!
Von außen müssen sie sich tarnen, aber von innen
sind sie schön."

Das Wesen der Ästhetik umschreibt Adelheid Staudte als mehrdeutiges, schwer fassbares, eher elementares Gefühl; als Empfindung, die sich gegen begriffliche Fixierung sträubt (vgl. Staudte 1980, S. 10 f.). Als schillernder, an dem griechischen Wort für 'wahrnehmbar', 'der Wahrnehmung fähig' angelehnter Begriff, wird 'ästhetisch' umgangssprachlich meist bedeutungsgleich mit 'schön' gebraucht. Die Negation 'unästhetisch' bekommt in der Regel eine hygienische Bedeutung: „Unästhetisch ist etwas wie unappetitlich, unschön nicht nur als hässlich, sondern differenziert in die Richtung des Schmuddeligen und Ekelerregenden" (Mattenklott 1998, S. 16). Dieses Verständnis leitet sich von einer Ästhetik her, die ihre Aufgabe vor allem in der Theorie des Schönen, des Kunstverständnisses und der Geschmacksbildung sieht. Ursprünglich ist mit dem Begriff der Ästhetik die „Ausrüstung und Übung des Menschen in der Aisthesis – in der Wahrnehmung –" (von Hentig 1972, S. 358) gemeint. Damit war beabsichtigt, den Begriff der Kunst nicht mehr wertend zu gebrauchen. Ein Gegenstand oder Werk sollte, wenn er zum ästhetischen Kunstwerk erhoben worden war, dazu dienen, den Menschen in der Wahrnehmung zu üben und seine gewohnten Sichtweisen zu stören. In diesem Sinne sollten Verstand und Sinnlichkeit keinen Gegensatz mehr bilden. Die Fähigkeit, das Schöne zu beurteilen, zu erkennen und mit anderen darüber zu kommunizieren, wurde ergänzt durch die sinnliche Wahrnehmung selbst.

Ein Blick zurück: Traditionslinien des klassischen Verständnisses ästhetischer Bildung

Diesen Gedanken führte Alexander Gottlieb Baumgarten mit seinem Werk 'Aesthetica' 1750 ein und begründete damit die Ästhetik als Wissenschaft der sinnlichen Erkenntnis. Er stellte sie als weiteres Erkenntnisvermögen gleichberechtigt neben die Logik, die er als „ihre ältere Schwester" bezeichnete.[1] Die logische Erkenntnis müsse also zwingend durch die ästhetische, sinnliche erweitert werden, damit der bestimmte Gegenstand vollständig erfasst werden könne. Der Grundgedanke dieser theoretischen Abhandlung einer Ästhetik sei es, „den Gegenstand nicht nur hinsichtlich seiner Gattungs- und Artmerkmale zu bestimmen, sondern ihn in seiner Fülle individuell versammelter Merkmale entstehen zu lassen" (Aissen-Crewett 1998, S. 216–217). Das 'schöne Denken' wird damit zu einer Lehre, die die ästhetische Erkenntnis als eine Welterkenntnis bestimmt, die das jeweilige Individuum zugleich zu einem umfassend gebildeten Menschen erhebt.

Sowohl Immanuel Kant als auch Friedrich Schiller griffen ebenfalls diesen Gedanken auf und beschrieben das Ästhetische nicht etwa als Kompensation, als Gegengewicht zum Rationalen, sondern als ursprünglichen, identitätsstiftenden Grundbezug zur Wirklichkeit. Im 'ästhetischen Spiel' sah Schiller die Möglichkeit gegeben, das 'Sinnliche' und die 'Vernunft' in ein Gleichgewicht zu bringen.[2] Es sei die Fähigkeit, mit den Gegebenheiten der realen Welt spielerisch neue Welten alternativ zur zerrissenen Realität zu entwerfen. Im 'Spiel' sollte der Mensch, ausgehend von seinen Vorstellungen, Empfindungen und den realen Gegebenheiten, die Welt nach seinen Vorstellungen entwerfen. Die Auseinandersetzung mit Kunst – mit 'schönen Dingen' – befähige den Menschen Zukunftsmodelle zu entwerfen und auf gesellschaftliche Missstände hinzuweisen.

Ein wesentliches Element ästhetischer Erziehung ist damit die Erziehung zur Wahrnehmungsfähigkeit und dazu, das Wahrgenommene zu genießen. Sie beinhaltet sowohl den Appell an die Sinne als auch den Verweis auf die konkrete Welt mit ihren Spannungen, den Menschen im Sinne der Vernunft aufzuklären.

Eine historische Rekonstruktion des Verständnisses vom Ästhetischen soll zeigen, dass der Ästhetik die Aufgabe zugeschrieben wurde, dem Menschen den Zugang zu einer sinnstiftenden, tragfähigen Wirklichkeit zu zeigen. „So wie dem Ästhetischen eine ursprünglich pädagogische Funktion zugeschrieben wurde, so ist die Ästhetik ursprünglich pädagogisch motiviert" (Paschen 1982, S. 187).

---

[1] Er verwarf das Vorurteil, „dass die Schönheit des Geistes mit der Begabung für streng rationale Erkenntnis und für logische Schlussfolgerungen [...] von Natur aus im Konflikt stehe" (Baumgarten 1750; 1758, § 3).

[2] Er bezeichnete damit eine produktive Tätigkeit „des Menschen im Alltagsleben, die Geschmack kultivieren, Charakter bilden, Sitten veredeln sowie, Kopf und Herz, Scharfsinn und Witz, Vernunft und Einbildungskraft' harmonisieren soll" (Theunissen 1997, S. 108).

Ästhetische Bildung im Sachunterricht

Also gibt es von daher „keine Begründung dafür, dass der Kunstunterricht etwa der einzige Unterricht zur Vermittlung ästhetischer Zustände sei" (Rech 1982, S. 168). Aber gerade in naturwissenschaftsbezogenen Fächern wird Erkenntnis häufig auf die rational-logische Ebene reduziert, so dass weder aisthetisches Wahrnehmen, wie es zuerst Baumgarten formuliert hat, noch die Qualität ästhetischer Erkenntnis gefragt sind. Die dort durchgeführten Experimente dienen nicht einer sinnlichen, genauen Beobachtung der Natur, die regelmäßig auch ästhetische Freude vermitteln kann, sondern der Bestätigung vorgegebener Naturgesetze. Damit wird die Entwicklung der Naturwissenschaften nachgezeichnet, die vor allem im 17. Jahrhundert darum bemüht waren, die Qualität der einzelnen Naturphänomene zugunsten ihrer exakten Bestimmung auszulöschen. Meike Aissen-Crewett hebt hervor, dass eine das Aisthetische leugnende Naturwissenschaft in die Gefahr gerät, das Denken zu vereinseitigen und damit zu verkennen, dass das wissenschaftliche Befassen mit Natur zugleich auch eine lebendige menschliche Erfahrung ist, in die das Individuum sowohl mit seinem Verstand als auch mit seinen Sinnen eingebunden ist. Die Freude am Naturschönen als ästhetischer Aspekt naturwissenschaftlichen Unterrichts wird ergänzt durch die intellektuelle Beschäftigung mit einer Aufgabe, durch das Gelingen einer als 'schön' empfundenen Problemlösung.

Johannes Eucker und Gerhard Dallmann betonen darüber hinaus, dass die ästhetische Dimension im Sachunterricht noch eine weitere Form von Intensität beinhalte. Sie folge einer anderen Ökonomie, indem sie langsamer ablaufe und andere Aspekte betone. Ästhetische Wahrnehmungen und Darstellungen „üben in einer anderen Form von Genauigkeit (Prägnanz statt Präzision), betonen das Einzelne, das Ereignishafte, sind in der Regel begleitet und bestimmt von Phantasietätigkeit, die auf 'Abwege' führt, 'Ungenauigkeiten' einfließen lässt" (Eucker / Dallmann 1987, S. 6). Aufgrund dieser Beobachtungen fordern sie ein Konzept ästhetischer Erziehung, welches an die Lebenswirklichkeit der Kinder anknüpft. Ästhetische Zugriffsweisen seien Methoden, um sich die Welt um uns herum anzueignen und sollten mit ähnlicher Sorgfalt gelehrt werden wie Lesen, Schreiben, Rechnen. „Eher hinderlich ist jene Auffassung, die sowohl das Lehren und Lernen ästhetischer Zugriffsweisen als auch die Hinwendung zur Wirklichkeit als nicht kindgemäß ablehnt" (Eucker / Dallmann 1987, S. 8).

Ästhetische Erziehung als grundlegende Zugangsweise im Sachunterricht zu begreifen, geht somit von der Annahme aus, dass Erkenntnis nicht von der sinnlich-ästhetischen Wahrnehmung zu lösen ist; Sinnlichkeit wird dem Verstand als Erkenntnisprinzip zugrunde gelegt. Mit dieser Ausgangsthese ist wiederum an Baumgarten und somit an die Moderne anzuknüpfen, die den Menschen als geistig-sinnliches Wesen beschreibt, weswegen sie sowohl das ästhetische wie das rationale Paradigma benötige. Reduzierte man die menschliche Erkenntnis auf die Rationalität, so begehe man den Fehler, die Sinnlichkeit zu unterschlagen.

Umgekehrt sei der Mensch aber auch 'Geist', so dass die Sinnlichkeit nicht zum alleinigen Erkenntnisprinzip erhoben werden dürfe. Beide Prinzipien benötigen und ergänzen sich gegenseitig.[3] Verstand und Einbildungskraft bedingen sich gegenseitig, indem der Verstand das mit den Sinnen aufgenommene, vorstrukturierte Anschauungsmaterial bearbeitet.

Dies gilt es in zukünftigen Sachunterrichtskonzepten zu bedenken, um die Schülerinnen und Schüler zu befähigen, sich in einer ständigen Veränderungen unterworfenen Umwelt und einer sich im Umbruch befindenden Gesellschaft als Individuum im Austausch mit anderen zu behaupten. Ein solcher zukünftiger Sachunterricht hält aber nicht nur an Naturphänomenen fest, sondern nimmt besonders auch die „Vielfalt ästhetischer Phänomene in der vom Menschen geschaffenen und gebauten Alltagswelt" (Mattenklott 1998, S. 44) in den Blick, deren Materialien, Formensprachen, Funktionen und Bedeutung die Schülerinnen und Schüler kennen lernen sollen. „Die alltäglichen Gegenstände um uns herum sind keine fremden Objekte; sie haben mit uns zu tun, mit unseren Sinnen, Gefühlen, Erinnerungen, Erfahrungen" (Aissen-Crewett 1989, S. 56). Ein ästhetischer Umgang mit ihnen will ihre Bedeutung für die menschliche Entwicklung, Sozialisation und Erziehung erkennen und deutlich machen. Da Wahrnehmungen und Erfahrungen häufig verbaut oder gestört sind, kann ästhetische Erziehung hier helfend eingreifen und einen qualitativ anderen Zugang zu den Sachen ermöglichen. Ästhetische Erziehung im Sachunterricht bedeutet Sinnstiftung und bemüht sich um Verantwortung für den Mitmenschen und die Umwelt.

Dimensionen ästhetischen Lernens im Sachunterricht

Ästhetische Zugangsweisen im Sachunterricht können ihr Potential nur dann entfalten, wenn sie nicht „nur zur Kompensation von Defiziten eingesetzt" werden, sondern wenn sie sich „auf die Reflexion der subjektiven Gründe und Ursachen" richten (Richter 2002, S. 210–211). Eigentümlichkeiten kindlichen Weltverständnisses und kindlicher Weltaneignung stellen somit, sowohl beim Kind als auch bei der Organisation von Unterricht, keine Lernhindernisse dar, sondern berücksichtigen sie ausdrücklich und nehmen sie mit in das Unterrichtsgeschehen auf. Um die verschiedenen Dimensionen ästhetischen Lernens im Sachunterricht zu entfalten, sei hier auf Martin Seel verwiesen: Danach umfasst ästhetisches Lernen drei Wahrnehmungsvollzüge (vgl. Seel 1993):

---

[3] Diese Feststellung Baumgartens teilt auch Kant, der das Verhältnis von Sinnlichkeit und Rationalität folgendermaßen formuliert: „Ohne Sinnlichkeit würde uns kein Gegenstand gegeben, und ohne Verstand keiner gedacht werden. […] Der Verstand vermag nichts anzuschauen, und die Sinne nichts zu denken. Nur daraus, dass sie sich vereinigen, kann Erkenntnis entspringen" (Kant 1781, S. 126).

1) den sinnlich-leiblichen Bereich des Wahrnehmens,

2) die Wahrnehmung der ästhetischen Erscheinung von Dingen aus der Lebenswelt bzw. der Natur sowie

3) die Wahrnehmung von Kunstobjekten.

Staunen und Sich-Wundern als sinnlich-leiblicher Wahrnehmungsvollzug

Dabei spielt das Staunen über Phänomene eine große Rolle, welches Ludwig Duncker zufolge der Beginn einer ästhetischen Erfahrung ist, da „ein Innehalten und intensives Aufnehmen dessen [geschieht], wovon man überrascht ist und dessen Erscheinung die Sinne in ihren Bann zieht" (Duncker 1999, S. 12). „Sinnlichkeit und sinnliche Wahrnehmungen sind als wichtige Basis für Erfahrungen und Erkenntnisse anzusehen [und] [...] lassen sich symbolisieren, in sprachlichen und non-verbalen Bildern oder Vorstellungen" (Richter 2002, S. 212).

Mit Hilfe von Symbolen, beispielsweise in Form von Bildern oder Gesprächen, stellen die Schülerinnen und Schüler eine Verbindung zwischen der konkreten sinnhaften Erschließung und Vergegenwärtigung der Um- und Mitwelt und einer von ihnen entworfenen neuen Dimension von Wirklichkeit her. Symbole haben eine 'Brückenfunktion' (vgl. Duncker 1999, S. 9–19), da mit deren Schaffung die Sinne und der menschliche Verstand interagieren, miteinander verschränkt werden. Susanne Langer hat diesen Prozess als eigenen Erkenntnismodus beschrieben. *Diskursives*, sprachgebundenes Denken kann nicht die Grenzen menschlicher Erkenntnis ausweisen, so dass sie der sinnlichen, nichtdiskursiven, *präsentativen* Erkenntnisform eine eigene Existenz zuweist. Diskursive Symbole repräsentieren den logisch-rationalen Modus, zu dem die Sprachen der Wissenschaft sowie die argumentative und informative Sprachverwendung zählen. Präsentative Symbole dagegen beinhalten den zeigenden, bildhaften Modus wie die Künste, den Mythos, die Religion und die Dichtung. Ästhetische Erziehung ist damit als Bildung durch Symbole zu beschreiben, die mit dem Sinnlich-Konkreten in Form von Sehen, Riechen, Schmecken, Hören usw. beginnt, dann aber sogleich auf den Geist, den Verstand angewiesen ist. Mit der Bildung von Symbolen bringt ein Kind die Wirklichkeit in seinem Sinne neu hervor und bildet sein Bewusstsein (vgl. Aissen-Crewett 1999, S. 140f.). Da das Symbol erst im Prozess selbst entsteht, ist es seinem Charakter nach nie eindeutig, sondern immer neu bestimmbar; dieses fordert das Kind dazu heraus, die Bedeutung seiner Symbole mit anderen auszutauschen. Ein Spiel unter mehreren Kindern kann nur dann funktionieren, wenn alle sich darüber einig sind, dass das Stückchen Holz zum Flugzeug wird und der schillernde Stein zum Ufo.

Die von den Sinnen ausgelöste Verwunderung über ein Phänomen ist die Voraussetzung dafür, dass Kinder danach streben, Wissen zu erlangen, Erfahrungen zu sammeln, sich auszuprobieren und neue Dinge zu entdecken. Das Staunen und Sich-Wundern ist Auslöser für die Fragen, Problemlöseversuche und das Erkunden von Ursachen und überwindet letztlich nicht nur den Vernunftgebrauch, sondern führt darüber hinaus. Eine erkenntnisfördernde Wirkung kann es allerdings nur dann haben, wenn es beunruhigt und in Bewegung setzt. Ziel ist es, einen kognitiven Prozess einzuleiten, „der zum Verstehen und Begreifen führt, durch den das Staunen überwunden wird" (Popp 1999, S. 97). Jürgen Hasse spricht in diesem Zusammenhang von einem Spannungsverhältnis, welches allein im Ästhetischen nicht mehr aufgelöst werden kann. Aus ihm sei nur denkend herauszukommen, dennoch könne die „das wortlose Staunen einschließende ästhetische Erkenntnis […] nicht in eine wissenschaftliche Sprache der Begriffe übersetzt werden" (Hasse 1991, S. 292).

Sachunterricht muss an dieser Stelle verhindern, vorgefertigtes Wissen zu vermitteln, und ein Lernen ermöglichen, in dem die lernende Person individuell Verantwortung für ihre Gefühle und Erfahrungen übernimmt. Die Ausübung in der Aisthesis, der Wahrnehmung, ist ein Lernen, welches den Kindern entspricht, weil es die Nähe zu den Phänomenen sucht. Es ist das 'ursprüngliche Verstehen', welches die Erfahrung mit allen Sinnen einschließt und schließlich auch zu Begriffen kommt, die das Ergebnis einer befriedigenden Lösung sind. Dies heißt für Popp eine Fragekultur zu entwickeln, die „die Vorstellung Nichtwissen, Unsicherheit und Verwirrung, bei sich selber und bei anderen, bewusst [akzeptiert], in einen Dialog auch über unlösbare oder nicht eindeutig lösbare Probleme [tritt und] die Rolle des wissenden und alles lenkenden Schulmeisters" (Popp 1999, S. 99) aufgibt.

Sammeln und Ordnen als Wahrnehmung der ästhetischen Erscheinung von Dingen aus der Lebenswelt

Dieses ursprüngliche Staunen über die Vielfalt und Erscheinungsfülle der Welt spiegelt sich Duncker zufolge besonders in der kindlichen Sammeltätigkeit von unterschiedlichen Dingen wider. Da es freiwillig und unabhängig von Erwachsenen geschieht, kann hier ein Feld ästhetischer Erfahrung erschlossen werden, welches Einblicke in die Formen kindlicher Weltaneignung erlaubt und für Unterricht fruchtbar gemacht werden kann, „weil im Sammeln die Welt 'lesbar' gemacht und angeeignet, erforscht und gedeutet wird" (Duncker 1999, S. 76). Es ist eine lustvolle Tätigkeit, die die Bandbreite kindlicher Interessen zeigt und andererseits sehr gut veranschaulicht, wie Kinder diese Dinge ordnen, Strukturen erkennen und so das Ausgrenzen und Sich-Verfügbarmachen von Ausschnitten der Wirklichkeit trainieren. Ferner gibt es Einblicke in die Phantasien und Geheimnisse, die mit diesen Sammlungen verbunden sind; wie das Kind anhand der Sammlung seine eigene Entwicklung verfolgen kann und über diese in Kontakt zu anderen tritt. Hier liegt für Schule und Unterricht die Chance, ein methodisches Verhältnis zur Wirklichkeit zu kultivieren, welches angesichts ständig revidierten Wissens und neuer Ergebnisse die Schülerinnen und Schüler dazu befähigt, ihr Wissen zu überprüfen und dessen Wert aus unterschiedlichen Perspektiven zu bestimmen.

Die ästhetische Dimension der Sammelleidenschaft wird durch deren Anschaulichkeit deutlich, die umso mehr Bedeutung erhält, da auf ihr Erkenntnis- und Abstraktionsprozesse gründen. Indem Kinder die Objekte ihrer Sammlungen nach unterschiedlichen Kriterien ordnen, gewinnen sie Einsichten in die Struktur der gesammelten Gegenstände und können bzw. müssen sich vom einzelnen Objekt entfernen, um es in größere Zusammenhänge einordnen zu können. Die Anlässe für das Entstehen einer Sammlung können vielfältiger Natur sein, immer aber spielen die anschaulichen Seiten der Objekte eine große Rolle, wecken die Neugier und lösen ein staunendes Verweilen aus. Duncker sieht in dem daraus entstehenden Interesse die Grundlegung allgemeiner Bildung. In ästhetischer Hinsicht befähigen Sammlungen ihre Besitzer und Besitzerinnen auch zu einer Sensibilisierung ihrer Wahrnehmungsfähigkeit. Ausgehend von der Überraschungsqualität der gefundenen und gesammelten Dinge, lassen sie die Kinder und Jugendlichen die Realität differenzierter betrachten und Fragen an sie formulieren. Nicht nur die Neugier, die sinnliche Wahrnehmung, die Aisthesis, sondern auch das Erleben von Schönheit und Genuss, die ästhetische Qualität der Fundstücke, machen die Sammlungen für Kinder so wertvoll und zeigen beispielhaft das ästhetische Verhalten zu Dingen aus der Alltags- und Lebenswelt.

Für den schulischen Unterricht bedeutet dies, dass zu unterschiedlichen Themen ein breites 'Expertisewissen' vorhanden sein kann, welches anhand der verschiedenen Sammlungen dokumentiert wird und sich produktiv mit in die Unterrichtsvorbereitung einbinden lässt.

Entwicklung der Interaktions- und Kommunikationsfähigkeit über die Wahrnehmung von Kunstobjekten

Das Sich-Wundern und Staunen regt nicht nur die Phantasie und Kreativität der Kinder an, sondern führt wie gezeigt dazu, dass sie Fragen stellen und das Fremde, Unvertraute sich zu Eigen machen wollen. Über das Enträtseln einer ästhetischen Qualität dringen die Kinder in grundlegende Bedeutungszusammenhänge ein: „Zukünftiger Sachunterricht muss über das konkrete Phänomen/Problem hinausgehend in verschiedene Bedeutungsschichten eindringen. Er muss systemisch die Zusammenhänge erschließen" (Kaiser 1997, S. 15).

Anhand der Begegnung mit originalen Kunstwerken können diese Interaktionsprozesse zwischen ästhetischen Phänomenen und den Schülerinnen und Schülern nachgezeichnet werden. Denn es hat sich herausgestellt, dass die Kunst-

Rezeption von Kindern „einen unbefangenen, sensiblen und aktiven Umgang" mit ästhetischen Objekten ausmacht, den es zu pflegen gilt. Rezeption bedeutet eben nicht „die Anwendung von Wissen auf ein Kunstwerk", sondern beginnt als ästhetische Erfahrung „mit dem Angerührt-, dem Bezaubert- oder Geschocktwerden" (Aissen-Crewett 2001, S. 32) durch ein ästhetisches Objekt.

Zum ästhetischen Objekt wird ein Kunstwerk aber erst durch den Betrachtenden selbst. Das ästhetische Objekt ist nicht etwas, das fertig vorgefunden wird und von dem lediglich Besitz ergriffen werden muss. Dem Betrachtenden kommt in diesem Rezeptionsprozess eine entscheidende Bedeutung zu. Erst wenn ich zu einem Kunstwerk eine wie auch immer geartete Beziehung aufgebaut habe, ist ein ästhetisches Objekt entstanden. Dieses ästhetische Objekt entsteht individuell zwischen dem jeweiligen Betrachter und dem Werk. In Anlehnung an Elias Canetti beschreibt Aissen-Crewett diese Begegnung mit einem Kunstwerk als Begegnung mit sich selbst, bei der jeder auf den anderen angewiesen ist. Die ästhetischen Objekte machen die Erfahrungen des Betrachters offenbar, umgekehrt belebt der Betrachter mit seinen Erfahrungen das Kunstwerk, um sich mit den hier präsentierten 'Sichtweisen der Welt' auseinanderzusetzen (vgl. Seel 1993a, S. 408). In den Modellen zur literarischen Rezeptionsästhetik von Roman Ingarden wird deutlich, dass der Prozess der Rezeption, die Auseinandersetzung des Betrachters mit dem Kunstwerk, die Fähigkeit voraussetzt, eigene Erfahrungen in die Auseinandersetzung mit Kunstwerken einzubringen. Der Betrachter wirkt aktiv bei der Realisation des Sinns ästhetischer Gebilde mit. Für schulischen Unterricht ist diese Erkenntnis insoweit nutzbar zu machen, als dass man jeden „in Ruhe zu Wort kommen lassen" sollte, damit „über das Entschlüsseln einer ästhetischen Qualität die Kinder in grundlegende Bedingungszusammenhänge eindringen [und] im sozialen Kontext des MiteinanderDenkens sich die Schülerinnen und Schüler allmählich an die Lösung des Problems herantasten" (Freeß 2000, S. 22–23). Denn „die Bildung persönlicher Konstrukte zur Beantwortung der selbstständig aufgeworfenen problemorientierten Fragestellungen [sind] von einem einzelnen Schüler […] niemals allein zu bewältigen" (Freeß 2002, S. 70).

Die Verwendung von Kunstwerken im Sachunterricht kann bestehende Denkmuster aufbrechen oder in Frage stellen, so dass sich der Betrachtende dazu veranlasst sieht, seine Bedeutungsmuster neu zu ordnen. Darüber hinaus können folgende Ziele verfolgt werden:

> „Erweiterung von Wirklichkeitskonstruktion, die Orientierung in der Lebenswelt, die Entwicklung von Symbolisierungsfähigkeiten, Toleranz soll geübt werden, Selbsterkenntnisse gefördert, der Selbstentfremdung entgegengewirkt, der Erfahrungswiderstand zur Erfahrung des Selbst genutzt, Differenz erlebt werden etc." (Kirchner 1999, S. 55).

Die Kommunikation über ästhetische Phänomene im Sachunterricht führt nicht nur zur selbstständigen Auseinandersetzung mit Sachverhalten, sondern es wird selbstverantwortliches Lernen und Denken in Gang gesetzt. Mit der Anknüpfung an die positiven, individuellen Lernvoraussetzungen der einzelnen Schülerinnen und Schüler ermöglicht ein derartig ausgerichteter Sachunterricht das Einbeziehen aller Sicht- und Zugangsweisen. Deshalb muss sich die Verschiedenheit auf die Inhalte und Methoden des Sachunterrichts erweitern und darf sich nicht auf die hierarchisierende kognitive Dimension beschränken, sondern erfordert das Ermöglichen eines gleichwertigen Nebeneinanders aller Zugangsweisen. Denn

> „die aus der ästhetischen Erziehung und dem Sachunterricht hervorgehenden Erfahrungshorizonte bilden ein sich gegenseitig ergänzendes und anregendes Spannungsverhältnis, das in fruchtbarer Wechselbeziehung stehen kann. [...] Subjektiv-erlebnishafte Bewusstseinsinhalte lassen sich mit objektiv-zweckrationalem Erkennen verbinden" (Schwarz 1999, S. 57).

Dennoch sei an dieser Stelle darauf verwiesen, dass „'Ästhetisches [...] kein Kompensationsmittel für alles Mögliche [ist]. Zudem darf nicht das 'Ästhetische im Kinde' als etwas quasi Naturhaftes angesehen werden, das sich gegen kulturelle Zurichtungen zu wehren weiß" (Richter 2003, S. 13). Doch besteht die Chance, mit Hilfe ästhetischer Zugangsweisen den Sachunterricht so zu bereichern, dass er weder unter- noch überfordernd oder Angst erzeugend ist und darüber hinaus Kompetenzgefühle vermittelt, die es *jedem* Kind ermöglichen, sich aktiv am Unterrichtsgeschehen zu beteiligen.

Literatur

Aissen-Crewett, Meike: Das Ästhetische und die alltäglichen Gegenstände. In: Grundschule 21, 1989, H. 5, S. 56–58

Aissen-Crewett, Meike: Ästhetische Zugänge zur Welterkenntnis bei Kindern – Überlegungen zum Natur- und naturwissenschaftsbezogenen Sachunterricht. In: Köhnlein, Walter / Marquardt-Mau, Brunhilde / Schreier, Helmut (Hrsg.): Kinder auf dem Wege zum Verstehen der Welt. Bad Heilbrunn: Klinkhardt 1997, S. 144–179

Aissen-Crewett, Meike: Grundriß der ästhetisch-aisthetischen Erziehung. Potsdam: Universität Potsdam – Publikationsstelle 1998

Aissen-Crewett, Meike: Rezeption und ästhetische Erfahrung. Lehren aus der literaturwissenschaftlichen Rezeptionsästhetik für die Bildende Kunst. Potsdam: Universität Potsdam – Publikationsstelle 1999

Aissen-Crewett, Meike: Kinder begegnen Kunstwerken. In: Grundschule 33, 2001, H. 1, S. 32–34

Baumgarten, Alexander Gottlieb: Theoretische Ästhetik: die grundlegenden Abschnitte aus der 'Aesthetica' (1950/1758). Lateinisch-Deutsch. Übersetzt und herausgegeben von Schweizer, Hans Rudolf. Hamburg: Meiner 1988

Duncker, Ludwig: Begriff und Struktur ästhetischer Erfahrung. Zum Verständnis unterschiedlicher Formen ästhetischer Praxis. In: Neuss, Norbert (Hrsg.): Ästhetik der Kinder. Interdisziplinäre Beiträge zur ästhetischen Erfahrung von Kindern. Frankfurt a. M.: Gemeinschaftswerk der Evangelischen Publizistik 1999, S. 9–20

Duncker, Ludwig: Methodisches Lernen im Sammeln und Ordnen. In: Hempel, Marlies (Hrsg.): Lernwege der Kinder. Subjektorientiertes Lehren und Lernen in der Grundschule. Baltmannsweiler: Schneider 1999, S. 76–93

Eucker, Johannes / Dallmann, Gerhardt: Ästhetische Erziehung und Sachunterricht. In: Die Grundschulzeitschrift 1, 1987, H. 3, S. 5–12

Freeß, Dagmar: Jeden in Ruhe zu Wort kommen lassen. Entwicklung der Kommunikationsfähigkeit durch ästhetisches Lernen. In: Grundschulunterricht 47, 2000, H. 1, S. 22–24

Freeß, Dagmar: Ästhetisches Lernen im fächerübergreifenden Sachunterricht. Naturphänomene wahrnehmen und deuten. Baltmannsweiler: Schneider 2002

Hasse, Jürgen: Warum ist der Himmel blau? Grundschulpädagogische Anmerkungen über Grenzen einer wissenschaftsorientierten und Chancen einer politisch-ästhetischen Bildung. In: Sachunterricht und Mathematik in der Primarstufe 19, 1991, H. 7, S. 288–293

Hentig, Hartmut von: Über die ästhetische Erziehung im politischen Zeitalter. In: ders.: Spielraum und Ernstfall. Stuttgart: Ullstein 1972

Ingarden, Roman: Vom Erkennen des literarischen Kunstwerks. Tübingen: Niemeyer 1968

Kaiser, Astrid: Zukünftiger Sachunterricht ist kommunikativer Sachunterricht. In: Pädagogik und Schulalltag 52, 1997, H. 1, S. 14–19

Kant, Immanuel: Kritik der reinen Vernunft I (1781). Hrsg. von Raymund Schmidt, Leipzig: Reclam 1924

Kirchner, Constanze: Kinder und Kunst der Gegenwart. Zur Erfahrung mit zeitgenössischer Kunst in der Grundschule. Seelze: Kallmeyer 1999

Mattenklott, Gundel: Grundschule der Künste. Vorschläge zur Musisch-Ästhetischen Erziehung. Baltmannsweiler: Schneider 1998

Paschen, Harm: Ästhetische Erziehung als Prinzip. In: Bildung und Erziehung 35, 1982, H. 2, S. 180–192

Popp, Walter: Lernen durch Staunen und Fragen. In: Hempel, Marlies (Hrsg.): Lernwege der Kinder. Subjektorientiertes Lehren und Lernen in der Grundschule. Baltmannsweiler: Schneider 1999, S. 94–101

Rech, Peter: Zur Ästhetik nicht-künstlerischer Schulfächer. In: Bildung und Erziehung 35, 1982, H. 2, S. 168–179

Richter, Dagmar: Sachunterricht: Ziele und Inhalte; ein Lehr- und Studienbuch zur Didaktik. Baltmannsweiler: Schneider 2002

Richter, Dagmar: Ästhetisches Lernen. In: Reeken, Dietmar von (Hrsg.): Handbuch Methoden im Sachunterricht. Baltmannsweiler: Schneider 2003, S. 12–21

Schomaker, Claudia: Über die Sinne hinaus: Ästhetische Zugangsweisen im Sachunterricht bei Schülerinnen und Schülern mit Beeinträchtigungen des schulischen Lernens. Göttingen 2000 (CD-ROM)

Schomaker, Claudia: Das ist ja schön! Ästhetische Zugangsweisen im Sachunterricht der Primarstufe. In: PÄD Forum 14, 2001, H. 5, S. 369–377

Schwarz, Heike: Ästhetisches Erleben im Sachunterricht. In: Grundschulmagazin 14, 1999, H. 7-8, S. 57–60

Seel, Martin: Zur ästhetischen Praxis der Kunst. In: Welsch, Wolfgang (Hrsg.): Die Aktualität des Ästhetischen. München: Fink 1993, S. 398–416

Seel, Martin: Intensivierung und Distanzierung. Ästhetische Bildung markiert den Abstand von der Allgemeinbildung. In: Kunst und Unterricht 47, 1993a, H. 176, S. 48–49

Staudte, Adelheid: Ästhetische Erziehung 1-4. München / Wien / Baltimore: Urban und Schwarzenberg 1980

Theunissen, Georg: Basale Anthropologie und ästhetische Erziehung. Eine ethische Orientierungshilfe für ein gemeinsames Leben und Lernen mit behinderten Menschen. Bad Heilbrunn: Klinkhardt 1997

DORIS FREEß

Ästhetisches Lernen im fächerübergreifenden Sachunterricht –
Naturphänomene wahrnehmen und deuten

Theoretische Ansätze des ästhetischen Zugangs zu den Sachen und Sachverhalten

Tagtäglich erfahren wir die Welt in ihrer Anschaulichkeit und reagieren auf die aktuell wahrgenommenen Phänomene. Wir greifen zum Schirm, wenn es nieselt, gleichmäßig regnet oder gießt. Wir ziehen eine wetterfeste Jacke an, wenn der Wind weht oder faucht. Vorsichtig gehen wir über eine blühende Wiese, um die Blumen in ihrer Farbenpracht nicht zu zertreten. Stark gekrümmte Bäume fordern Kinder sofort zum Klettern heraus. Beim Paddeln auf einem Fluss achten wir darauf, dass uns die Strömung nicht mitreißt. Im Winter weichen wir automatisch spiegelglatt gefrorenen Pfützen aus. Das heißt:

– Gleich welche Art von Regen wir erfahren, es ist die alle Arten von Regen gleichermaßen beherrschende *Bewegung* der Wassertropfen, die uns das Phänomen „Regen" bemerken lässt.

– Welche Bäume der Wind schüttelt, ist für uns uninteressant, allein aus ihrer mehr oder weniger heftigen *Bewegung* schließen wir auf Wind.

– Ebenso weisen markante, sich fortlaufend verändernde Wellengebilde auf eine besonders schnelle *Bewegung* des Wassers hin – die Strömung.

– Auf einer üppigen Sommerwiese werden wir der Blumen zuerst durch die Eigenschaft gewahr, dass ihre Blüten eine *Farbe* besitzen.

– Den gekrümmten Baum identifizieren wir allein über seine *Gestalt*.

– Die gefrorene Pfütze entdecken wir über ihre *Oberflächenbeschaffenheit*.

Natürlich erfahren wir alle diese Erscheinungen noch durch weitere Sinnesreize: Wir hören das Rauschen des Regens, wir fühlen die Nässe des Wassers und nehmen seinen Geruch auf …, aber die Geschäfte des Alltags erlauben nicht, sich der sinnlichen Vollkommenheit einer Situation hinzugeben. Durch langjährige Erfahrungen mit den in den Alltag eingreifenden Phänomenen, verinnerlichen wir zwar neben den optischen Reizen weitere Sinneseindrücke als zugehörig, aber wir konstatieren ein Phänomen als solches mehr oder weniger unbewusst durch das *Hervortreten einer anschaulichen Qualität der Wirklichkeit* im Verhältnis zu den anderen anschaulichen Gegebenheiten. Diese wird im Langzeitgedächtnis gespeichert und übernimmt zur Bewältigung des Alltags eine Orientierungsfunktion. Wir erleben Regen und Wind unter bestimmten Umständen, aber in der „schnellen" Wahrnehmung des Alltags (vgl. Hasse 1999, S. 56) abstrahieren wir blitzschnell aus der anschaulichen Komplexität aller optischen Gegebenheiten *die* Qualität, die uns das Phänomen definieren lässt und leiten adäquate Impulse für unser Handeln ab.

Vier anschauliche Eigenschaften bilden das sichtbare Ordnungsgefüge der Welt. „Die anschaulichen Gegebenheiten der Wirklichkeit sind

– die Farbe,
– die Bewegung,
– die Form / Gestalt sowie
– die sich aus der Stofflichkeit ergebende Oberflächenbeschaffenheit.

Sie stellen die grundlegenden Qualitäten des Sichtbaren dar. Alle anschaulichen Merkmale natürlicher Sachverhalte lassen sich diesen Bereichen zuordnen. Ihr Verhältnis zueinander bildet die sichtbare Struktur der Wirklichkeit, die aus einer inneren, nicht sichtbaren Struktur hervorgeht" (Freeß 2002, S. 2f.).

Die anschaulichen Qualitäten treten niemals in „reiner" Form auf. Im Alltag erleben und erfahren wir sie stets als komplexe Einheit und nehmen sie an gesonderten, körperhaft-räumlichen Gebilden wahr. Sie sind elementarer, materialer bzw. materialbedingter Bestandteil natürlicher Objekte und Sachverhalte. Sie sind an die Stofflichkeit der Naturreiche (Luft, Wasser …, Pflanzenreich …) gebunden und rein physischer Natur. Damit sind sie untrennbar vom *Wesen* (vgl. ebd.).

Als phänomenaler Sachverhalt unterliegen die anschaulichen Qualitäten einer bestimmten Ausprägung, die aus den Prozessen der Entwicklung und des Abbaus, der Anpassung sowie der bedingten Veränderung von Bewegung hervorgeht:

– die Herausbildung des Blattgrüns im Frühling,
– die durch jahreszeitlich notwendige Abbauprozesse bedingte Farbveränderung der Blätter im Herbst,
– die Herausbildung einer bestimmten Blütenfarbigkeit in der Region, als Ergebnis von Anpassung an die Bestäuber,
– der fortwährende Prozess der Wolkenbildung und ihrer Auflösung am Sommerhimmel durch stetige Kondensation und Verdunstung,
– das Auftreten einer besonders starken Strömung durch große Wassermassen nach einer langen Regenperiode …

Im Griechischen wird ein *Phänomen* als das begriffen, was von einer Sache oder einem Sachverhalt „erscheint" und damit der unmittelbaren sinnlichen Erfahrung des Menschen dargeboten wird. Wir nehmen die Wirklichkeit zuallererst über ihre Anschaulichkeit wahr. Aber nicht die Objekte selbst lenken im Alltag unsere Aufmerksamkeit und steuern unser Handeln, sondern ihre hervortretende *anschauliche* Qualität, die ein Phänomen anzeigt. Daraus ergibt sich der *ästhetische Ansatz* dieses Lernkonzepts zur Auseinandersetzung mit Naturphänomenen.

Alle Schönheit der Natur geht aus den Phänomenen hervor, d. h. aus der stärkeren oder weniger starken Ausprägung ihrer anschaulichen Qualitäten. Wir nehmen ein Phänomen dann bewusst wahr, wenn sich die wesensbestimmende Qualität in einer weitgehenden Vollkommenheit zeigt. Denken wir nur an die wild wirbelnden, Gischt erzeugenden Wassermassen an einem Wehr oder den durch keine Wolken getrübten farbenprächtigen Sonnenuntergang am Meer. Eine solche Erscheinung lässt uns innehalten und wir verweilen unaufgefordert, um der *Bewegung* des Wassers nachzuspüren oder die Glut der *Farben* in uns aufzunehmen. Über eine Frühlingswiese, in der ein strahlendes Gelb unzähliger dicht beieinander stehender Himmelschlüssel aufleuchtet, wagen wir nicht hinwegzugehen, weil uns Ehrfurcht vor der Natur ergreift.

Wenn eine Erscheinung in kraftvoller Klarheit präsent wird, erlangt sie ästhetischen Eigenwert. Hamann spricht von der *Sehbedeutsamkeit eines Anblicks*, die ästhetischen Genuss verschafft. Sie verführt uns zur *ästhetischen* Kontemplation, bei der wir nichts anderes wahrnehmen als die Dinge und Erscheinungen in ihrem Dasein und lösen uns für einen Moment von der reinen Zweckmäßigkeit des Lebens. Ein ästhetischer Anblick ist „... eigenbedeutsame, allem Zweck entrückte Wahrnehmung" (Hamann 1980, S. 9) – ein Versenken in den Anblick, losgelöst vom Sinn.

Gleichwohl ist jede anschauliche Qualität in ihrem materialen Charakter „Ausdrucksträger" einer Wesenheit oder anders formuliert „*Bedeutungs*träger". Damit tun sich zwei weitere Ansätze dieses Lernkonzepts auf: der phänomenologische und der philosophische Ansatz.

Der *phänomenologische* Ansatz ist durch unsere *situativen* Erfahrungen mit natürlichen Objekten und Vorgängen gegeben.

Beispiel: Frühlingswiese

Die Farbe Gelb ist die wichtigste Blütenfarbe unserer Region. Die Biologen und Biologinnen sprechen vom gelben Aspekt in der Natur. In der schubartigen Entwicklung der einfarbigen Frühlingswiese zur bunten Sommerwiese gibt es drei gelbe Phasen, in denen sich die Wiese in eine nahezu geschlossene gelbe Fläche verwandeln kann. Im März verdrängen die Himmelschlüssel die bräunlich-grünen winterlichen Pflanzenreste, in der zweiten Aprilhälfte blüht der Löwenzahn und schließlich Mitte Mai der Hahnenfuß. Auch auf der Sommerwiese sind noch viele gelb blühende Blumen und Kräuter zu finden. Das Gelb in einer breiten Skala von Farbtönen wird zu einem phänomenalen Sachverhalt in der heimischen Pflanzenwelt. Hinterfragen wir nun aber dieses Phänomen, erweist sich die *Farbe Gelb als Bedeutungsträger*. Die Honigbienen und Feldhummeln gehen bereits im März auf Nektarsuche, im April kommen die Erd- und Steinhummeln hinzu und besuchen die gelben Blüten. Als wichtigste Bestäuber der Region bevorzugen sie neben blauen und weißen Blüten vor allem gelbe. Diesem Sachverhalt haben die heimischen Blüten ihre Farben angepasst und eine besonders reiche Flora an gelben Blütenpflanzen hervorgebracht. Anschauliche Qualitäten haften natürlichen Objekten und Sachverhalten faktisch an und belegen „…, daß jede Tatsache einen materialen Wesensbestand einschließt und jede zu den darin beschlossenen reinen Wesen gehörige eidetische Wahrheit ein Gesetz abgeben muß, an das die gegebene faktische Einzelheit, wie jede mögliche überhaupt, gebunden ist" (Husserl 1993, S. 18).

„Rote Farben überwiegen in den Tropen, wo Vögel als Bestäuber auftreten. In unserer heimischen Flora ist diese Blütenfarbe sehr selten, da mit Ausnahme einiger Tagfalter (Weißlinge) alle Insekten rotblind sind. Die von Bienen und Hummeln bestäubten leuchtendroten Blüten des Klatschmohns erscheinen diesen Insekten ultraviolett" (Müller / Müller 1994, S. 209).

Umgekehrt betrachtet, lässt sich also aus dem Vorherrschen der Farbe Gelb auf die Art der Bestäuber schließen.

Als ästhetisches Erlebnis kann uns der Anblick einer Wiese in flächendeckendem Gelb lange in Erinnerung bleiben, weil die mit dem Erleben einhergehenden Emotionen das Gedächtnis stärken. Es wird aber wohl kaum ein Kind beim Entdecken einer solchen Wiese nach der Art der Bestäuber fragen, obwohl es sie in vielen Situationen wahrgenommen und vielleicht sogar mit großem Vergnügen und Interesse beobachtet hat.

Die *theoretische* Kontemplation dieses Zusammenhangs bleibt (von Ausnahmen abgesehen) dem Unterricht vorbehalten. Dabei ist „… eine Besinnung darauf, wie uns die Dinge in der Erfahrung gegeben sind" (Meyer-Drawe 2002, S. 17) unabdingbare Voraussetzung für einen Lernprozess, der Phänomene nicht mehr als gegeben belässt, sondern ihr So-Sein hinterfragt. Eine Überlagerung des ästhetischen und phänomenologischen Ansatzes ist dafür eine entscheidende Dimension, denn wir erfahren die Welt gleichermaßen ästhetisch und phänomenologisch. Aus der Beobachtung der Bienen und Hummeln auf ihren auserwählten Pflanzen lässt sich die Bedeutung der Farbe zum optischen Anlocken der Bestäuber ablesen. Form und Größe der Blüten erleichtern das Landen der Bestäuber und sichern das Aufnehmen von Blütenstaub.

In der ästhetischen Wahrnehmung separieren wir unbewusst und zunächst unabhängig von seiner Bedeutung *die* anschauliche Qualität aus dem Gesamtzusammenhang der Natur, die ein Phänomen hervorbringt und genießen auf diese Weise Naturschönheit. Als *Bedeutungsträger* erfahren wir die Blütenfarben im phänomenologischen Sinne in ihrem Kontext mit den Bestäubern. Damit werden uns Zusammenhänge in der Natur vor Augen geführt.

Für den unterrichtlich aufbereiteten Erkenntnisprozess wird an unserem Beispiel die Farbe als *Träger* von Bedeutungen *wesentlich* und führt zum *philosophischen Ansatz* des Lernkonzepts. Die phänomenale Kraft *einer* anschaulichen Qualität bietet sich als Zugang zur Erkenntnis des Wesens eines Phänomens dar.

Die wesentliche sichtbare Eigenschaft der Phänomene lässt diese in einem
Grundmuster wahrnehmen, nach dem sie sich unter ähnlichen Bedingungen
wiederholen.

> „An einer Erscheinung wird im Verhältnis der anschaulichen Eigenschaften zueinan-
> der diejenige wesentlich, die *Ausdruck für die bedeutsamste innere Wesenheit* dieser
> Erscheinung ist. Sie wird zum *anschaulich Wesentlichen*, einem allgemeinen Merk-
> mal, welches ähnlichen Erscheinungen gemeinsam ist und *von dem der geistige
> Gehalt eines Phänomens – seine Bedeutung – abgeleitet werden kann*„ (Freeß 2002,
> S. 5).

Blütenfarben erfüllen nur den Zweck, Bestäuber anzulocken und müssen deshalb deren Wahrnehmungsvermögen angepasst sein. Damit wird die Farbe
wesentliches Mittel im Kampf für die Erhaltung der Art. Das anschaulich
Wesentliche entspricht dem innerlich Wesentlichen. Es lässt uns mental zum
Wesen der Phänomene vordringen. „Die Erscheinung ist durch das Wesen
bedingt und das Wesen teilt sich uns durch die Erscheinung mit" (Rubinstein
1973, S. 146). Rubinstein betont, dass „… das Wesen in Wirklichkeit nichts anderes ist als das Wesentliche in der Erscheinung …" (ebd., S. 143).

Wir nähern uns dem Wesen des Phänomens über das *Separicrcn* dcs anschaulich
Wesentlichen aus der anschaulichen Komplexität und hinterfragen es mit der
Überlegung: *„wesentlich wofür?"* (Rubinstein 1977, S. 33ff.). Bei der Beantwortung dieser Frage werden die eigentümlichen Systeme von Eigenschaften an
der Phänomenbildung beteiligter Naturreiche entdeckt. Sie zeigen das Netzwerk
der Bedingungen für das Entstehen des betreffenden Phänomens auf. Mit dem
Finden der Bezugssysteme und dem Erkennen der Art ihrer Vernetzung kann die
Phänomenstruktur beschrieben werden (vgl. Freeß 2002, S. 48f.). Husserl
spricht von der „Mehrseitigkeit des Wesens" (vgl. Husserl 1993, S. 10), d. h. für
den Sachunterricht, die Struktur der Beziehungen des Wesens eines Phänomens
aufzuzeigen. Welsch konstatiert die Einsicht aller philosophisch reflektierten
Wirklichkeits- und Wissenschaftstheoretiker des 20. Jahrhunderts: „‚Ästhetik'
bezeichnet im üblichen Sprachgebrauch nicht mehr nur die wissenschaftliche
Thematisierung sinnenhafter Phänomene, sondern die Struktur dieser Phänomene selbst" (Welsch 1998, S. 10). Suchen wir nach der Begründung für die hei-
mische Blütenfarbigkeit, denken wir direkt an die entsprechenden *Farben* und
stellen sie uns vor.

Zum Erfassen der Korrelationen bildet das anschaulich Wesentliche die „Achse
des Miteinander" (vgl. Jakobson 1988, S. 286). Aus der Sicht des fragenden
Betrachtenden ist es ein Zeichen für das Miteinander-verwoben sein bestimmter
Naturreiche und Bezugssysteme. In seiner mehr oder weniger starken Ausprägung als ästhetische Qualität zeigt es „die ästhetische Verfassung der Wirklichkeit" (Welsch 1996, S. 49) und erhält damit die *Dimension der Wahrheit*, die
kognitive Bezüge erlaubt. Seel versteht die schöne Natur als Repräsentant der
wahren Natur (vgl. Seel 1991, S. 15), denn Naturschönheit verweist zugleich auf

optimale Bedingungen. *Das Ästhetische wird zum Erkenntnisgegenstand.* Welsch nennt das eine „fällige Einsicht" und führt aus, „... daß Erkennen und Wirklichkeit ihrer Seinsart nach ästhetisch sind" (ebd., S. 52f.). So, wie uns die Wirklichkeit in ihren elementaren materialen Eigenschaften bereits auf ästhetische Weise gegeben ist, lassen sich Logik und das Ästhetische nicht mehr voneinander trennen. Otto hat dazu den Begriff der „ästhetischen Rationalität" in die Didaktik eingeführt (vgl. Otto bei Schütz 1999, S. 42). Das Phänomen ist dann interpretiert, wenn alle Beziehungen der komplexen Erscheinung definiert sind.

Ganzheitlicher, fächerübergreifender Ästhetisierungsprozess des Lernens

Die Beurteilung eines Anblicks als schön ist in der Natur selbst vorübergehend, denn er hängt vom momentanen Zustand der anschaulichen Qualitäten sowie von aktuellen Bewegungen des Lichtes, des Wetters und anderen Einflüssen ab. Hinzu kommt, dass Kinder erst die Bereitschaft und Fähigkeit entwickeln müssen, die bewusste Wahrnehmung auf Naturschönheit zu richten, ohne sich von den nützlichen Aspekten des Lebens ablenken oder allein von der körperlichen Lust am vielsinnigen Erleben beherrschen zu lassen. Erkenntnis kann jedoch nur aus eindeutigen, anschaulichen Verhältnissen gewonnen werden, die das Phänomen rein und unverfälscht repräsentieren. Hier erweist sich die Fotografie als geeignetes Medium der Auseinandersetzung mit natürlichen Phänomenen, das einen bestimmten Rahmen für den Denkprozess wie auch für die didaktische Aufbereitung des Unterrichts schafft.

Die Fotografie lässt den „richtigen" Moment innehalten und vermag auf zweifache Weise Konzentration zu stiften (s. Abb.: Schnelle Strömung).

Als eine der Sache gemäße Zugangsweise in einem Lernprozess, die das Kind emotional und geistig gleichermaßen aktivieren soll, gilt es, die ästhetische Eigenart des Phänomens auszubreiten und dafür zu sorgen, dass ablenkende Faktoren ausgeschaltet werden. Unter lernpsychologischem Aspekt verlangt das, die anschaulich wesentliche Eigenschaft eines Phänomens formatfüllend in das Foto einzubringen und damit auf jede Angabe zu einem konkreten Lebensraum zu verzichten, um den Charakter des Allgemeinen und der Übertragbarkeit zu erreichen. Das Phänomen wird vom Erfahrungsraum weitestgehend *isoliert* und damit das anschaulich Wesentliche zu einem einzigen, einheitlichen Eindruck *konzentriert*. Dabei erfährt es in seiner ästhetischen Wirkung zugleich eine erhebliche *Intensivierung*. Die der Betrachtung so dargebotene anschauliche Qualität wird sublimiert, ins Erhabene gesteigert und macht das Phänomen in seinem ästhetischen Eigenwert persönlich bedeutsam.

Kraft und Nähe der Ansicht führen bei den Kindern zu einem unerwarteten persönlichen Erlebnis und vermitteln eine nachhaltige Seherfahrung. Ungestörtes,

„genussvolles Staunen" steht am Anfang des Lernprozesses, allein auf das Wohl-
gefallen des Anschaulichen gerichtet. Das *ästhetische Erleben* erzeugt auch eine
selbstverständliche Konzentration der Schülerinnen und Schüler, die aus der so
gewonnenen emotionalen Motivation zur Auseinandersetzung mit der Sache
hervorgeht. Das elevatorische Element des Ästhetischen (vgl. Welsch 1996,
S. 25) begleitet den gesamten Lernprozess.

Ein Phänomen aus seiner anschaulichen Eigenart heraus zu erklären, verlangt
bewusstes Wahrnehmen und ein Hinterfragen des Wahrgenommenen. Es verwandelt sich dadurch vom bloßen Aufnehmen in ein „sinnvolles" Wahrnehmen,
welches das Erschließen der Bedeutung des Wahrgenommenen zum Inhalt hat
(vgl. Freeß 2002, Beispiel S. 83). Dies vermag *ästhetisches Denken* zu leisten.

Die Betonung des Wesentlichen in der Fotografie macht es möglich, sich betrach-
tend ein „Bild" vom Phanomen zu machen, das der Analyse zugänglich ist. Aber
zunächst muss adäquat zu dem visuell Dargebotenen mit Hilfe sprachlicher und
mimetischer Tätigkeiten ein *genaues und nachhaltiges Betrachten* vollzogen werden (Freeß 2002, s. Übersichten S. 106ff.). Dabei entdecken die Kinder
anschauliche Elemente des betreffenden Phänomens, die sie bisher nicht beachtet oder noch gar nicht wahrgenommen hatten und bemerken Wundernswertes.
„Etwas merken ist Wahrnehmung, ist Ästhetik im weitesten Sinne und bleibt bis
in die letzte Instanz die Angelegenheit des Denkens" (Sloterdijk zit. n. Welsch
1998, S. 45). Ein auf Erkenntnis gerichtetes Sich-Wundern setzt ein und schafft
einen selbstverständlichen, fließenden Übergang von der emotionalen zur int-
rinsischen Motivation. Entsprechend der individuellen Wahrnehmungshierar-
chie eines jeden Kindes, adäquaten Vorwissens sowie seiner darauf gründenden
derzeitigen Konstruktionen von Wirklichkeit (vgl. Westmeyer 1999, S. 510), entwickelt das Kind auf natürliche Weise eine subjektiv problemorientierte Fragehaltung.

Statt der theoretischen Fragestellung „wesentlich wofür?", erheben sich für die
Kinder *Wundernsfragen*, die eingeleitet werden mit „warum?" oder „wie kommt
es, dass . . ."? Das Fragen wird zu einem lustbetonten Element des Lernprozesses. Der an Wahrnehmungen orientierte Interpretationsprozess der Phänomene
wird mit den Kinderfragen eingeleitet.

Interpretieren heißt zuerst, das anschaulich Wesentliche eines Phänomens als
„Träger von Bedeutungen" zu separieren. So wie es die Kinder bereits im Alltag
mehr oder weniger unbewusst als ein Signal für adäquates Verhalten aussondern,
erfolgt das Separieren einer Qualität auch im Lernprozess mühelos. Das Reflektieren des anschaulich Wesentlichen lässt der Überlegung nachgehen, womit es
identisch ist. Identisch bezieht sich auf das Zusammenwirken von Bezugssystemen bestimmter Naturreiche mit der wesentlichen stofflichen Eigenschaft des
Naturreichs, welches das Phänomen hervorbringt. Beispielsweise ist die Strömung eines Flusses – also seine (Vorwärts-)*Bewegung*, als Symbol dafür, dass es
sich um einen Fluss handelt – ein Phänomen des Wassers und identisch mit der

energiegeladenen Beweglichkeit der Wasserteilchen und dem Wasserdruck, der nicht sichtbaren Schwerkraft der Erde und dem nicht sichtbaren Gefälle eines Flussbettes.

Das Reflektieren des anschaulich Wesentlichen lässt die Schülerinnen und Schüler *erfahrene Kontexte* des Phänomens assoziieren. In Erinnerungsvorstellungen erschaut jedes Kind, wie ihm die Dinge gegeben waren und wie es sie selbst erfahren hat (vgl. Meyer-Drawe 2002, S. 17). Es nutzt das anschaulich Wesentliche als flexible *Orientierungsform* zum Einsehen in konkrete Situationen und deren Analyse hinsichtlich beteiligter Naturreiche und Bezugssysteme. Es tastet optisch die Situation ab. Dabei vergleicht und evaluiert es mögliche Bezugssysteme in ihrer Bedeutung für das Entstehen des anschaulich Wesentlichen eines Phänomens in seiner bestimmten Ausprägung. In den vorgestellten Kontexten nimmt das Kind erinnerte Zusammenhänge für „wahr". „›Wahrnehmung‹ ist hier vielmehr in dem zugleich fundamentaleren und weiterreichenden Sinn von ›Gewahrwerden‹ zu verstehen. Dieser bezieht sich auf ein Erfassen von Sachverhalten, das zugleich mit Wahrheitsansprüchen verbunden ist" (Welsch 1998, S. 48). Über die *Mit-Wahrnehmung* der anschaulichen Verhältnisse, in die das Phänomen eingebettet ist – wie das Fließen des Wassers in eine Richtung, festgehalten auf der Erde in einem selbst gegrabenen Flussbett – entdeckt das Kind die *sichtbaren* Bezugssysteme. Durch den geradlinigen und konsequenten Bezug des anschaulich Wesentlichen zum innerlich Wesentlichen des betreffenden Phänomens, findet es auch logisch schlussfolgernd die *nicht sichtbaren* Bezugssysteme. Dem Schlussfolgern geht ein alternatives, probeweises Synthetisieren von Bezugssystemen mit der Erscheinung voraus. Das Entdecken ihrer Abhängigkeit voneinander führt zur Phänomenstruktur. Dabei stellt sich Lust am Denken ein.

Bewusstes analytisch-synthetisches Denken entwickelt das Kind mit Hilfe einer Logik, die sich auf anschauliche Verweise gründet. Das ist der Kern ästhetischen Denkens. Meyer-Drawe kennzeichnet die notwendige Voraussetzung: „Wie wir gesehen haben, ist Wahrnehmung bereits vor jedem 'Eingriff der urteilenden Vernunft' reflexiv strukturiert, d.h. bedeutungshaft" (Meyer-Drawe 2002, S. 23).

Es ist klar, die Reflexion des anschaulich Wesentlichen zur Interpretation eines Phänomens vermag ein Kind allein nicht zu leisten. Das ist aber in einem Kommunikationsprozess möglich, in dem die Kinder langsam, selbst gesteuert und kooperativ die Bezugssysteme entdecken bzw. konstruieren. Hier kommen die *Potenzen einer Klassengemeinschaft* zum Tragen, die im frontal geführten Unterricht nicht genutzt werden. Sie bestehen

– im differenzierten Konstruieren innerer Bilder der individuell erfahrenen Kontexte eines Phänomens,

– im schulisch und außerschulisch über moderne Medien selbsttätig angeeigneten Wissen,

– in der Sprachfähigkeit der einzelnen Kinder sowie

– in der Bereitschaft, empathisch im fortschreitenden Diskurs durch alle Kinder der Klasse bei der Rekonstruktion eines fremden Konstrukts aktiv die Evaluierung von Bezugssystemen vorzunehmen.

Nachdem die Kinder die sichtbaren Bezugssysteme gefunden haben, gelangen sie allmählich in Ko-Konstruktion zu Vorstellungen und Hypothesen über die nicht sichtbaren Bezugssysteme (vgl. Freeß 2002, S. 130 ff.). Die ähnlichen Konstrukte der Mitschülerinnen und Mitschüler aufgrund ähnlicher Erfahrungen mit einem Phänomen, die Ausdifferenzierung der Konstrukte durch eingebrachtes Wissen sowie die Kontrolle der Hypothesen durch alle kognitiv aktiven Kinder vermitteln das Gefühl von Sicherheit in den Annahmen. Sie führen zu einer Übereinstimmung in der Auffassung zu den Erscheinungen der Welt, wenn niemand mehr der Erklärungshypothese etwas entgegenzusetzen oder hinzuzufügen hat.

Als zutreffend bewertete Bezugssysteme erzeugen die selbstständige Konstruktion von Wissen. Hieraus geht der *konstruktivistische Ansatz* ästhetischen Lernens hervor. Er gewährleistet gleichzeitig, dass für jedes Kind ein subjektiv ausgerichteter Lernzuwachs entsteht, indem es die Konstruktionen seiner Mitschülerinnen und Mitschüler subjektiv wertend rekonstruiert und dabei die Wissenselemente, von denen es sich selbst eine Vorstellung machen kann, mit seinen persönlichen Konstrukten verknüpft, d. h., sie intraindividuell verändert. Ergebnis eines solchen nachdenklichen Lernprozesses sind nachhaltige, abrufbare und übertragbare Vorstellungen, die überprüfbares, anschaulich begründetes Wissen erzeugen und die Entwicklung kognitiver Kompetenz fördern, die sich auf die Fähigkeit gründet, anschauliche Qualitäten als Zeichen für etwas zu deuten und dementsprechende Zusammenhänge zu entdecken.

Natürlich erwarten die Kinder eine „offizielle" Bestätigung und Präzisierung oder auch Korrektur ihrer Erklärungshypothese. Sie lässt sich am besten anhand eines *Sachtextes* evaluieren, der die Bezugssysteme einsichtig ordnet. Dabei geht die in Ko-Konstruktion gefundene Erklärungshypothese eine weitere Ko-Konstruktion mit der wissenschaftsorientierten Darstellung des Textes ein. Eine präzisere Versprachlichung des Prozesses der Phänomenbildung ist ein notwendiger Schritt, um im Vorfeld der Naturwissenschaften einen Bezug zur Fachdisziplin herzustellen.

Die ästhetische Eigenart der Phänomene eröffnet zugleich ein breites Feld an Möglichkeiten spannender künstlerischer *Um*formung des anschaulich Wesentlichen. Seine Betonung mit adäquaten sprachlichen, visuellen, kinästhetischen und auditiven Mitteln initiiert ein Denken in grenzüberschreitenden Zusammenhängen, wobei die künstlerisch-praktische Auseinandersetzung mit dem anschaulichen Gehalt eines Phänomens zugleich die Vorstellung vom Wesen rein theoretisch vertieft.

Das Betrachten wie auch das künstlerische Hervorbringen der „idealen Gestalt" eines Phänomens, produziert das Bedürfnis nach *wieder Erkennen und Reflektieren der konstruierten Wesensmerkmale in der Natur selbst*. Im konkreten Wirklichkeitsraum endet mit dem Bewusstsein des Wissens um das Wesentliche und einer freiwilligen Konzentration auf die konkrete Erscheinungsweise eines Phänomens der Spannungsbogen der elevatorischen Dynamik dieses Lernprozesses.

Eine 3. Klasse war nach der selbst gesteuerten Erklärung des Phänomens der heimischen Blütenfarbigkeit in ein Landschulheim gefahren. Nach der Rückkehr berichtete die Lehrerin verblüfft, dass die Kinder unaufgefordert auf jede gelbe Blume geachtet hatten und sich wunderten, wie viele es davon gab. Sie waren „sehend" geworden und hatten die Basis für ein Wahrnehmen auf höherem Niveau erreicht.

Phasen des Kontextunterrichts zum Erklären natürlicher Phänomene

Ästhetisches Lernen beruht auf einem Netzwerk von Beziehungen, das aus dem Assoziieren und Reflektieren von Kontexten der Natur selbst, des Habitus der einzelnen Kinder in ihrem Verhältnis zur Natur und zum Lernen sowie zum kooperativen Lernen hervorgeht. Allein die Konzentration auf das anschaulich Wesentliche schafft die Übergänge von einem Kontext in den anderen. Der didaktische Aufbau des Unterrichts gewährt und wahrt, entsprechend dem multiplen Beziehungsgeflecht aus Sache, Medium, Individuum und Gemeinschaft, Offenheit.

Übersicht: Interkontextualität der Auseinandersetzung mit Phänomenen

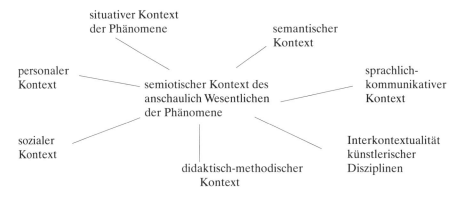

Aus dem Spannungsbogen ästhetischen Lernens ergibt sich auf natürliche Weise die didaktische Gliederung des Unterrichtsprozesses (s. Übersicht: Phasen des

Kontextunterrichts zum Erklären natürlicher Phänomene). Didaktisch gesehen vollzieht sich das Lernen als ein *Problemlösungsprozess*, der sich unverkürzt im Sokratischen Gespräch entfalten darf. Dem liegt der Leitgedanke des bedeutenden Atomphysikers Werner Heisenberg zugrunde: *Wissenschaft entsteht im Gespräch*. Mit dem Transfer des Sokratischen Gesprächs auf das ästhetische Lernen und damit auf wissenschaftsorientierte Inhalte, wird einer Forderung namhafter Pädagogen nachgekommen. Die Zielsetzung besteht im Finden der Bedeutung des anschaulich Wesentlichen und kooperativem Aushandeln des strukturellen Zusammenhanges phänomenaler Bezugssysteme, um das Wesen eines Phänomens erklären zu können. Wichtig zum allmählichen Verstehen natürlicher Zusammenhänge ist, dass tatsächlich *alle* beteiligten Bezugssysteme herangezogen werden. Klassen mit geringem Vorwissen müssen sich geduldig durch phänomenologisches Fragen an die Erscheinung herantasten. „… Es muß den Gang der Erfahrung rekonstituieren, und es muß den perzeptiven Stil des Wahrnehmungsgegenstandes rehabilitieren" (Meyer-Drawe 2002, S. 23). Die Gespräche werden meist sehr spontan, mit gefühlsmäßig orientierten, reinen Spekulationen begonnen, die aber unverzichtbar eine motivierende Bedeutung für den Gesprächsfluss haben. Kooperativ finden die Kinder langsam zu Fakten für die Sache und gehen damit zum Argumentieren über. Am Ende des Gesprächs steht ein durch Mithilfe vieler Schülerinnen und Schüler entstandener Konsens (Freeß 2002, S. 127 ff.).

An einem Beispiel soll der Unterrichtsverlauf in einer 4. Klasse beschrieben werden.

Thema: „Warum strömt das Wasser in jedem Fluss?"

Ästhetisches Erleben natürlicher Phänomene

Hinter verschlossener Tafel hängt eine Reihe von Fotos zur Strömung der Weißen Elster in Leipzig (14 Bilder, Größe DIN A4). Die vielgestaltigen Wellenformen zeigen, wie das „bewegliche" Wasser leicht zusammen geschoben und zu Gebilden mit unterschiedlich „steilen" Hügeln zusammengedrückt werden kann. Der Nachschub an drückendem Wasser sorgt für das Strömen. Diese eigentümlichen Eigenschaften der Stofflichkeit „Wasser" sind an den Fotos abzulesen.

Mit Unterrichtsbeginn wird die Tafel geöffnet und die Lehrerin fordert zum stillen Betrachten auf. Erstaunt und konzentriert tasten die Kinder mit den Augen die Erscheinung ab. Die Vielzahl der Strömungsbilder lässt das anschaulich Wesentliche immer wieder bestätigen und verinnerlichen.

Schließlich fragt die Lehrerin, ob jemand etwas sagen möchte. Kinderäußerungen wie: *ein See – Flüsse – Strukturen von Wasser – evtl. Sümpfe* folgen. Spontan versuchen die Kinder über das anschaulich Wesentliche die Erscheinung zu klassifizieren. Man einigt sich auf einen Fluss.

Phasen des Kontextunterrichts
zum Erklären natürlicher Phänomene

Ästhetisches Erleben natürlicher Phänomene
vermittelt durch die Fotografie
- STAUNEN über den ästhetischen Eigenwert eines Naturphänomens

Verlängern der Wahrnehmung
durch sprachliche und mimetische Tätigkeiten zum Erfassen
der Eigenart des anschaulich Wesentlichen -
etwas bemerken/ SICH WUNDERN
- Schaffen einer Problemsituation - Herausbilden einer Fragehaltung

Entwickeln problemorientierter Fragestellungen
durch die Schülerinnen und Schüler

Das Sokratische Gespräch
- auf der Grundlage ästhetischen Denkens subjektives Entwickeln
von Konstrukten zum Entdecken von Bezugssystemen
- im intersubjektiven Vergleich durch Ko-Konstruktion
selbst gesteuert allmählich zur hypothetischen Erklärung
des Phänomens gelangen - Lösung des Problems

Verifizieren der Erklärungskonzepte in der Arbeit mit Sachtexten
- Modifizieren der interaktiv gefundenen Erklärung des Phänomens
- Vertiefen des Verstehensprozesses durch eigenes sprachliches
Handeln

Künstlerische Umformung des anschaulich Wesentlichen
- kreativer Bedeutungstransfer für die Darstellung des Typischen
eines Phänomens mit adäquaten künstlerischen Mitteln und Techniken
- Entwickeln eines gleichermaßen ästhetisch und theoretisch
gerichteten Naturverständnisses

Wiedererkennen des Phänomens
in seinem natürlichen situativen Kontext

Lehrerin: Woran lässt sich erkennen, dass es sich um einen Fluss handelt?

– Das Wasser fließt und da bilden sich Strukturen.
– Es strömt in eine Richtung.
– Der Fluss hat eine Strömung.

Lehrerin: Das Gebiet um Leipzig gehört zu den am tiefsten gelegenen Regionen in Deutschland (nur 110m über dem Meeresspiegel) – und trotzdem bewegt sich das Wasser unentwegt vorwärts. Wundert euch das nicht?

Eine Problemsituation war entstanden.

Die Kinder wählen paarweise ein Foto zum genaueren Betrachten aus (s. Abb. „Schnelle Strömung").

Verlängern der Wahrnehmung

Durch mimetisches Handeln sollen sich die Kinder des Sichtbaren am Wesen einer Strömung bewusst werden. Sie erhalten die Aufgabe, das Zentrum der Bewegung zu suchen und die Bewegungsformen und -richtungen zeichnerisch zu analysieren (s. Abb.: Kinderarbeit).

Das Nachvollziehen der anschaulichen Strukturen evozierte eine Fragehaltung – das Phänomen wird nicht mehr „fraglos" hingenommen.

„Schnelle Strömung"   Kinderarbeit

Entwickeln problemorientierter Fragestellungen durch die Schülerinnen und Schüler

Das Bewusst-Machen des anschaulich Wesentlichen bringt für jedes Kind individuell in Form von Fragen eine eigenständige Genese von Problemen hervor. Nun *will* das Kind ganz natürlich darüber nachdenken, wie es zu einer Strömung kommt.

Lehrerin: Was kannst du dir noch nicht erklären? Stelle mit deinem Partner / deiner Partnerin Fragen an das Bild (schriftlich formulieren).

Die ganze Klasse erstellt kooperativ einen adäquaten Fragekatalog, der eine Problemkette hervorbringt. Die wesentlichen Fragen werden in hierarchischer Folge an die Tafel geschrieben. Ausgangspunkt bildet die Kernfrage:

– Warum fließt ein Fluss?

weitere Fragen:

– Woher kommt die Strömung?
– Warum strömt das Wasser in der Mitte schneller als am Rand?
– Wo hört die Strömung auf? u. a.

Das „Sokratische Gespräch"

Die Problemlösung richtet sich vor allem auf das Beantworten der Kernfrage (s. o.):

– Das Wasser kommt aus dem Gebirge und fließt aus dem Gebirge runter, es kriegt einen Schubs zum Fließen.
– Es ist flüssig und muss sich bewegen.
– Vielleicht bewegt es auch der Wind.
– Wenn Grundwasser nach außen drückt, entsteht erst eine Quelle, dann ein Bächlein und dann ein großer Fluss.
– Das Wasser kommt vom Gebirge runtergedonnert, mal wird es flach, mal geht es wieder runter, da kriegt es immer mehr Kraft.
– Auch wenn man es nicht sieht, es ist immer eine ganz kleine Neigung da.
– Es drückt sich vorwärts. Es drückt auch Steine weg.
– In der Mitte hat das Wasser freie Bahn und fließt deshalb schneller. Am Rand ist es flacher und hat weniger Wasser, deshalb ist es langsamer.
– Es frisst sich immer mehr Land weg.
– Durch den Regen wird es auch immer mehr Wasser und kriegt noch mehr Kraft.
– Wegen der Anziehungskraft der Erde bleibt der Fluss in seinem Bett und schwebt nicht schwerelos herum.
– Unsere Flüsse fließen alle nach Norden. Durch die Erdanziehung auf der Nordhalbkugel müssen sie in diese Richtung fließen.
– Das Wasser will nach unten ins Meer.

Diese Klasse hatte sich vor längerer Zeit selbstständig, über handelndes und denkendes Wahrnehmen, wesentliche Eigenschaften des Stoffes „Wasser" erarbeitet und dementsprechendes Wissen konstruiert. Mühelos übertrugen die Kinder nun dieses Wissen, verbunden mit individuellen Erfahrungen im Landschaftsraum und weiteren außerschulisch angeeigneten Kenntnissen auf Vorstellungen zur Lösung des hier bezeichneten Problems.

Verifizieren der Erklärungskonzepte

Nicht immer wird im Gespräch eine logische Anordnung der Bezugssysteme entwickelt und zwar dann, wenn stärker „gebildete" Kinder ihr Wissen möglichst schnell einbringen wollen, statt in Ruhe ihre Erfahrungen zu reflektieren. Hier müssen die Lehrpersonen ordnend eingreifen. Vor allem aber sind Sachtexte geeignet, um das Erklärungskonzept in die notwendige Ordnung zu bringen, indem alle Bezugssysteme benannt, näher gekennzeichnet und so angeordnet werden, dass für die Kinder der Gesamtzusammenhang des Entstehens eines Phänomens vorstellbar wird (s. Sachtext).

Warum strömt das Wasser in jedem Fluss?

Im Gebirge tritt das Wasser als Quelle aus der Erde hervor.
Mit der energiegeladenen Beweglichkeit seiner Teilchen bahnt sich das Wasser zwischen den Steinen seinen Weg immer bergab. Das Wasser der kleineren Flüsschen sammelt sich in immer größeren Flüssen. Dabei drücken die größer werdenden Wassermassen das Wasser immer schneller vorwärts. Auf dem lehmigen Grund kann es nicht versickern. Die Schwerkraft der Erde sorgt dafür, dass sich das Wasser ein Flussbett schafft und darin festgehalten wird.
Schließlich strömt das Wasser in das niedriger gelegene Meer.

Der sprachlichen Arbeit mit dem Text kommt ein besonderer Stellenwert zu, weil erst durch das erneute Übersetzen der mit dem Text weiterentwickelten Vorstellungen in die „eigene" Sprache das individuelle Konstruieren von Wissen ermöglicht wird. Deshalb sollte der *Verstehensprozess* der Phänomenstruktur mit Hilfe eines reichhaltigen Repertoires an Methoden zum Umgang mit dem Text, zur eigensprachlichen Darstellung von Teilzusammenhängen sowie durch Methoden, die das Miteinander-Reden erfordern, intensiviert werden (Freeß 2002, S. 144). Mit eigenen Worten wird der Verstehensprozess offen gelegt. Das Verifizieren der Erklärungskonzepte kann auch durch mimetisches Handeln fortgeführt werden.

Zum Nachahmen des Entstehens einer Strömung stand eine große, flache Schale mit Wasser bereit. Der Grund der Schale war mit einer Schicht Plastilin bedeckt. In der Mitte lag ein großer Stein.

Lehrerin: Wie kann ich aus dem Wasser einen Fluss machen?

– Anheben – das bewegliche Wasser schiebt sich zusammen und bildet sofort Wellen.
– Der Stein ist fest, er ruht.

– Das Wasser schlängelt sich durch Steine, da wird es noch mehr zusammengedrückt und kriegt noch mehr Druck.
– Auf dem lehmigen Grund perlt das Wasser ab und versickert nicht.

Wahrnehmend haben die Kinder Verhältnisse überprüft und das Entstehen des anschaulich Wesentlichen einer Strömung nachvollzogen.

Künstlerische Umformung des anschaulich Wesentlichen

Für das Erzeugen von Wellengebilden, die das Zusammengeschobensein entsprechender Materie symbolisieren, muss auch ein künstlerisch verwertbares Material gefunden werden, mit dem sich die dienende Funktion der Technik zum Hervorbringen des anschaulich Wesentlichen eines Phänomens verwirklichen lässt. Plastilin, Sand oder Seidenpapier auf einem Pappgrund sind hier gut geeignet. Mit *Druck* lässt sich das Material zu sensibel differenzierten Wellenformen zusammenschieben. Die sichtbare natürliche Ordnung wird in eine künstlerische Ordnung verwandelt, aus der sich Sinn erfahren lässt.

Zur Bedeutung ästhetischen Lernens

Ästhetisches Lernen beruht auf der konsequenten *Konzentration auf das Wesentliche* zum Erfassen des Netzwerkes natürlicher Zusammenhänge. Der symbolische Charakter des anschaulich Wesentlichen eines Phänomens, führt auf direktem Wege in den großen Verweisungszusammenhang der Natur. Die *Farbe* der heimischen Blumen *verweist* auf die Art der Bestäuber. Das sich *vorwärts bewegende* Wasser in der Landschaft *verweist* auf einen Fluss, der sich mit seiner Strömungsenergie auf der Erde einen Weg gebahnt hat. Damit übernimmt das anschaulich Wesentliche als Bedeutungträger eine systemische Funktion, denn es zeigt auf, dass es erst aus dem Zusammenwirken mehrerer Systeme hervorgeht und zugleich selbst wieder in andere Zusammenhänge hineinwirkt. Ließe sich das anschaulich Wesentliche aussondern, würde das Phänomen verschwinden und sich schließlich das jetzige Netzwerk „Natur" auflösen: Blumen ohne ihre bestimmten Farben, d. h. mit grünen Blütenköpfen, würden keine Bestäuber mehr anlocken, sondern vielmehr vertreiben. Ohne die Strömung der Flüsse würde das Meer allmählich verdunsten, die Wolken regneten sich über den Gebirgen ab, dort würde das Wasser gefrieren und sich auf den Gebirgen ein mächtiges Eisplateau bilden. Damit würde sich nicht nur die Landschaft, sondern auch das Klima verändern. Mit dieser Überlegung wird noch einmal die Bedeutung der ästhetischen Bestandteile der Wirklichkeit für das Erkennen hervorgehoben.

Ästhetisches Lernen fordert und fördert demnach Denken in Zusammenhängen. Es konstruiert an Vorstellungen gebundenes Wissen und schafft damit solide

Voraussetzungen für einen stärker theoretisierenden Unterricht in den nachfolgenden Schularten. In der gegenwärtigen Mediengesellschaft gewinnt ein Lernen, welches auf konzentriertem Wahrnehmen beruht, immer stärker an Bedeutung, weil von Zusammenhängen isoliert, irgendwo aufgenommenes Wissen die Kinder verführt, nicht mehr genau, viel zu schnell und dadurch sinnentleert wahrzunehmen. Das führt zu Fehlinterpretationen von Erscheinungen der Wirklichkeit.

Auch in didaktischer Hinsicht bildet die Konzentration der Medien und Methoden auf die wesentliche anschauliche Qualität des betreffenden Phänomens eine einsichtige und den Verstehensprozess fördernde Ausgangsbasis des Lernens. Unreglementiertes Reflektieren und eigenes sprachliches sowie künstlerisches Auseinandersetzen mit dem Wesentlichen durch die Kinder erzeugt ein Lernen voll Nachhaltigkeit.

Durch die Darbietung der Naturphänomene in ihrer Schönheit und die freie Entfaltung des Denkprozesses wird der gesamte Lernprozess emotional begleitet.

Literatur

Freeß, Doris: Ästhetisches Lernen im fächerübergreifenden Sachunterricht – Naturphänomene wahrnehmen und deuten. Baltmannsweiler: Schneider 2002

Hamann, Richard: Theorie der bildenden Künste. Berlin: Akademie 1980

Hasse, Jürgen: Wahrnehmung – ein Schlüsselproblem des Sachunterrichts. In: Baier, Hans / Gärtner, Helmut / Marquardt-Mau, Brunhilde / Schreier, Helmut (Hrsg.): Umwelt, Mitwelt, Lebenswelt im Sachunterricht. Bad Heilbrunn: Klinkhardt 1999, S. 54–72

Horster, Detlef: Das Sokratische Gespräch in Theorie und Praxis. Opladen: Leske + Budrich 1994

Husserl, Edmund: Ideen zu einer reinen Phänomenologie und phänomenologischen Philosophie. Tübingen: Max Niemeyer 1993 (5)

Jakobson, Roman: Semiotik. Ausgewählte Texte 1919–1982. Frankfurt a.M.: Suhrkamp 1988

Meyer-Drawe, Käte: Leibhaftige Vernunft – Skizze einer Phänomenologie der Wahrnehmung. In: Beck, Gertrud / Rauterberg, Marcus / Scholz, Gerold / Westphal, Kristin (Hrsg.): Sachen des Sachunterrichts. Frankfurt a.M.: Books on Demand 2002, S. 13–25

Müller, Gerd K. / Müller, Christa: Geheimnisse der Pflanzenwelt. Leipzig / Jena / Berlin: Urania 1994

Rubinstein, Sergej L.: Sein und Bewusstsein. Berlin: Akademie 1973

Rubinstein, Sergej L.: Das Denken und die Wege seiner Erforschung. Berlin: Deutscher Verlag der Wissenschaften 1977 (6)

Schütz, Helmut G.: Zwei Rezensionen zu Gunter Ottos „Lehren und Lernen zwischen Didaktik und Ästhetik". In: Kunst + Unterricht o.J., 1999, H. 237, S. 42–45

Seel, Martin: Eine Ästhetik der Natur. Frankfurt a.M.: Suhrkamp 1991

Welsch, Wolfgang: Grenzgänge der Ästhetik. Stuttgart: Philipp Reclam jun. 1996

Welsch, Wolfgang: Ästhetisches Denken. Stuttgart: Philipp Reclam jun. 1998 (5)

Westmeyer, Hans: Konstruktivismus und Psychologie. In: Zeitschrift für Erziehungswissenschaft 2, 1999, H. 4, S. 507–525

DIETLIND FISCHER

Ethisch lernen und erziehen im Sachunterricht

Wie und wo erlernen Kinder Werthaltungen, ethische Orientierungen und die Bereitschaft zur Übernahme von Grundwerten, die für ihre Lebensgestaltung und für das Zusammenleben in einer demokratischen Gesellschaft unabdingbar sind?

Das ist die entscheidende Frage, auf die mit sehr unterschiedlichen Positionen, Auffassungen und Erwartungen an die Familie und die Schule geantwortet wird. Es ist keine Frage, *dass* ethisches und moralisches Lernen in der Schule stattfinden muss, aber es ist umstritten, wo dafür der Ort ist und in welcher Weise ethisches Lernen thematisiert werden soll: im konfessionellen Religionsunterricht, im Fach Ethik bzw. Lebensgestaltung, im Lernbereich Sozialkompetenz / Politische Bildung, im Sachunterricht oder in Fächer verbindenden Projekten, und wo sind deutliche Grenzen zu ziehen?

Im Folgenden wird versucht, Begründungen für ethisches Lernen im Blick auf die darin enthaltenen Zielsetzungen und Inhalte zu referieren. An einigen Grundformen ethischer Erziehung werden Lernpotentiale und Begrenzungen verdeutlicht. Methodische Zugänge werden exemplarisch an Beispielen erörtert. Abschließend wird noch einmal die Frage nach dem Ort ethischen Lernens und den Voraussetzungen bei den Lehrkräften gestellt.

Ausgangspunkte

Mit dem gesellschaftlichen Wandel verändern sich auch Regeln, Umgangsweisen und Normen, die das alltägliche Handeln bestimmen. Das betrifft nicht nur Kleidungsstile oder Tischsitten, sondern auch Formen der Verabredung und Kommunikation unter Gleichaltrigen, des Umgangs von Erwachsenen mit Kindern, der Einstellung zu Freizeit, Arbeit, Sexualität und anderem. Es wird vielfach von *Wertewandel* gesprochen. Wenn beobachtet wird, dass bestimmte Umgangsformen und formale Tugenden nicht von allen Menschen in gleicher Weise für selbstverständlich gehalten werden, wird oft ein *Werteverlust* beklagt. Empirisch lässt sich ein Verlust der Gültigkeit von übergreifenden Grundwerten nicht bestätigen (z.B. Zinnecker 2002), aber die daraus abgeleiteten alltäglichen Handlungsregeln sind zweifellos einer Veränderlichkeit unterworfen, die irritierend wirken kann.

Die Pluralisierung von Lebensformen, Lebensstilen und Kulturen ist eine Folge der gesellschaftlichen Modernisierung, die mit der *Pluralisierung von Werten* und normativen Orientierungen verbunden ist. Dazu gehören auch die Weltanschauungen und Religionen, die zeitweilig und in regional begrenzten Millieus die Lebensführungsmuster der ihr Angehörenden prägten. Auch wenn im Grundgesetz, in Länderverfassungen und teilweise auch in Schulgesetzen die staatliche Bindung an eine christlich-abendländische und humanistische Tradition hervorgehoben wird, ist die gesellschaftliche Bindung an eine der christlichen Volkskirchen im Schwinden, ähnlich wie ehemals selbstverständliche milieuspezifische Bindungen an Parteien oder Gewerkschaften. In Ballungsräumen und Großstädten ist der Anteil der Kirchenmitglieder auf 20–30 % gesunken, mit erheblichen regionalen Unterschieden. Obgleich noch insgesamt zwei Drittel der bundesrepublikanischen Bevölkerung Mitglieder in den christlichen Kirchen sind, ist dennoch die frühere Prägekraft der kirchlichen Milieus nicht mehr gegeben.

Wird deshalb die Schule insgesamt für etwas in Anspruch genommen, was die Gesellschaft nicht (mehr) leisten kann? Wer ist für ethisches Lernen verantwortlich?

Die Ausgangslage in den neuen Bundesländern verschärft das Problem ethischer Erziehung: Zwei Drittel bis drei Viertel der Bevölkerung sind nicht christlich-konfessionell gebunden. Während in westlichen Bundesländern der evangelische oder katholische Religionsunterricht einen erheblichen Anteil ethischen Lernens übernommen hat, wobei der Ethikunterricht (Werte und Normen in Niedersachsen, Praktische Philosophie in Nordrhein-Westfalen, Ethik in Bayern und Rheinland-Pfalz) strukturell als „Ersatzfach" für konfessionslose oder Kinder nicht-christlicher Religionen eingerichtet wurde, musste in den neuen Bundesländern die fachliche Zuständigkeit für ethisches Lernen neu ausgehandelt werden: Ethik als wahlfreie und gleichberechtigte Alternative zum konfessionellen Religionsunterricht oder – wie in Brandenburg – als verbindliches Pflichtfach „Lebensgestaltung – Ethik – Religionskunde" (LER) für alle (Leschinsky 1996; Edelstein 2001; Ramseger 2003). Der politische Streit geht darum, ob der Staat die Inhalte eines weltanschaulichen bzw. religiösen Unterrichtsfachs bestimmen darf oder ob er sich der Zustimmung von Religions- und Weltanschauungsgemeinschaften zu vergewissern hat, um das Grundrecht der Religionsfreiheit nicht einzuschränken. Ethische Erziehung ist auch ideologie-anfällig und bedarf deshalb in der Schule einer besonders sensiblen demokratischen Kontrolle.

Ein weiterer Aspekt kommt hinzu: Die Präsenz von Kindern mit Migrationshintergrund in den Schulen hat den erheblichen Anteil muslimisch geprägter Menschen zu einer unübersehbaren Tatsache gemacht. Nicht nur interkulturelles Lernen (z. B. Auernheimer u. a. 1996) ist dadurch in völlig neuartiger Weise herausgefordert, sondern auch interreligiöses Lernen (Fischer u. a. 1996; Scheilke / Schreiner 1998). Wo ist dafür ein fachlich angemessener Ort? Natürlich weiß man, dass ein nur ein- oder zweistündiges Unterrichtsfach mit der gesamten Bildung von Werthaltungen und ethischer Erziehung überfordert ist, auch wenn es in besonderer Weise dafür zuständig gemacht wird. Vielmehr ist zu fragen, in welcher Weise ethisches Lernen in der Schule insgesamt zu stärken ist: durch Lernangebote in thematischen Projekten, in kooperierenden Lernbereichen unter Beteiligung des Sachunterrichts, durch außerunterrichtliche Lerngelegenheiten oder durch Vorhaben im Schulleben.

Situationen der Kinder

Kinder fragen ganz direkt und unverstellt nach normativen und ethischen Orientierungen, nach der Gültigkeit von Regeln und nach den „Sachen" hinter den Dingen. Die Fragen der Kinder sind in der Regel nicht fachspezifisch ausgerichtet, sondern sie entstehen aus breitem und gelegentlich recht unkonventionellem Blickwinkel. Fachspezifisches Fragen wird erst allmählich in der Auseinandersetzung mit fachlichen Inhalten gelernt. Es ist jedoch wichtig, die Kinderfragen nicht vorschnell auf einzelne Perspektiven einzuengen.

Dazu ein Beispiel: Wenn der geliebte Hamster, das Haustier, gestorben ist, stellen Kinder die Frage, was mit dem toten Tier nun passiert. Eine fach-biologische Antwort würde vielleicht von der allmählichen Zersetzung des organischen Materials reden oder vom ökologischen Kreislauf der Biomasse. Das wäre fachlich korrekt, aber pädagogisch unzureichend, weil die philosophisch, erkenntnistheoretisch und emotional relevante Dimension der Kinderfrage abgespalten würde: Wie kann ich mich zu dem toten Tier verhalten? Wo bleibe ich mit meiner Trauer? Was kommt nach dem Tod?

In der Kinderfrage ist auch eine weltanschauliche, ethische, moralische und religiöse Dimension enthalten, der in geeigneter Weise nachzugehen ist: mit Deutungsangeboten und Ritualen, mit Erzählungen und Gesprächen über Erfahrungen, mit Worten und Gesten des Abschieds, der Trauer und des Trostes.

In einer empirischen Untersuchung analysierte Gertrud Ritz-Fröhlich (1992) das Frageverhalten von Grundschulkindern. Sie betont die besondere Reichweite, Ernsthaftigkeit und Tiefe der Kinderfragen, in denen sich die kindliche Suche nach den Ursprüngen von Natur und Welt spiegele, aber auch die Suche nach Orientierung in Geschichte und Gegenwart bis hin zum Lebens- und Weltende. Der Fragehorizont reiche weit über das Niveau hinaus, was im täglichen Unterricht gewöhnlich zur Sprache kommen könne.

Offenkundig ist der Raum, der Kinder zum Fragen anregt und ermutigt, in der Schule immer noch zu eng bemessen und die Möglichkeiten, Kinderfragen und -beobachtungen zur Ausgangsbedingung des Unterrichts zu machen, immer noch eingeschränkt.

Die vier Kant'schen philosophischen Grundfragen sind nahezu in jeder Kinderfrage enthalten:

Was kann ich wissen? – Was darf ich hoffen? – Was soll ich tun? – Wer bin ich und wer sind die anderen?

Solche Fragen lassen sich nicht bereichsspezifisch einschränken, etwa auf biologische Ethik oder Ethik der Umgangsformen.

Konkret werden die Fragen im alltäglichen Zusammensein der Kinder in der Klasse thematisiert:

– Warum trägt Hatices Mutter ein Kopftuch?
– Warum darf Daniel nicht zu einer Geburtstagsfeier eingeladen werden?
– Warum bestimmen immer die Erwachsenen, was wir tun sollen?
– Woher kommt das Glück? Was ist gerecht?

Der schulische Umgang mit Fragen dieser Art stellt hohe Anforderungen an die zwischenmenschliche Sensibilität, Informiertheit, kommunikative Kompetenz und Reflexivität der Lehrenden.

Ist Ethik lehrbar? – Zielsetzungen ethischen Lernens

Ethisches Lernen bedeutet nicht die Anpassung an gesellschaftliche oder milieuspezifische Umgangsregeln, formale Tugenden oder gar Indoktrination. Ethisches Lernen hat es – wie anderes Lernen auch – mit selbständigen Subjekten zu tun, die aktiv an der kritischen Aneignung des für sie Gültigen beteiligt sind. Der Erwerb von Werthaltungen wird maßgeblich von den lernenden Subjekten selbst gesteuert über längerfristige Prozesse. Keinesfalls reicht der Erwerb von Wissen und Kenntnissen über ethische Zusammenhänge aus. Auch wenn man im Einzelnen nicht genau sagen kann, welche Formen des Unterrichts oder des Lehrarrangements die moralische Urteilsfähigkeit und den Aufbau von Werthaltungen maßgeblich stützen, so ist doch ziemlich sicher, dass es nicht Formen direkter Instruktion sind, sondern eher komplexe Arrangements erkenntnis- und erlebnisintensiver und längerfristiger Entwicklungsprojekte, die Raum und Zeit zur Auseinandersetzung, zum Probehandeln und zur Handlungsreflexion geben (vgl. Weinert 1998). Die Pädagogische Psychologie bestätigt wissenschaftlich, was alltagspraktisch immer schon gilt: ethisches Lernen ist nicht auf die Urteilsfähigkeit beschränkt, sondern schließt die Emotionen, Motivationen und Handlungsbereitschaften ein (vgl. Oser / Althoff 1992; Schreiner 1983). Inhalte und Formen des ethischen Lernens müssen sich entsprechen: Weder durch Verhaltenstrainings noch durch Disziplinierungen mit Lohn und Strafe wird eine selbst bestimmte ethische Haltung und Handlungsbereitschaft erworben. Die Fähigkeit, sich für eine gerechte Gestaltung der Lebensverhältnisse in naher und weiterer Umgebung einzusetzen, Toleranz zu üben, konfliktfähig und konfliktbewusst zu handeln, Verantwortung für das eigene und das Wohlbefinden anderer zu übernehmen, Solidarität zu leisten und begründet einzufordern, Wahrhaftigkeit zur Geltung zu bringen – derartige Ziele ethischen Lernens müssen einerseits in konkreten Situationen des Zusammenlebens mit anderen verfolgt, andererseits kritisch reflektiert und situationsspezifisch auch wieder ent-moralisiert werden, damit ethische Werthaltungen individuell entwickelt werden können.

Wie lernt man ethisch? – Grundformen

In der schulischen Praxis wurden – nach Schweitzer (1996) – fünf Grundformen ethischen Lernens entwickelt:

– Eine „*sittliche Elementarbildung*" wird seit Pestalozzi vor allem durch die wohlwollende, liebevolle Zuwendung der Lehrerin oder des Lehrers zum einzelnen Kind vorbereitet, durch das ermutigende Zutrauen und Unterstützen von Anstrengungsbereitschaft, Selbstachtung und Erfolgszuversicht. Nicht die Belehrung über richtiges oder „gutes" Handeln, sondern die Erfahrung des „Gut-Seins" ist eine Quelle ethischer Bildung. Deshalb gehört praktisches, erfahrungsgebundenes Lernen in Form von Projekten innerhalb und außerhalb der Schule zu den wichtigsten Formen ethischen Lernens (vgl. Bönsch in Band 5 dieser Reihe). Auch die Gestaltung des Schullebens (vgl. Gläser in Band 5 dieser Reihe) mit Festen und Feiern, die klasseninterne und klassenübergreifende Beratung und Aushandlung von Regeln des Zusammenlebens und des Umgangs mit Konflikten, die Gestaltung von Klassenfahrten und Schulfahrten sind Formen, in denen ethisches Lernen geschieht.

– Von *Vorbildern* ethisch zu lernen, ist eine klassische, aber nicht unumstrittene Form. Die pädagogische Stilisierung von besonders „guten" Menschen zum Zwecke ethischer Belehrung, beispielsweise in Legenden von Helden, Heiligen und Märtyrern, hat Kindern weniger eine Identifikation ermöglicht als vielmehr eine lebensfremde Distanz geschaffen. Dagegen scheint die Kontextuierung und Biographisierung von Menschen, die aus ethischen Motiven handeln, eher eine akzeptierbare Vorbildwirkung zu entfalten (vgl. Fischer 1997). Besonders wirksam – im Guten wie im Schlechten – sind jedoch die Vorbilder, die Kinder und Jugendliche sich selbst wählen. Das sind nicht unbedingt nur Stars und Idole, die über Medien vermittelt werden, sondern auch Menschen der unmittelbaren Umgebung: Peers, Eltern, Verwandte (vgl. Biermann u.a. 1997). Die Vorbildwirkung der Person des Lehrers oder der Lehrerin ist ein unausweichliches pädagogisches Faktum, das deshalb umso entschiedener von den Lehrkräften selbst akzeptiert und selbstkritisch reflektiert werden sollte, damit nicht idealisierte Vollkommenheitsvorstellungen verfestigt, sondern am Modell für Kinder der Umgang mit der unausweichlichen Diskrepanz von Wollen und Handeln erkennbar wird.

– *Erziehender Unterricht* ist – seit Herbart – eine weitere Grundform ethischer Erziehung und keineswegs unumstritten. Die Prozesse der Klärung von Werten und Handlungsorientierungen anhand von Geschichten, Erzählungen und literarischen Gestalten nehmen darin einen breiten Raum ein. Auch die Stimulierung der moralischen und religiösen Urteilsfähigkeit durch Dilemma-Geschichten ist eine Form ethischen Lernens. Die Dilemma-Geschichten kreisen um einen nicht widerspruchsfrei aufzulösenden Konflikt zwischen unterschiedlichen Werten, der zur Diskussion und zur Begründung von Standpunkten anregt. Jedoch werden dabei vor allem kognitive und sprachliche Fertigkeiten ins Spiel gebracht. Der Bezug zur realen Lebenssituation der Kinder, zu ihrem eigenen Suchen und Urteilen, muss häufig erst mühsam hergestellt werden.

– Die Gestaltung des *Schullebens* und Lerngelegenheiten an *Schlüsselproblemen* (Klafki 1991) sind elementare Situationen ethischen Lernens. Es geht dabei immer um eine komplexe Aufgabenstellung, die inhaltliche, soziale und organisatorisch zu klärende Problemanteile hat und deren Lösung nur auf dem Weg der kommunikativen Verknüpfung von Wissen, Kenntnissen, Fertigkeiten, metakognitiven Kompetenzen und Werthaltungen möglich wird.

– Schließlich ist ethisches Lernen in besonderer Weise angelegt in einer Schule, die als *„gerechte Gemeinschaft"* (Just Community) (Lind / Raschert 1987; Oser / Althoff 1992) oder – mit Hentig – als *polis* gestaltet wird. Die pädagogische Kultur einer Schule, das soziale Klima, wird nicht allein durch die Lehrkräfte, sondern ebenso durch die Schülerinnen und Schüler geprägt. Sie regeln ihre Angelegenheiten nicht nach dem Stellvertreter-Prinzip, sondern in Formen direkter Demokratie in Vollversammlungen, die von einem Ausschuss vorbereitet werden und in denen jeder Schüler, jede Schülerin und jede Lehrerin, jeder Lehrer eine Stimme hat. So können sie verantwortlich handeln und die Folgen ihres Handelns erleben. „Erfolg in der Erziehung zu Toleranz und Verstehen können nur Erziehungseinrichtungen haben, in denen hohe moralische Standards gelten und die ein soziales Klima ohne Vorurteile garantieren. Solch hohe moralische Standards können nur belebt werden, wo eine rationale, diskursorientierte Haltung unter den Mitgliedern herrscht" (Oser 1996, S. 108). Die Schule als „Just Community" ist deshalb ein gutes Beispiel dafür, weil sie einen lebendigen sozialen Kontext darstellt, „in welchem Prozesse von Moralsuche stimuliert werden können und diskursive Interaktionsstrategien und Problemlösen möglich gemacht wird" (a. a. O., S. 109).

Methoden ethischen Lernens

In den Grundformen ethischen Lernens sind die wichtigsten methodischen Zugänge bereits enthalten. Sie werden an dieser Stelle durch detailliertere Lernarrangements insbesondere für Kinder im Grundschulalter ergänzt.

Ein wichtiges Medium ethischen Lernens sind fiktive Geschichten in *Bilder- und Kinderbüchern*. Sie ermöglichen stellvertretende Erfahrungen mit Lebenssituationen und die Probe handelnde Auseinandersetzung mit unterschiedlichen moralischen Haltungen (vgl. Feigenwinter / Reich 2000). So ist für Generationen von Kindern beispielsweise Pipi Langstrumpf zum Prototyp für eine autonome, Konventionen und Regeln kritisch hinterfragende und humorvoll kommentierende Persönlichkeit geworden, Momo zum Inbegriff von einfühlsamer Verständigung und dem Ringen um menschliche Wärme, der Elefant Elmar zum Symbol für die Ambivalenz von Individuation und Sozialisation. Die unterrichtliche Arbeit mit Kinderbüchern hat gegenüber Filmen den Vorteil der Verlangsamung und des Verweilens an den Stellen, die besondere Aufmerksamkeit hervorrufen.

Szenische Darstellungen, *Rollenspiele* und Simulationen sind methodische Formen, in denen unterschiedliche ethische Haltungen Probe handelnd ausgedrückt, ins Spiel gebracht und in ihren Wirksamkeiten erkundet werden können. Das Spiel als solches ist ebenso bedeutsam wie die Auswertung der Spielerfahrungen.

Die *Begegnung* mit Fremden und der intensive *Dialog* mit Personen, die differente Werthaltungen zum Ausdruck bringen, ist ein methodischer Kernbereich ethischen Lernens. Niemand wird den Islam zum Synonym für Terrorismus machen, wenn er oder sie durch die Begegnung mit Muslimen in Erfahrung hat bringen können, welche Bedeutung diese Religion für die Menschen hat, wie sie praktiziert wird und wo es gemeinsame Auffassungen zwischen den Religionen gibt. Respekt und Achtsamkeit kann erst in der Auseinandersetzung mit eigenen und fremden Positionen entstehen. Warum Hatices Mutter ein Kopftuch trägt, können Kinder Hatice selbst, besser jedoch die Mutter fragen, und zugleich erfahren sie, dass solche Fragen mit Schamgefühlen verbunden sind. Vertrauen und Scham sind ein anthropologischer Grund der Entwicklung von Moral (Brumlik 2000).

In *Gruppendiskussionen* wird die Gültigkeit und der Geltungsanspruch von Regeln der Interaktion, der Handhabung von Konflikten und divergenten Interessen verhandelt. Ein *Klassenrat* kann schon vom ersten Schuljahr an die Notwendigkeit der Vereinbarung von Regeln zum Konfliktmanagement verdeutlichen.

Während die bisher genannten Methoden vor allem kognitiv-rationale und sprachliche Anforderungen stellen, ist die Gestaltung von *Festen und Feiern,* zu einem wesentlichen Anteil, auch nonverbal möglich, weil ästhetische, kulinarische, tänzerische und symbolische Handlungen und Rituale (vgl. Kaiser in Band 5 dieser Reihe) dazugehören. Feste und Feiern haben meist religiöse Hintergründe; Kinder können diese Bedeutungen erfahren und sie respektieren lernen, wenn sie – als Mitveranstalter bei den eigenen, als geladene Gäste bei den religiösen Feiern der anderen Religionen – mitfeiern dürfen.

Die Schule als Lebens- und Erfahrungsraum für Kinder und Erwachsene

Ethisches Lernen, das sich an der individuellen Autonomie der Kinder, ihrer ethischen Urteilsfähigkeit und ihrer sozialen Verantwortung ausrichtet, braucht ın der Schule einen festen Ort und breite Unterstützung in vielfältigen Formen, sozialen Räumen und Zeiten. Vor allem braucht ethisches Lernen kompetente

Lehrerinnen und Lehrer, die die philosophischen, kulturkundlichen und religiösen Dimensionen von Kinderfragen wahrnehmen und fördern können.

Eine einzelne Lehrperson wird nicht mit allen möglichen Zugängen zu den „Sachen", um die es beim ethischen Lernen geht, zurechtkommen. Jedoch ist die themenspezifische Zusammenarbeit der Lehrenden zur wechselseitigen Ergänzung ihrer Kompetenzen eine unabdingbare Voraussetzung für gelingende Lerngelegenheiten. Ausgebildete Religions- und Ethiklehrende sind zur Kooperation mit dem Sachunterricht und im Lernbereich Soziales Lernen gern bereit.

Literatur

Adam, Gottfried / Schweitzer, Friedrich (Hrsg.): Ethisch erziehen in der Schule. Göttingen: Vandenhoeck & Ruprecht 1996

Auernheimer, Georg / von Blumenthal, Viktor / Stübig, Heinz / Willmann, Bodo: Interkulturelle Erziehung im Schulalltag. Fallstudien zum Umgang von Schulen mit der multikulturellen Situation. Münster / New York: Waxmann 1996

Biermann, Christine u. a. (Hrsg.): Stars – Idole – Vorbilder. Schüler 97. Seelze: Friedrich 1997

Brumlik, Micha: Moralische Gefühle – Vertrauen und Scham. In: Winterhager-Schmid, Luise (Hrsg.): Erfahrung mit Generationendifferenz. Weinheim: Studienverlag 2000, S. 195–207

Edelstein, Wolfgang u. a.: Lebensgestaltung – Ethik – Religionskunde. Zur Grundlegung eines neuen Schulfaches. Analysen und Empfehlungen. Weinheim: Beltz 2001

Feigenwinter, Max / Reich, K. Helmut: Erziehung zur Mitmenschlichkeit und Toleranz. In: Schweitzer, Friedrich / Faust-Siehl, Gabriele (Hrsg.): Religion in der Grundschule. Religiöse und moralische Erziehung. Frankfurt a. M.: Arbeitskreis Grundschule 2000 (4), S. 263–270

Fischer, Dietlind: Alte und moderne Heilige. Zum Umgang mit Vorbildern im Religionsunterricht. In: Biermann, Christine u. a. (Hrsg.): Stars – Idole – Vorbilder. Schüler 97. Seelze: Friedrich 1997, S. 107–111

Fischer, Dietlind u. a.: Auf dem Weg zur interkulturellen Schule. Fallstudien zur Situation interkulturellen und interreligiösen Lernens. Münster / New York: Waxmann 1996

Klafki, Wolfgang: Neue Studien zur Bildungstheorie und Didaktik. Zeitgemäße Allgemeinbildung und kritisch-konstruktive Didaktik. Weinheim / Basel: Beltz 1991 (2)

Leschinsky, Achim: Vorleben oder Nachdenken? Bericht der wissenschaftlichen Begleitung über den Modellversuch zum Lernbereich „Lebensgestaltung-Ethik-Religion". Frankfurt a. M.: Diesterweg 1996

Lind, Georg / Raschert, Jürgen (Hrsg.): Moralische Urteilsfähigkeit. Eine Auseinandersetzung mit Lawrence Kohlberg über Moral, Erziehung und Demokratie. Weinheim / Basel: Beltz 1987

Oser, Fritz: Moralpsychologische Perspektiven. In: Adam, Gottfried / Schweitzer, Friedrich (Hrsg.): Ethisch erziehen in der Schule. Göttingen: Vandenhoek und Ruprecht 1996, S. 81–109.

Oser, Fritz / Althof, Wolfgang: Moralische Selbstbestimmung. Modelle der Entwicklung und Erziehung im Wertebereich. Stuttgart: Klett-Cora 1992

Ramseger, Jörg: LER – eine Alternative zum konfessionellen Religionsunterricht? Praktische Erprobung von „Lebensgestaltung – Ethik – Religionskunde" in der Grundschule. In: Speck-Hamdam, Angelika u. a. (Hrsg.): Kulturelle Vielfalt. Religiöses Lernen. Jahrbuch Grundschule IV, Frankfurt a.M.: Grundschulverband und Kallmeyer 2003, S. 100–106

Ritz-Fröhlich, Gertrud: Kinderfragen im Unterricht. Bad Heilbrunn: Klinkhardt 1992

Scheilke, Christoph / Schreiner, Peter (Hrsg.): Interreligiöses Lernen. Ein Lesebuch. Münster: Comenius-Institut 1998

Schreiner, Günther (Hrsg.): Moralische Entwicklung und Erziehung. Braunschweig: Pedersen 1983

Schweitzer, Friedrich: Grundformen ethischen Lernens in der Schule. In: Adam, Gottfried / Schweitzer, Friedrich (Hrsg.): Ethisch erziehen in der Schule. Göttingen: 1996, S. 62–80

Weinert, Franz E.: Neue Unterrichtskonzepte zwischen gesellschaftlichen Notwendigkeiten, pädagogischen Visionen und psychologischen Möglichkeiten. In: Bayer. Staatsministerium für Unterricht, Kultus, Wissenschaft und Kunst (Hrsg.): Wissen und Werte für die Welt von morgen. Donauwörth: Bayer. Staatsministerium für Unterricht, Kultus, Wissenschaft und Kunst 1998, S. 101–125

Zinnecker, Jürgen u. a.: Null Zoff und voll busy. Die erste Jugendgeneration im neuen Jahrhundert. Ein Selbstbild. Opladen: Leske + Budrich 2002

MARIA-ANNA BÄUML-ROßNAGL

Mehrdimensionaler Sachunterricht als Bildung des „ganzen Menschen"

Menschliches Lernen vollzieht sich nicht nur mit dem Intellekt und Menschen bilden zu wollen, ohne die Leibbasis der Lernvollzüge zu beachten, führt zu einer Verfehlung des menschlichen Bildungssinnes. Sinnlichkeit und Körperlichkeit, Emotion und Phantasie, seelische Empfindungen und leibsinnliche Erlebnisse gehören ebenso elementar zum Menschsein wie Denkfähigkeit und Urteilsvermögen. In der humanistischen Bildungstradition ist diese mehrdimensionale Konstituiertheit des Menschen richtungweisend für pädagogische und didaktische Konzepte und Maßnahmen. Die folgenden Ausführungen erläutern aus dieser ganzheitlich ausgerichteten anthropologischen Perspektive wichtige Intentionen der aktuellen Sachunterrichtsdidaktik, in der die Denk-, Wahrnehmungs- und Handlungsweisen der Lernsubjekte ernst genommen werden und begründet das Postulat nach einem mehrdimensionalen Lernen im Sachunterricht der Grundschule.

Durch mehrdimensionales Lernen im Sachunterricht den ganzen Menschen bilden

Für das bildungsdidaktische Verständnis des sachunterrichtlichen Lernens in der Grundschule ist es entscheidend, sich um die grundsätzliche Klärung der gegenseitigen Verwiesenheit von Mensch und Sache, Lernsubjekt und Lernobjekt, Lernvollzug und Lernergebnis zu bemühen. Die Sache als Lernobjekt erfordert zwar Sacherklärung, um nachhaltiges Wissen und Verstehen grundzulegen – doch darf diese sachunterrichtliche Aufgabe nicht erfolgen ohne die Berücksichtigung personaler Dimensionen beim Lernenden. Der denkende, logisch abstrahierende Verstand ist als didaktisches Medium für das Sachverstehen wichtig – doch nur im unauflösbaren praktischen Verbund mit Erlebnis, Begegnung, Betroffenheit, Angerührtsein von den Dingen und anderen Lebewesen unserer Mitwelt wird das Sachwissen menschlich bedeutsam. Außersprachliche Bereiche des Verstehens wie affektive Erfahrungen, Intuition und Gefühlserleben werden in der neueren anthropologischen Forschung als *„logisch gleichwertig"* (Seewald 1992, S. 110) bezeichnet, mit den diskursiven Erfahrungen des exakten Vernunftdenkens (Präzision, allgemeine Anwendbarkeit), welche Formen der Vergegenständlichung repräsentieren, die durch eine reflektierende Distanz zum Erlebten bestimmt sind. Auf dieser Verknüpfung leibphänomenologischer und symboltheoretischer Perspektiven ist ein ganzheitlicher Vernunftbegriff und demgemäß ein ganzheitlicher Lernbegriff grundgelegt, der die Dichotomisie-

rung von Gefühl und Ratio überwindet. Besonders im grundlegenden Bildungs-
bereich ist die am ganzen Menschen und seinen mehrdimensionalen Fähigkeiten
orientierte Bildungs- und Erziehungsarbeit ohne fachliche Grenzblockaden entscheidend für die Entwicklung lebenslanger personaler Lerndispositionen. Die
Aufgabe des Sach- und Sinnverstehens endet nicht, wo fach- und sachlogische
Erklärungsmodelle eng markierte Deutungsgrenzen zuweisen – das kann jeder
Pädagoge und jede Pädagogin im Schulalltag unmittelbar von den Kindern
erfahren, sofern sie sich in personaler Offenheit auf das Lernvollzugsgeschehen
einlassen.

Ebenso wie die konkrete Dingerfahrung, ist die Erfahrung der Mitmenschen –
der Anderen – für den Menschen ein schillerndes Phänomen, in dem die Dimensionen der Vertrautheit und die der Fremdheit – die Widerständigkeit der Dinge
bzw. der fremde Blick – im aktuellen Erfahrungsfeld zu Konfigurationen zusam-
mengehen, die ähnlich den Drehbewegungen eines *Kaleidoskops* ständig wechseln (vgl. Merkel 2003). Diese menschlichen Grunderfahrungen des *Zwischen-
seins sind in der leiblichen conditio humana bedingt* und stellen die unabdingbare Vollzugsgestalt menschlicher Lernvollzüge dar. Das Eigene und das Fremde
wird *am eigenen Leibe erfahren*, die leibliche Bedingtheit des Menschen erfordert einen responsiven Lebens- und Lernvollzug. Das leibliche Zur-Welt-Sein
des Menschen steht „in einem unlösbaren Zusammenhang mit Beziehungsfor-
men zu den nächsten Mitmenschen, zu Gegenständen, zum umgebenden Raum
und zur Zeit" (Seewald 1992, S. 451). Diese anthropologischen Gegebenheiten
begründen die sachunterrichtsdidaktischen Forderungen nach Sinnestätigkeit
und multisinnlichem Lernen als notwendige Voraussetzung abstrahierender
Erkenntnisleistungen beim Sachverstehen. Das folgende Schaubild (Abb. 1)
verdeutlicht die mehrdimensionale leibanthropologische Dimension sachunterrichtlicher Verstehensprozesse, in denen subjektgesteuerte Intentionalität (I)
und mit- bzw. dingweltgesteuerte Responsivität (R) über den *Fächer leibsinnli-
cher Vollzüge* miteinander korrespondieren.

Die Vielfalt der Sachbezüge ausloten, um zum Verständnis der ganzen Sache zu führen.

Die *Vielfalt der Sachbezüge* kennen lernen – was kann damit aus der Perspektive
der Grundschulkinder gemeint sein? Und welche inhaltlichen Konsequenzen
hat diese Maxime eines *Sachunterrichts der Vielfalt* für das sachunterrichtsdidaktische Curriculum?

Diese Fragen zu beantworten ist die derzeitige sachunterrichtsdidaktische Aufgabe in Theorie und Praxis. Seit der Glaube an die *zeitlose Gültigkeit* der fach-
wissenschaftlich vorgegebenen Lehrplaninhalte, angesichts pluralistischer
Gesellschaftsstrukturen und konstruktivistischer Theoreme, nicht mehr aufrecht
zu erhalten ist, können Curriculuminhalte für das Fach *Sachunterricht in der
Grundschule* nur *als Auswahlangebot* verstanden werden. Doch darf der Sach-

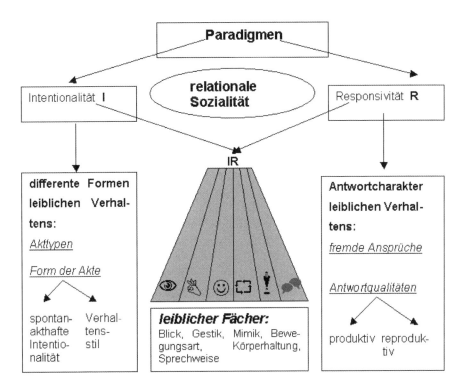

Abb. 1 Leibanthropologische Dimensionen als Basis mehrdimensionaler sachunterrichtlicher Verstehensprozesse (Abbildung entnommen aus Merkel 2003, S. 226).

unterricht nicht zu einer *Spielwiese für Sachexplorationen ohne verbindliche Zielerreichung* werden. Wenn wir durch Sachunterricht Menschen bilden wollen, dann ist das vorrangige Kriterium für einen Sachunterricht der Vielfalt darin festzumachen, dass im sachunterrichtlichen Lernprozess die unterschiedlichen Erfahrungen, Erkenntnisse und Zugangsweisen der einzelnen Kinder zum Zuge kommen dürfen. Beispiele wie das folgende zum *Sachunterrichtsthema Baum* verdeutlichen diese Maxime:

– Ein Viertklässler erzählt von seiner *Baum-Erfahrung* begeistert, dass er in die Klasse „etwas von seinem Baum mitgebracht habe, das man nicht sehen kann wie die Blätter und Äste …, das aber viel schöner sei …, das man nur fühlen kann, weil es innen ist."

Die *Sache Baum* ist für Kinder zweifellos mehr als die Summe von Wurzel, Stamm und Blättern. Das *Lebewesen Baum ist* nicht nur durch fachbiologische, biochemische oder physikalische Begriffe und Erklärungskonzepte bestimmt. Die *kulturellen Deutungen des Baumes* als Lebensbaum und Lichterbaum, als Weihnachtsbaum und Erlösungsbaum spiegeln unterschiedliche Dimensionen der menschlichen Baumerfahrung, die unsere Schulbildungsarbeit zumindest ebenso ernst nehmen sollte wie fachbiologische Wissenszusammenhänge zum *Sachphänomen Baum*. Die Vielgestaltigkeit der Sacherfahrung stellt eine wichtige anthropologische Begründung dar, für die sachunterrichtsdidaktische Forderung nach dem Miteinander-die-Sachen-Erkunden. Beim sachunterrichtlichen Lernen im Klassenverband korrespondiert die subjektive Erfahrungs- und Erkenntnisleistung von Kindern mit den leibsinnlich vollzogenen Sacherkundungen anderer Kinder – und die *anderen Kinder* sind aus der Perspektive der neueren Kindheitsforschung durch eine *Vielfalt an Gestalt, Lebensäußerungen und soziologischen Lebensprägungen* bestimmt (vgl. Bäuml-Roßnagl 2000; Kaiser 2000; Hempel 1999). Kaiser (2000, S. 102) plädiert in diesem Kontext für eine „*vieldimensionale Sachunterrichtsdidaktik*", welche auch „das Verstehen der Kinder verschiedener Kulturen, Herkunft, der sozialen Lage und der Aspirationen bei gleichzeitigem Zusammenführen" anstrebt. In Lehrplänen wie auch in Ansätzen zu Konzeptionen sachunterrichtlichen Handelns wird auf die Eigenverantwortlichkeit der jeweiligen Sachunterrichtslehrkräfte verwiesen, welche im Sinne eines „Netzwerkes" die Vielfalt sachlichen Wissens und Könnens gleichsam *bündeln* sollen, damit die Schülerinnen und Schüler ein möglichst vielgestaltiges Wissenspuzzle erwerben können.

Denk-, Wahrnehmungs- und Handlungsweisen der Lernsubjekte bedingen mehrdimensionale Lernwege im Sachunterricht

Das individuelle Sachverständnis resultiert aus dem Wahrnehmen von Sachen und Sachverhalten, dem handelnden Umgang mit den Gegenständen und dem Erklärung suchenden Reflektieren darüber. Diese unterschiedlichen Lernvollzüge sind nicht als lineare Abfolge zu verstehen, sondern werden beim Sachumgang in dynamischer Verflochtenheit eingesetzt. Eine Fehlform unseres abendländischen Denkens und Lebens ist der bloß „registrierende Blick". „Der bloß registrierende Blick zerstört die Natur", sagt C. Fr. von Weizsäcker (1947). Wenn der Wissenschaftler ein „Stück Natur" seinem Experiment unterzieht, *zerstört* er es. So wird auch beim schulischen *experimentellen Forschen die Natur bzw. der „ganze" natürliche Zusammenhang* oft zerstört.

– Das verdeutlicht das alljährlich tausendfach geübte Sachunterrichtsbeispiel „Eine Kirschblüte genau untersuchen": Die Blüte wird aus dem Blütenstand herausgelöst – zur genauen Beobachtung isoliert und damit als ganzheitliche Naturgegebenheit zerstört, damit Schülerinnen und Schüler so genannte „biologische" Daten fachgemäß- registrierend erfassen sollen. So wird an „Erkenntnis" von den wirklichen Dingen gewonnen, was nur eine Teil(e)-Erkenntnis ist, nämlich wie Blüten, Blumen oder Tiere reagieren, wenn sie schon (fast) tot sind. Das Lebendige selbst bleibt so oft außerhalb dieser Erkenntniswege.

Dagegen betrachtet die neuere phänomenologisch orientierte Sachunterrichts-methodik den Zusammenhang von Sache – Sinnen – Sinn in gegenseitiger Verbindung, da das menschliche Leben, Denken und Urteilen an die leiblich-sinnenhaften Sachwahrnehmungen gebunden ist. Eine multisensorische Sachunter-richtsmethodik ist gefordert, die sinnenhaft erkundend zum Ziel eines mehrdimensionalen Verständnisses von Sachlichkeit gelangt und die kindliche Fragen nach Sacherklärung im Kontext einer sinnvollen Deutung von Sachen und Sachverhalten beantwortet.

Die Verknüpfung von kindlichem Sacherlebnis und vielperspektivischer Sacherklärung macht die kundige Hilfestellung durch die Lehrpersonen erforderlich; Erwachsenenperspektive und Kinderperspektive – auch als Integration schulischer und außerschulischer Sacherfahrungen – sind sachunterrichtsdidaktisch zu vermitteln (vgl. Bäuml-Roßnagl 1990). Eine Konzeption des Sachunterrichts, welche die Klärung der lebens(welt)bezogenen „Dinge" im Interesse der Menschen zum Anliegen hat, kann eo ipso das „nur" kognitive bzw. informative „Reden über Sachen" methodisch nicht vertreten – ebenso muss sie die einseitig informationstechnisch gestützte Wissenskumulation im Sinne des Input-Output-Modells als korrektur- und ergänzungsbedürftig beurteilen. Die traditionell gewohnten Lernwege als Übermittlung fachlich gesicherten Wissens (Sachkenntnisse, Fachinhalte und alltagspragmatische Handlungsmuster) werden als „Produktziel" des Sachunterrichts in unserer Informationsgesellschaft zwar als wichtig gewertet, treten aber in der Sachunterrichtspraxis zugunsten von schüleraktiven Sacherkenntniswegen zurück.

Für den Sachunterricht in der Grundschule ist der ganzheitliche Begegnungscharakter der methodischen Sacherkundung außerdem durch die entwicklungspsychologischen Gegebenheiten bei den Kindern begründet. Soziokulturelle Faktoren wie die leiblich-sinnliche Deprivation in Lebenswelt und Schule, erfordern gegenwärtig die gezielte Schulung von elementar-sinnlichen Zugangswegen zu den Sacherkenntnissen, wenn der Sachunterricht im Sinne einer ganzheitlichen Bildung lebensbedeutsam sein soll. Die anthropologischen Bezugswissenschaften Psychologie, Neuropsychologie und Pädagogische Psychologie müssen für die Methodenkonzeption hier vielfach zu Rate gezogen werden, aber natürlich auch die Disziplinen der philosophischen Anthropologie und der pädagogischen Soziologie. Nur unter Bezugnahme auf diese bezugswissenschaftlichen Erkenntnisse können Lernbedingungen und Lernwege so gestaltet werden, dass die Schülerinnen und Schüler eigenaktiv, erlebnisbasiert und erfahrungsbezogen die Sachverhalte erkunden, welche thematisch in den Lehrplänen gefordert sind. Eine ganzheitliche und nachhaltige Bildungswirkung wird erreicht, wenn die enge Verknüpfung von kindlichem Sacherlebnis und fachlich-perspektivierender Sacherklärung durch die Lehrperson pädagogisch und didaktisch verantwortlich mitgestaltet wird.

Literatur

Bäuml-Roßnagl, Maria-Anna: Leben mit Sinnen und Sinn in der heutigen Lebenswelt. Wege in eine zeitgerechte pädagogische Soziologie. Regensburg: roderer 1990 (vergr.). Online verfügbar unter: http:www.paed.uni-muenchen.de/baeuml-rossnagl (2000)

Bäuml-Rossnagl, Maria-Anna: Sinnennahe Bildungswege als aktuelle Bildungsaufgabe. In: Biewer Gottfried / Reinhartz Petra (Hrsg.): Pädagogik des Ästhetischen. Bad Heilbrunn: 1997, S. 188–204

Bäuml-Roßnagl, Maria-Anna: Kindheitsforschung und pädagogische Lebenshermeneutik mit christlichem Blick. Professorenforum 2000. Online verfügbar unter: http:www.paed.uni-muenchen.de/baeuml-rossnagl

Hempel, Marlies (Hrsg.): Lernwege der Kinder. Subjektorientiertes Lernen und Lehren in der Grundschule. Baltmannsweiler: Schneider 1999

Kaiser, Astrid: Sachunterricht der Vielfalt – implizite Strukturen der Integration. In: Löffler Gerhard u. a. (Hrsg.) : Sachunterricht – Zwischen Fachbezug und Integration. Bad Heilbrunn: Klinkhardt 2000, S. 91–107

Merkel, Petra: Lernen als relationales Phänomen: leibanthropologische Theoreme und Entwicklung von relationalen Beobachtungsdimensionen für die Schuleingangsdiagnostik. Regensburg: roderer 2003

Seewald, Jürgen: Leib und Symbol: Ein sinnverstehender Zugang zur kindlichen Entwicklung. München: Fink 1992

Weizsäcker, Carl Friedrich von: Das Experiment. In: Studium generale I. Berlin 1947

JOCHEN HERING

Erzählen im Sachunterricht –
Biografisches Lernen in der Grundschule und darüber hinaus

Ein einleitender Überblick

Biografisches Lernen, d. h. der lernende Umgang mit der eigenen Lebensgeschichte, ist kein Gegenstand, den die Schule direkt – womöglich in Form operationalisierter Lernziele angehen könnte. Der Umgang mit der eigenen Lebensgeschichte im Sachunterricht hat zum Ziel, die eigenen Erlebnisse und Erfahrungen bewusst wahrzunehmen, sie sich im Erzählen, Malen, Schreiben, Gestalten zu vergegenwärtigen, im Spiegel der „Äußerungen" anderer sich selbst als etwas „Eigenes" wahrzunehmen, Abstand zu sich selbst einnehmen zu können und Identität zu gewinnen in dem Sinne, dass jemand seine Geschichte erzählen kann. Dies ist nur denkbar in Form „beiläufigen Lernens", einem Arbeitsrahmen in der Klasse, der den Kindern die Möglichkeit zum Ausdruck gibt. Im Ausdruck, z. B. in freien Texten, Bildern, Gestaltetem, wird Biografisches sichtbar, was den Austausch untereinander im Gespräch fördert. Im Austausch wird Trennendes und Gemeinsames sichtbar, dies wird ein kritischer Spiegel für biografisches Lernen. Dabei soll immer die Freiheit der Teilnahme gewährleistet sein. Biografisches Lernen hat diese Freiheit zur Voraussetzung. Der sowohl einfühlsame wie kritische Umgang mit der eigenen und der Lebensgeschichte anderer kann nicht erzwungen werden.

Ich stelle in diesem Aufsatz drei Beispiele biografischen Lernens vor. Einmal geht es um freie Geschichten, die bei der Arbeit zum Thema „Liebhaben" in einer vierten Klasse entstanden sind. Zum zweiten geht es um ein philosophisches Gespräch mit Kindern eines dritten Schuljahres zum Thema „arm und reich", in dem sichtbar wird, wie die Kinder Erlebtes (d. h. Biografisches) im Gespräch ordnen, auf den Begriff zu bringen suchen bzw. wie anders herum Begriffe allmählich mit Erfahrungen gefüllt und entsprechend ausdifferenziert werden, was wiederum die Voraussetzung zu einem differenzierten Umgang mit der Wirklichkeit, d. h. auch wieder mit den eigenen Geschichten, ist.

Zum dritten geht es um ein hochschuldidaktisches Beispiel; um die Wahrnehmung der Differenz zwischen der Perspektive von Kindern und Erwachsenen im Umgang mit Sachunterrichtsthemen. Erinnerungen an die eigene Kindheit lassen solche Differenzen sichtbar werden, sind ein wesentlicher (und meist übersehener) Bestandteil von Unterrichtsvorbereitungen.

„Mein einziges pädagogisches Talent" – schreibt der französische Reformpädagoge Célestin Freinet – „besteht vielleicht darin, dass ich mir einen so vollständigen Eindruck meiner Kinderjahre bewahrt habe, dass ich wie ein Kind empfinde und die Kinder, die ich erziehe, verstehe. Die Probleme, die sich stellen und für die Erwachsenen ein schwer lösbares Rätsel bleiben, packe ich mit den deutlichen Erinnerungen eines Achtjährigen von neuem an, und ich entdecke als erwachsenes Kind quer durch die Systeme und Methoden, unter denen ich so sehr gelitten habe, die Irrtümer einer Wissenschaft, die ihre Ursprünge vergessen und verleugnet hat. Denn die wahren Kindheitsprobleme sind und bleiben dieselben: das Gras, das sich bewegt; das Insekt, das zirpt; die Schlange, deren Zischen einem das Blut gefrieren lässt; der Donner, der Schrecken verbreitet; die Glocke, die die tödlichen Schulstunden schlägt …" (vgl. E. Freinet 1981, S. 25).

Der nachdenkliche Umgang, mit den vom lebensgeschichtlichen Hintergrund geprägten Blickwinkeln, sollte schon an der Hochschule geübt werden, ausgehend von dem Gedanken, dass zukünftige Lehrerinnen und Lehrer das später an der Schule auch tatsächlich praktizieren, was sie in der Ausbildung „am eigenen Leibe" erfahren haben.

Was ist Sache des Sachunterrichts?

Sachunterricht ist neben Sprache und Mathematik ein Kernfach der Grundschule und der Sonderschulen. Das Fach befasst sich mit Fragen der Lebenswelt der Kinder, also mit sozialwissenschaftlichen (Woher kommt eigentlich der Verkehr?), philosophischen (Warum bin ich auf der Welt?) und naturwissenschaftlichen Fragen (Woher kommt der Wind?). Dabei hängen diese Aspekte mehr zusammen als wir häufig annehmen. Ich möchte das, was ich damit meine, an einem Beispiel verdeutlichen, dem Thema „Schatten".

Ein Sommertag. Frühstückspause. Licht fällt durch die Fenster des Klassenzimmers. Ein Kind beobachtet seinen Schatten. „Geh doch einmal doppelt so weit von der Wand weg", sagt die Lehrerin. Neugierig beobachtet das Kind die Veränderungen, spielt mit Entfernung und Schattengröße. Andere Kinder werden aufmerksam. Allmählich erfasst das „Experimentieren" die ganze Klasse. Was könnte hier - beim Umgang mit „Schatten" die „Sache" des Sachunterrichts sein? Vielleicht folgendes:

„Unsere" Lehrerin richtet am nächsten Tag in der Klasse eine Experimentierecke ein, in der die Kinder spielerisch mit Lichtquellen, Gegenständen und ihren Schatten umgehen können. Während einige Kinder hauptsächlich ihre Freude daran haben, Figuren an die Wand zu zaubern, versuchen andere, bestimmte Erfahrungen *(„So wird der Schatten riesig groß!")* zu wiederholen. *(„Je näher ein Gegenstand an die Lichtquelle rückt, desto größer ist der Schatten, der geworfen wird").* Spielerisch stoßen die Kinder also auf „Gesetzmäßigkeiten", die wiederholbar (und damit verallgemeinerbar) sind. Sie entdecken im Rahmen spielerischer Erfahrung die Grundstruktur des Experiments. Dazu gehört: Erfahrungen planmäßig herbeiführen, zu allgemeinen Gesetzmäßigkeiten kommen, die intersubjektiv überprüfbar sind.

„Sache" des Sachunterrichts ist – bei diesem Umgang mit dem Thema Schatten – eine „Einführung" in die Welt der Naturwissenschaften und des naturwissenschaftlichen Denkens. Es geht um das Denken in „Wenn-Dann-Beziehungen" und um kausale Erklärungen. Davon abgeleitet ist technisches Wissen (Herrschaft über die Natur!). Solches Wissen ermöglicht Kindern zum Beispiel, bei der anschließenden Arbeit an einem Theaterstück mit den Mitteln des Schattentheaters praktische Probleme (Wie können Figuren kleiner werden und langsam aus dem Bild verschwinden?) zielgerichtet anzugehen.

Aber ist das die ganze Sache „Schatten"? Ist das die „ganze" „Wirklichkeit", die mit diesem Phänomen verbunden ist?

Die Antwort ist: Nein! Bislang war ja „nur" von der naturwissenschaftlichen Seite des Themas die Rede, von der Reduktion des Phänomens auf seine Erklärbarkeit. Es ging um „Herrschaft über die Natur", um das eigentliche Ziel aller Naturwissenschaft also. Dabei kommen andere „Seiten" des jeweiligen Sachverhalts gar nicht zur Sprache.

Wo ist beispielsweise die Freude der Kinder am Spiel mit dem Schatten geblieben? Wo also die subjektiv-emotionale Seite des Sachverhalts? Manchmal wollen / brauchen Kinder Licht beim Einschlafen, fürchten sich vor der Dunkelheit und der merkwürdigen Lebendigkeit der Schatten, wenn Bäume vor dem Fenster oder vorbei fahrende Autos Muster an die Zimmerdecke werfen. Alles sieht so fremd, so anders aus als am Tag.

Wenn ich auch diese Aspekte des Sachverhalts „Schatten" mit zur „Sache" nehme, löst er sich als eindeutig zu Definierender (wie in der Welt der Naturwissenschaft) auf. Er zeigt sich als abhängig von den Kindern und den Geschichten, die sie mitbringen. Die Kinder leben in ihrer Alltagswelt, in der sie Menschen, Dingen und Sachverhalten begegnen. Ein Gespräch über „Schatten und Angst" könnte für einige Kinder der Klasse bedeutsamer sein als Experimente mit Lichtquellen und Schattengrößen.

Sache des Sachunterrichts, das sind – aus diesem Blickwinkel – die Fragen und Geschichten, die die Kinder zu einem Thema als „ihre Wirklichkeit" mit in den Unterricht bringen.

Wir können also feststellen:

Ein Sachunterricht, der die Lebenswelt der Kinder mit einbezieht, hat es – selbst bei einem im ersten Moment naturwissenschaftlich anmutendem Thema wie „Schatten" – mit den Geschichten der Kinder, mit ihrer Biografie zu tun. Das deutet den Fortgang meiner Überlegungen an, zu fragen, was eine Biografie ist.

Was ist eine Biografie? Wir sind in Geschichten verstrickt!

Stellen Sie sich zur Einstimmung etwa Folgendes vor:

Sie sind – im Urlaub – in einem Hotel abgestiegen. Am nächsten Morgen kommen Sie mit jemandem ins Gespräch. Irgendwann taucht die Frage nach Ihrem Beruf auf. Sie seien Grundschullehrer / Grundschullehrerin, ist Ihre Antwort, hätten gerade ihre vierte Klasse abgegeben, nun eine neue erste, wären seit etwa zwanzig Jahren im Beruf und immer noch ganz glücklich über Ihre damalige Berufswahl. Ihr Gesprächspartner sagt daraufhin vielleicht: „Nach zwanzig Jahren immer noch mit dem Beruf zufrieden? Ich kenne Lehrer, die klagen immer nur. Das müssen Sie mir erklären."

Wie wollen und sollen Sie das erklären? Sie könnten sagen: „Weil die Kinder so toll sind!" Oder: „Weil ich so selbst bestimmt und kreativ arbeiten kann."

Aber nun könnte Ihr Gesprächspartner wiederum fragen: „Was meinen sie mit selbst bestimmt und kreativ? Und was ist so toll an den Kindern?"

Wie können Sie das von ihnen Gemeinte verstehbar machen?

Dies geht nur – und damit komme ich zu einem meiner Hauptgedanken –, wenn Sie eine Geschichte erzählen, Ihre Schul-Geschichte bzw. eine Geschichte aus der Vielzahl der Schulgeschichten (um die es in diesem Fall ja geht), die zu Ihnen gehören, die Sie ausmachen. Und im Erzählen dieser Geschichte ergibt sich für den anderen die Möglichkeit zu verstehen, was Sie mit „glücklich über ihre Berufswahl" meinen.

Erlebte Geschichten stecken in unserem Kopf[1] und solange wir sie erinnern können, sind sie lebendig und beeinflussen uns. In ihrer Gesamtheit machen diese vielen kleinen und großen Erinnerungen unsere Lebensgeschichte aus. Dabei besitzen wir diese Lebensgeschichte anders als einen Anzug oder ein Haus. Wir können sie nicht wechseln, sind von unseren Geschichten umgeben, stecken zwangsläufig in ihnen drin. Wir sind in Geschichten verstrickt.

Werden wir als Jungen oder Mädchen geboren? Auf dem Dorf oder in der Stadt? Als Kind eines Bäckers, eines Lokomotivführers, einer Lehrerin oder Rechtsanwältin? Haben unsere Eltern Arbeit oder gehören sie zu dem inzwischen millionenfachen Heer der Arbeitslosen? Leben unsere Eltern zusammen oder getrennt? Haben wir Geschwister oder nicht? Werden wir als Deutsche hier geboren oder sind wir als Kind einer italienischen Familie nach Deutschland gekommen?

Hinter all diesen Fragen tauchen als Antworten Geschichten auf, die uns ausmachen. Für den Philosophen Wilhelm Schapp erschöpft sich das Menschsein im Verstricktsein in Geschichten:

---

[1] Und erlebte Geschichten stecken in unserem Körper; ein wichtiger Hinweis, den ich aber in diesem Zusammenhang nicht weiter verfolge (vgl. Gudjons 1996).

„So können wir gleichsam über die Schulter auf unsere eigenen Geschichten zurück-
blicken und sind auch so ständig in unsere eigenen Geschichten, die längst vergangen
sind, noch verstrickt … ohne daß es uns auch nur möglich ist, aus dieser geschichtli-
chen Welt den Kopf zu erheben, um sie von außen anzusehen. Wir sehen sie immer
nur so, wie der Kopf seinen Körper sieht, den Körper, zu dem er selbst gehört … Der
Aufforderung, uns selbst zu erkennen, können wir nur genüge tun, indem wir unsere
Geschichten prüfen … daraufhin prüfen, ob wir uns in unserem Leben, in unseren
Geschichten als fromm, liebevoll, gütig, weise, als klug, tapfer, beständig, als aus-
dauernd bewährt haben … Wir können auch mit etwas anderer Blickrichtung prüfen, weswegen wir so wenig Freunde haben und so viele Feinde, weswegen wir es im
Leben zu etwas oder weswegen wir es zu nichts gebracht haben, weswegen wir uns
nur in der Einsamkeit wohlfühlen oder nur in der Gesellschaft … Es mag viele
Geschichten geben, die gleichzeitig auf viele Fragen Antwort geben, und es mag
Geschichten geben, die fast alle Fragen mit einem Male beantworten. Das Stellen
oder Auftauchen von solchen Fragen, die Beschäftigung mit solchen Fragen, gehört
wieder zu unserer Geschichte" (Schapp 1976, S. 127).

„Wenn man etwa seine Bekannten daraufhin mustert", fährt Wilhelm Schapp fort,
„wird man sehen, wie man sie eigentlich alle nur über Geschichten kennt, und wie
vielleicht viele kleine Geschichten sich zu einem Lebensbild zusammenfügen. Das
Wesentliche, was wir von den Menschen kennen, scheinen ihre Geschichten und die
Geschichten um sie zu sein. Durch seine Geschichte kommen wir mit einem Selbst in
Berührung. Der Mensch ist nicht der Mensch von Fleisch und Blut. An seine Stelle
drängt sich uns seine Geschichte auf als sein eigentliches" (Schapp 1976, S. 105).

Fazit

Unsere Biografie ist nichts anderes als die Vielzahl der Geschichten, in die wir
verstrickt sind. Der Blick auf diese Verstrickungen eröffnet uns einen verstehenden Zugang zu den anderen – und zu uns selbst. Verstehen ist gebunden an die
Kenntnis von Geschichten. Wenn wir jemand anderem etwas von uns mitteilen
wollen, was über bloße Informationen hinausgeht (Ich bin 47 Jahre alt und 1,80
Meter groß), sind wir an das Erzählen von Geschichten gebunden.

Und das ist die Überleitung zum nächsten Gedanken: Wenn wir uns selbst verstehen wollen, ist dies davon abhängig, in wieweit wir unsere eigene Geschichte
erzählen können.

Lernziel: Die eigene Geschichte erzählen können

Martin Furian beginnt sein „Buch vom Liebhaben", ein Kinderbuch, mit einer
Geschichte zur Entstehung eben dieses Buches: „Wie es kam, daß ich ein Buch
vom Liebhaben schreibe":

> „Einmal, es ist Jahre her, saß ich an meinem Schreibtisch und war so richtig wütend
> und traurig und ärgerlich. Es war den ganzen Tag lang alles schiefgegangen. Morgens

hatte ich verschlafen, und so mußte ich mich furchtbar beeilen, um noch rechtzeitig zur Arbeit zu kommen. Ich konnte nicht mehr frühstücken, sondern mußte mit hungrigem Magen losrennen. Unterwegs dachte ich darüber nach, ob ich auch alle meine Unterlagen bei mir hatte. Da fiel mir ein, daß ich ein wichtiges Buch vergessen hatte. Vor lauter Nachdenken hatte ich aber nicht auf die Geschwindigkeit meines Autos geachtet. Ein Polizist hielt mich an, und ich mußte Strafe zahlen. Du kannst dir vorstellen, daß meine Laune nun völlig auf dem Tiefpunkt angekommen war" (Furian 1993, S. 1).

Der Tag setzt sich so fort. Ein handfester Krach mit einem Freund kommt dazu. Und als er abends einen Brief schreiben möchte, fällt ihm nichts ein, weil sein Kopf noch so voll mit all dem Ärger ist.

Während er noch am Schreibtisch sitzt und vor sich hin starrt, kommt seine Frau herein, streichelt ihm über den Kopf und sagt:

> „'Du hast heute wirklich viel Ärger gehabt.' Sonst sagte sie nichts, sondern streichelte nur weiter. (…) Du wirst es kaum glauben, aber auf einmal konnte ich schreiben! In kurzer Zeit war ein langer Brief fertig.
>
> Als ich fertig war, dachte ich noch eine Weile nach. Ich dachte an das Liebhaben und daran, wie schön es ist, wenn jemand da ist, der einen lieb hat – immer, nicht nur, wenn man traurig ist. Und da nahm ich mir vor, ein Buch über das Liebhaben zu schreiben, und darüber, was man tun kann, damit das Liebhaben nicht aufhört" (Furian 1993, S. 3).

Martin Furian erzählt, wie sich etwas in seinem Leben entschieden hat, welche Geschichte (als Anstoß) dazu führte, teilt uns Gründe seines Verhaltens mit (er will ein Buch schreiben), deren er sich im Erzählen selbst vergewissert hat. Er kann einen Teil seiner Geschichte erzählen.

Und beim Hören oder Lesen seiner Geschichte taucht – möglicherweise – am Horizont unsere eigene Geschichte auf. Leben wir auch mit jemandem zusammen, der uns so lieb hat? Sind wir auch so aufmerksam denjenigen gegenüber, mit denen wir zusammen leben und streicheln ihnen, falls nötig, den Ärger weg? Geschichten sind „Begegnungen", in denen wir unserer eigenen Geschichte auf die Spur kommen. Sie helfen uns, unsere eigene Geschichte zu erzählen. Und im Erzählen oder Aufschreiben machen wir uns Erlebtes zu Eigen. Das ist der Grundgedanke biografischen Lernens: Sich im eigenen Erzählen / Schreiben der eigenen Lebensgeschichte, der Verstrickung in Geschichten bewusst zu werden.

„Geschichte von einem Jungen" ist der Titel, den Jelena, zum damaligen Zeitpunkt in der vierten Klasse, ihrer Wochengeschichte gegeben hat. Im Sachunterricht ist „Liebhaben und Sexualität" Thema:

Die Geschichte von einem Jungen

Ich weiß nicht, was mit mir passiert.

Na ja, aber Tanja lässt mich nicht in Ruhe.

Sie läuft mir nach, sie geht mir nach und manchmal macht sie auch Unsinn. Sie legt ihren Arm auf meine Schulter. Und jetzt denke ich darüber nach, wie ich es ändern kann.
Am nächsten Tag habe ich es ihr gesagt und jetzt fühle ich mich so einsam. Das erlebe ich ja zum ersten Mal, dass es ohne Mädchen in mancher Zeit so schwer ist zu leben.

(Eine erfundene Geschichte, nacherzählt von Jelena)

Schon der Kommentar ist ja widersprüchlich! Erfunden und nacherzählt? Tatsächlich rückt Jelena die Geschichte damit weit von sich weg. Das ist keine „wahre" Geschichte, will sie dem Leser oder der Leserin sagen! Aber wieso dann nacherzählt? Hat sie davon gehört? Auffallend auch, dass die Geschichte von einem Jungen handelt.

In Wirklichkeit (d. h. im Leben der Klasse. so wie ich es wahrnehme) ist Jelena Tanja. Jelena interessiert sich für Jungen, für das andere Geschlecht, ist sich damit ein Stück selbst fremd geworden („Das erlebe ich ja zum ersten Mal!") und bearbeitet das in ihrer Geschichte.

Biografisches Lernen, seine eigene Geschichte erzählen können, das beginnt mit einzelnen Geschichten, die uns bewegen, Fragen aufwerfen, zu denen wir Abstand haben wollen u. ä. Und das endet u. U. mit einem Blick auf unsere Lebensgeschichte als Gesamtzusammenhang. Vielleicht erkennen wir bestimmte Muster in unseren Geschichten, nehmen einzelne Lebensabschnitte wahr, heben Ereignisse hervor, vor allem diejenigen, von denen wir glauben, dass sie uns beeinflusst / geprägt haben, verstehen gegenwärtige Handlungen besser vor dem Hintergrund vergangener Geschichten. Wir denken darüber nach, warum wir so und nicht anders geworden sind. Die Auseinandersetzung mit der eigenen Biografie ermöglicht das Verstehen gegenwärtiger Handlungen vor dem Hintergrund unserer Lebensgeschichte, das Erinnern und Neu-Interpretieren vergangener Erfahrungen, das Erkennen eines möglichen Gesamtzusammenhangs.

Heide Bambach schildert in ihrem Buch „Erfundene Geschichten erzählen es richtig. Lesen und Leben in der Schule" die Gespräche von Kindern im Anschluss an Geschichten:

„'Das stimmt nicht, was du geschrieben hast, man kriegt nicht sofort das gekauft, was man haben möchte', bekam ein Mädchen zu hören. Der Text den sie vorgelesen hatte, handelte von einem Kind, das mit seiner Mutter im Kaufhaus ist, ein Stofftier sieht und gekauft bekommt. Und – nach einer Nachdenkpause: 'Ich glaube, du bist selbst das Mädchen im Kaufhaus, der erste Teil der Geschichte ist so, wie es wirklich war, und dann hast du so weitergeschrieben, wie du es dir wünscht, daß es war …'" (Bambach 1989, S. 16).

Biografisches Lernen / Praxisbeispiele

Kindergeschichten und biografisches Lernen im Sachunterricht
Das Thema „Liebhaben" in einer vierten Klasse
Der Arbeitsrahmen

Anlass für dieses Thema war das zunehmende Interesse der Kinder einer vierten
Bremer Grundschulklasse am Thema Sexualität. Fragen im Stuhlkreis wie z. B.:
„Der Marc hat gesagt, man kann schon in der 1. Klasse schwanger werden.
Stimmt das?" u. ä. tauchten im Stuhlkreis auf.

Das Projekt[2] sollte etwa 3 bis 4 Wochen dauern. Ein Bestandteil des Projekts war
– neben der Gestaltung eines Ausstellungstisches[3], der Arbeit mit einem Aufklä-
rungsbuch, mit Ton[4], mit Liedern und Bewegungsspielen zum Thema – das
Schreiben freier Geschichten, die wiederum die Grundlage bildeten für die
Gestaltung einer Klassenzeitung.

Vom Erzählen der eigenen Geschichte im freien Schreiben

Geschichten spiegeln innere Themen und Auseinandersetzungen. Die Kinder
ordnen Erfahrenes, wollen Verstehen. Sie setzen sich mit eigenen Fragen auseinander auf der Suche nach Antworten, sie bearbeiten innere Konflikte, leben –
bislang vielleicht nicht zugelassene – Phantasien aus. Es geht ums Größer- und
Älterwerden, um Freundschaft zum anderen Geschlecht, die eigene
Geschlechtsrolle – all das, was wir u. a. mit dem Begriff Pubertät verbinden und
was die Beschäftigung mit dem Thema „Liebhaben und Sexualität" in Bewegung
gesetzt hat.

Ich habe die folgenden Geschichten[5] verschiedenen Kategorien von biografischen Motiven zugeordnet. Solche Zuordnungen sind nicht immer eindeutig vorzunehmen, zum einen, weil Geschichten häufig ein Bündel verschiedener
Schreibmotive spiegeln, zum anderen, weil die Außenbetrachtung immer ein
Stück spekulativ bleibt. Die folgenden Kategorien haben daher vor allem auch
den Sinn, den Leser für die Wahrnehmung der unterschiedlichen „inneren The-

---

[2] Der Begriff „Projekt" wird hier u. a. deswegen verwendet, weil die Schülerinnen und Schüler ihre
     eigenen Ideen und Wünsche zum Thema mit einbrachten und ein konkretes Ziel, die Erstellung
     einer thematischen Klassenzeitung, am Ende der Arbeit stand.

[3] Zu Beginn des Projektes wird eine Ausstellung mit „Gegenständen" zum Thema „Liebhaben" in
     der Klasse eingerichtet. Hier findet sich der geliebte Teddybär neben einem Tampon, einem Präser-
     vativ und Antibabypillen. Jeder neu hinzukommende Gegenstand wird ausgiebig besprochen,
     offene Fragen können im Stuhlkreis eingebracht werden.

[4] Bei der Arbeit mit Ton haben die Kinder (vor allem die Jungen) die Möglichkeit, Sexualität zu
     gestalten und auch sexuelle Phantasien zuzulassen. Die Werkstücke vieler Jungen zeigen z. B.
     einen Penis, der für die Jungen aber – wie sie öffentlich bekunden – einen Skorpion darstellt.

[5] Die Kürze der Geschichten spiegelt zum einen die Schreibschwierigkeiten vieler Kinder dieser
     Klasse, einer Schule in einem sozialen Brennpunkt Bremens, zeigt zum anderen auch die Aus-
     drucksschwierigkeiten im Umgang mit „inneren Themen".

men", die in Geschichten stecken können, zu sensibilisieren. Die Anmerkungen zu den Geschichten sind vorsichtige Verstehensversuche, also ein Stück Alltag von Lehrenden im Umgang mit biografischen Themen.

Wahrnehmen und beobachten – Erfahrungen ordnen und verstehen

In ihren Geschichten gehen die Kinder häufig konkreten Fragen aus ihrem Alltag nach (Warum spielt jemand den ganzen Tag am Computer? Warum kann ich meine Oma nicht besuchen?) und versuchen, Antworten zu finden (Was kann ich sonst für meine Oma tun?).

Im Erzählen versuchen Kinder wie Erwachsene, Erlebtes in einen sinnvollen und verstehbaren Zusammenhang zu bringen. Manchmal bleibt es dabei beim Erlebten, bei der emotionalen Wiedergabe des Geschehens. Manchmal geht der Erzählende auch auf Distanz zu sich selbst und anderen, beobachtet, ordnet Erlebtes im Schreiben, stellt Überlegungen zu möglichen Gründen für Verhalten an, kurz: Macht – soweit sie/er es vermag – aus dem Erlebten im Nachdenken eine Erfahrung.

Der kleine Junge

Es war einmal ein kleiner Junge, der hatte nie einen Freund und deshalb hat der kleine Junge nur Super-Nintendo gespielt. Da hat der Nachbar Junge geklingelt und hat gefragt: Spielst du mit mir draußen? Ja. Und dann spielten sie jeden Tag draußen, außer wenn es geregnet hat.

(Junge)

Rock'n roll Kids, Teil 1

Es war ein Mädchen, sie hieß Jako. Und ein Junge namens Joe. Joe hat 4 Jungs gesehen. Er hat zu denen gesagt, ich suche eine Band. Wollt ihr in meiner Band mitmachen?

Sie sagen ja und er sagt, wie sollen wir unsere Band nennen? Be have, sagt Sammy, und sie sangen ihr neues Lied.

Und Joe hat sich in Jako verliebt. Und Jako wusste gar nichts davon. Bis er gesagt hat zu ihr, ich liebe dich. Dann gab er ihr den ersten Kuss. Sammy sah das. Er war neidisch, weil er sich auch in Jako verliebt hat, darum fing er eine Prügelei mit Joe an. Ende.

Eine Geschichte von ... (2 Jungen)

Auseinandersetzung mit Rollen und Normen

Die erste der folgenden Geschichten spiegelt die Auseinandersetzung eines tür-
kischen Jungen mit dem anderen Geschlecht. Irgendwie sind Mädchen anders.
Oder nicht? Damit zusammen hängend setzt er sich auch mit seiner Freundschaft
zu einem anderen Jungen auseinander, wehrt sich gegen Muster und Zuweisun-
gen: Wir sind nicht schwul!

Über Mädchen

Mädchen sind anders. Wir Jungen sind stark und klug und Mädchen sind auch
klug und schön. Und Jungen und Mädchen sind fast gleich.

(Junge)

Über Liebe

Ich und Marc sind die allerbesten Freunde. Wir geben Nasenküsschen, aber wir
sind nicht schwul. Wir spielen miteinander in den Hofpausen. Die Mädchen in
unserer Klasse finden wir nicht gut. Wir wissen nicht, warum, aber ich denke
mal, dass wir noch nicht reif für Mädchen sind. Das war meine Wochengeschichte.

(Junge)

Gefühle und inneres Erleben wahrnehmen und ausdrücken

Geschichten üben darin, das eigene Innenleben bewusst wahrzunehmen und
sich auch zu trauen, das auszudrücken. Für den Außenstehenden ist das nicht
immer sichtbar, weil die Kinder ihre Geschichten auch verschlüsselt schreiben,
wohl auch deshalb, weil sie wissen, wie unüblich der offene Ausdruck von
Gefühlen in unserer Gesellschaft ist, wie wenig dieses Muster akzeptiert wird
und wie rasch andere dazu neigen, sie deswegen zu verspotten. Geschichten –
auch verschlüsselte – üben darin, demgegenüber Eigen-Sinn zu entwickeln. Die
Igelgeschichte beispielsweise stammt von zwei Kindern, einem Mädchen und
einem Jungen, die die gesamte Schulzeit über eng miteinander befreundet
waren.

Der Igel

Es war einmal ein Igel. Der hatte keine Freunde, weil er behindert war. Eines
Morgens ging er in die Schule, und ein Mädchenigel kam zu dem Jungenigel. Das
Mädchen hat gesagt: Wollen wir Freunde sein? Der Igel hat Ja gesagt. Immer und
Ewig? Ja, ja, ja! rief der Igeljunge. Und wenn sie nicht gestorben sind, dann
leben sie noch heute.

Eine Geschichte von … (einem Mädchen und einem Jungen)

Ein anderes Mädchen schreibt darüber, wie es war, als es die Klassenfahrt verpasst hat:

Katja allein zu Haus

Ich war alleine zu Hause. Es war so schade, dass ich nicht mitfahren konnte. Ich habe immer gedacht: „Sie fahren, sie sind schon da, sie gehen zum Dinopark, sie schlafen schon, sie essen schon. Das war für mich sehr schade. Schade, dass ich Fieber hatte.

(Mädchen)

Mit Vorstellungen spielen – Phantasien ausleben

Natürlich ist es auch „Sexualität im engeren Sinne", die die Kinder im Rahmen des Themas beschäftigt. Im Vorgriff auf Zukünftiges spielen sie mit „Erlebnissen", mit Bildern ihres Innenlebens. Das kann die einfach gehaltene Erzählung über die Begegnung von Mann und Frau sein („Die Geschichte von einer Frau und einem Mann"), die direkt zur Heirat führt (Also vielleicht der Umgang mit der Frage: Wie ist das, einen Partner kennen zu lernen? Was passiert da?), das sind Phantasien über mögliche sexuelle Beziehungen in der Klasse[6] oder sehr verschlüsselte, symbolische, sicherlich auch eher unbewusst geschriebene Erzählungen mit sexuellem Subtext (vgl. die Geschichte *„Der allergrößte Schatz")*. Wichtig daran ist, Kindern die Möglichkeit zu geben, das sie Bewegende auszudrücken, ihre Phantasien nicht unterdrücken zu müssen.

Gleichzeitig zeigen die Geschichten (wie im Abschnitt vorher), wie stark dieses Thema mit Rollenvorstellungen und gesellschaftlichen Normen besetzt ist, mit denen sich die Schreibenden auch auseinandersetzen: „S. hat gesagt, dass ihre Mutter ihr gesagt hat, sie darf keinen Kuss von Jungs kriegen."

Kinder-Sex, von J. (Junge) und S. (Mädchen)

Es war einmal ein Mädchen, sie hieß S., und ein Junge, der hieß J. Und dann kam J. Er hat S. gefragt, ob sie mit ihm spielt. Sie hat ja gesagt und sie kam raus. Sie sind sich näher gekommen. Er hat gefragt: Willst du mir einen Kuss geben? S. hat gesagt, dass ihre Mutter ihr gesagt hat, sie darf keinen Kuss von Jungs kriegen.

Wo sie einundzwanzig war, hat sie ein Baby gekriegt. Und sie hatten keinen Namen dafür gehabt. Aber da schien die Sonne, und da fiel ihnen der Name Sonja ein. Und der Name war schön.

Eine Geschichte von … (Mädchen und Junge)

---

[6] In solchen Geschichten durften die Kinder – laut Beschluss des Klassenrates – Namen anderer Kinder nur mit deren Einverständnis verwenden.

Sex zwischen J. und S.

S. und J. haben eines Tages zusammen geschlafen. Da kamen zwei Jungs und haben sie ausgelacht. Sie hießen B. und D. Da sind sie weggelaufen und haben die Mutter von S. geholt. Dann haben die Jungs eine Anzeige gemacht. Weil die Mutter sie angeschrien hat.

Eine Geschichte von … (Mädchen und Junge)

Der allergrößte Schatz

Es lebte ein Junge, der sehr gerne Bücher las. Und sein allergrößter Traum war ein Mittel zu finden, das ein Spielzeug lebendig macht, weil er wollte einen Spielzeugwagen lebendig machen. Und der Wagen wäre sein bester Freund.

Einmal vor langer Zeit, als sein Großvater lebte, schenkte er ihm ein Amulett und sagte, dass das ein Schlüssel zu seinem Schatz ist. Einmal hat der Junge ein Buch gefunden, das nicht aufging. Er probierte, das Buch aufzumachen. Aber das ging nicht auf. Auf einmal sagte das Buch: Mich kann nur der aufmachen, der den richtigen Schlüssel hat. Der Junge war ganz müde, darum legte er sich auf das Buch und dachte nach, wie er das Buch öffnen könnte. Auf einmal kam das Amulett in das Schlüsselloch von dem Buch rein. Und das Buch fing an zu leuchten. Der Junge erschreckte sich und sprang davon. Als der Junge weg gesprungen war, hörte das Buch auf zu leuchten. Aber das Amulett zog den Jungen an das Buch wieder ran. Das Buch öffnete sich und der Junge sah ein kleines Fläschchen mit grünem Wasser drin. Neben der Flasche lag ein kleiner Zettel, wo draufstand, dass das dein Schatz ist. Mit dem Wasser kannst du deinen allerbesten Freund lebendig machen. Und so fand der Junge seinen allerbesten Freund und die beiden erlebten noch viele spannende Abenteuer.

(Mädchen)

Geschichten tragen zur Selbstwerdung bei, schreibt Reinhardt Fatke in seinem Aufsatz „Kinder erfinden Geschichten" (Fatke 1990, S. 59). Den Phantasien der Kinder keinen Raum zu geben – sei es im Schreiben von Geschichten, im Spiel, im Gestalten – bedeutet den Kindern gegenüber

> „eine Abwertung ihrer Erlebensweise und letztlich ihrer selbst. Die Phantasie läßt sich dadurch zwar nicht eliminieren, aber immerhin so unterdrücken, daß sie keine sichtbare Gestalt … mehr annimmt, sondern sich auf den sprachlos bleibenden Tagtraum als hauptsächliches Ausdrucksmedium beschränkt und daß sie mehr und mehr zu verkümmern droht" (Fatke 1990, S. 59).

Wann ist man arm? Wann ist man reich?

Biografisches Lernen im Rahmen eines philosophischen Gesprächs in einer dritten Klasse (vgl. Hering / Lehmann 2001, S. 23ff.)

Materielle Armut und materielle Ungleichheit sind und werden in der 3. Klasse, in der das folgende Gespräch über „arm und reich" stattfindet, sichtbar. Von 23

Kindern leben 9 in Familien, die vom Sozialamt abhängig sind. 10 Kinder leben mit einem allein erziehenden Elternteil, wobei zum Teil wechselnde Partner die Familie jeweils „komplettieren".

B., ein Junge, kommt morgens häufig ungefrühstückt und ohne Pausenbrot zur Schule. Die anderen Kinder geben ihm gern und (da sie inzwischen um B. wissen) meist ungefragt Teile ihres Frühstücks ab. B.'s Mutter ist Alleinerziehende mit 9 Kindern, wobei der jeweilige „Onkel", wie B. sagt, wechselt. B. kommt ohne Brot in die Schule, nicht weil kein Brot im Haus wäre, sondern weil Mama „morgens ausschlafen muss, sonst schafft sie den Tag nicht".

B. besteht darauf, alle seine Schulsachen in der Schule zu lassen. Er will nichts mit nach Hause nehmen, weil die kleineren Geschwister alles zerreißen und beschmieren. Einen Platz nur für sich, geschweige denn ein eigenes Zimmer, hat B. zuhause nicht.

K., ein Junge, ist in der kälteren Jahreszeit häufig nicht entsprechend (d. h. warm genug) gekleidet. Die Mutter lebt von der Sozialhilfe, aber häufig mangelt es mehr an der Fürsorge und Aufmerksamkeit für die Bekleidung des Kindes als an der materiellen Schwierigkeit, wetterfeste Kleidung zu kaufen.

S., ein Mädchen, läuft oft mit kaputten Sachen herum. Sie selbst scheint das gar nicht mitzukriegen. Der allein erziehende Vater lebt von der Sozialhilfe und hat entsprechend wenig Geld zur Verfügung. Aber er ist auch mit der Erziehung seiner Tochter, mit der für Kinder dieses Alters noch notwendigen alltäglichen Aufmerksamkeit und mit der Strukturierung des Alltags seiner „Familie" völlig überfordert.

Soziale Gegensätze und materielle Ungleichheit werden auch im Anschluss an Feste und Geburtstage in der Klasse sichtbar. Alle Kinder stellen gern ihre Geschenke vor bzw. erzählen davon. Da ist P., die im Stuhlkreis ihre Diddl-Maus zeigt, ein einfaches Plastiktier. Das war ihr Hauptgeschenk zum letzten Weihnachtsfest. Ein bescheidenes Geschenk, nur eine Kleinigkeit gegenüber dem Computer, den R. bekommen hat. Trotzdem zeigt P. im Stuhlkreis ihr Geschenk ohne ein Gefühl von „zu kurz gekommen sein". Auch andere erzählen ganz stolz von Dingen, die für einige ihrer Mitschülerinnen und Mitschüler allerhöchstens eine Kleinigkeit nebenbei wären.

Der materielle Unterschied, der in diesen Geschenken steckt, wird – wenn man nachfragen würde – sicherlich benannt werden können, aber er wird in diesen Situationen (in der er sich offensichtlich zeigt) von den Kindern kaum thematisiert.[7]

---

[7] In der ersten Klasse wurden solche Unterschiede noch von der „Freude des Augenblicks" beim Herzeigen und Erzählen für den Erzähler selbst und für die anderen Kinder verdeckt. Je älter die Kinder werden, desto mehr ist ein distanzierter Außen-Blick (der den Vergleich mit einschließt) bei ihnen zu beobachten.

Wann ist man arm? Wann ist man reich?
Ein Gespräch im Stuhlkreis[8]

Zunächst dreht sich das Gespräch eher um allgemeine Vorstellungen, die in der Lebenswelt der Kinder mit „reich" und „arm" verbunden werden. Ein Handy beispielsweise ist für einen Jungen ein aktueller Ausweis für Reichtum. Etwas befremdlich mutet die Äußerung an, auch Arbeitslose wären „ein bisschen reich". Vielleicht kommt in solchen Äußerungen zum Ausdruck, dass materielle Unterschiede von den Kindern zwar situativ erlebt, aber darüber hinaus noch nicht verallgemeinert begriffen werden.

Eher allgemeine Vorstellungen werden im Fortgang des Gesprächs abgelöst von Antworten, in denen konkrete lebensweltliche Hintergründe, innere Themen der Kinder, auftauchen. Der Junge beispielsweise, der über „Freunde als Reichtum" spricht, hat noch 6 Geschwister, die Mutter, die als allein Erziehende vom Sozialamt lebt, betont den Zusammenhalt der Familie untereinander und die vielen Kontakte / Freundschaften nach außen.

Die biografischen Motive des Erzählens nehmen im Verlauf des Gesprächs immer mehr zu.

L. Was denkt ihr über reich und arm?
    Wann ist man reich? Wann ist man arm?

M. Also, ich finde, die reichen Menschen können was zu den Armen geben.

J. Die Armen haben wenig zu essen.

M. Ich finde auch, die Reichen können 'was abgeben.

M. Und dass die Reichen Rücksicht auf die Armen nehmen, Spenden geben und so was.

L. Wann ist man denn reich?

M. Wenn man zum Beispiel ein Schloss hat. Und wenn man ganz feine Kleider hat und ganz viele Röcke.

J. Es gibt zwei Sorten von reich. Also, wenn man viele Freunde hat und das mit dem Geld. Wenn man mit mehreren befreundet ist.

M. Wenn man Freunde hat, dann geht's einem sowieso besser. Wenn einer in der Wildnis lebt und der ist verletzt, dann kann ein Freund sofort Hilfe holen. Wenn einer alleine ist, dann hat der keinen Freund, der Hilfe holen kann.

M. Geld, Haus, Auto, das hat man, wenn man reich ist.

J. Die Reichen brauchen einen großen Tresor, damit sie ihr Geld ablagern können.

M. Die Arbeitslosen kriegen auch Geld und dann sind sie auch ein bisschen reich.

J. Wenn man z. B. einen Bauernhof hat oder ein ganz großes Schiff oder ein Sommerhaus irgendwo, dann ist man reich.

---

[8] Das hier in Ausschnitten wiedergegebene Gespräch fand am 18.10.1999 statt (L = Lehrer, J = Junge, M = Mädchen).

J. Manchmal sieht man das auch nicht, wenn jemand reich ist, vielleicht hat der das gespart, für die Rente.

M. Und von Kathrin die Mutter (gemeint ist die Mutter eines Pflegekindes, das die Familie aufgenommen hat, d. Verf.), die hat viele Schulden, und die muss jetzt aufpassen, dass sie nicht so viel kauft, und die will auch wieder neu heiraten. Der Mann sitzt ja jetzt im Gefängnis, weil der Drogen verkauft hat.

J. Ich glaub, du willst sagen, dass die arm sind.

M. Ja, die hat so viele Schulden.

L. Wann ist man denn arm?

Die Antworten der Kinder geben zunächst allgemeine Vorstellungen wieder: keine Arbeitsstelle haben, schlecht bezahlte Arbeit haben, Schulden haben. Ein Mädchen spricht ein von ihr beobachtetes „Anderssein" von ärmeren Kindern der Klasse an, das sie dann verallgemeinert:

M. Wenn man mit armen Kindern spricht, dann merkt man, dass die ganz anders sind. Dann sind die ganz frech und ärgern immer.

J. Wenn ein Kind von seinen Eltern wegläuft, dann ist das Kind auch arm.

Diese Bemerkung löst eine Vielzahl von Geschichten aus, die im Stadtteil spielen, von Kindern, die vor allem weggelaufen sind, weil der Vater sie geschlagen hat.

M. Von meinem Bruder der Freund, der Vater haut immer die Frau, weil die viel Stress haben, und so was find ich gemein.

M. Das war bei meiner Tante auch so.

J. Das Kind leidet ja darunter und auch die Mutter.

M. Die trennen sich nicht (gemeint sind die Tante und ihr Mann, d. Verf.), weil der Mann das nicht will.

M. Also, mein Onkel und meine Tante, die haben sich auch grad getrennt – und meine Cousinen sind jetzt bei der Mama.

M. Meine Mama und mein Papa haben sich auch geschieden.

M. Und wo bist du jetzt?

M. Bei meinem Papa.

M. Siehst du deine Mama öfter?

M. Haben die sich getrennt, weil die sich so oft gestritten haben oder weil sie sich nicht mehr mochten?

M. Mein Vater, wenn der gute Laune hat, dann darf Mama uns (beide Töchter wohnen beim Vater, d. Verf.) sehen, und wenn er schlechte Laune hat, dann darf Mama uns nicht sehen.

M. Also, meine Tante, der Mann ist aus Tunesien, und die ist gestorben, weil der Mann die immer geschlagen hat, weil ..., die durfte nicht träumen und so, weil der immer gedacht hat, die geht mit anderen Männern, der hat Angst gehabt, und darum ist die auch gestorben, weil der Mann die immer an den Kopf geschlagen hat. Und daher ist die gestorben.

J.   Es war auch so bei meiner Mama und ihrem ersten Mann, weil der hat sie
      auch immer bedroht, mit 'nem Messer und so und hat ihr auch Schläge ange-
      droht. Und dann hat sie meinen Papa kennen gelernt … Und da hat meine
      Mama das meinem Papa erzählt und der hat gesagt: 'Ich geh' da mal hin!'
      Und da ist meine Mama mitgegangen und hat ihre Sachen gepackt und ist zu
      meinem Papa gezogen. Und der erste Mann, der zahlt auch keinen Pfennig
      für meine Schwester, weil, die ist ja von ihm.

Das Gespräch zeigt, dass es bei den ärmeren Kindern der Klasse vor allem um
die psychosoziale Belastung geht, um Formen von Verwahrlosung, die sich rasch
zu einem 'beschädigten Leben' verdichten können. Die Antworten der Kinder
spiegeln zum einen ihren Eigen-Blick auf Armut als „Konstrukt ihrer
Alltagswirklichkeit" (vgl. Berger / Luckmann 1980, S. 139 ff.) wider, zum andern
werden objektive Lebensbedingungen, Begleiterscheinungen von finanzieller
Armut sichtbar.

Aussagen werden getroffen auf der Grundlage der jeweiligen Erfahrungen. Das
Gespräch klärt diese Erfahrungen (Wann ist man „reich" / „arm"? Bin ich daher
„reich" / „arm"?) und hilft den Kindern, ihre Geschichte zu erzählen.

Biografisches Lernen – Ein Beispiel aus der Arbeit an der Universität

> „Lernen ist Erfahrung. Alles andere ist einfach nur
> Information" (Albert Einstein).

Wintersemester 1997, Carl von Ossietzky Universität Oldenburg. In einem Sachunterrichtsseminar zum Thema „Wohnen" soll es zunächst darum gehen, eine
Sachanalyse zu erstellen und dabei die Subjektivität, wir können auch sagen, die
lebensweltliche Verwurzelung solcher Sachanalysen zu entdecken. Das Seminar
beginnt mit der Frage:

Was ist die Wirklichkeit des Sachverhalts „Wohnen"? [9]

Dazu schreiben die Studierenden in „Reihum-Schreibgesprächen" [10] erste Texte
zum gegenwärtigen Wohnen. Worum ging es in den entstandenen Texten?

Zum Beispiel um „ausreichenden Platz" und darum, sich von „überflüssigen"
Dingen wieder trennen zu können, um „in Ruhe gelassen werden", um „Rück-
zugsmöglichkeiten", also den eigenen Raum. Es ging darum, sich gegen zuviel
Lautstärke der anderen wehren zu können, um Fragen, „wer den Müll weg-

---

[9]   Die Formulierung ist angelehnt an Paul Watzlawicks Buch, *Wie wirklich ist die Wirklichkeit*, das im
      Seminar zur Bearbeitung von Grundgedanken des „Konstruktivismus" herangezogen wurde.
[10] Ideal für dieses Schreibgespräch sind 4 bis 6 Teilnehmende. Jede/r Teilnehmende hat ein Blatt vor
      sich, auf dem nur das Thema des Gesprächs als Überschrift vermerkt ist. Jede/r schreibt nun einen
      Satz zum Thema auf, gibt dann das Blatt nach links weiter und erhält von rechts eines, auf dem jetzt
      schon ein Satz steht. Jede/r spricht so mit jedem, lässt sich durch die Gedanken der anderen ansto-
      ßen, kann weiterdenken, kommentieren, fragen.

bringt" und sich um die *„angefallenen Stapel Geschirr kümmert"*, also um Fragen der Organisation im gemeinsamen Wohnen. Und es ging – ein weiterer Ausschnitt – darum, untereinander von Anfang an ehrlich zu sein, darum, dass man manchmal auch *„auf engstem Raum mit Menschen zusammen ist, die man nicht ausstehen kann"*, also um Fragen des „Selbstkonzeptes" im Umgang mit anderen in der gemeinsamen Wohnung.

Das sind nur Ausschnitte. Aber sie zeigen ganz deutlich das, was auch in anderen Aspekten der Schreibgespräche zum Ausdruck kommt. Wir konstruieren Wirklichkeit abhängig von unserer momentanen Lebenssituation. Wir sind in Geschichten verstrickt und von dieser Verstrickung ausgehend stellt sich uns der Sachverhalt „Wohnen" als „unsere jeweilige Wirklichkeit" dar. Für viele ist das z. B. während des Studiums die neue und vielleicht auch ungewohnte Lebenssituation in einer Wohngemeinschaft oder Paarbeziehung. Deutlich wird das in Sätzen und Kommentaren wie:

„Ich glaube, es ist sehr wichtig, dass man von Anfang an ehrlich zueinander ist, im positiven und negativen Sinne ehrlich. Es ist gefährlich, erst einmal allen Ärger innerlich anzustauen und dann irgendwann zu explodieren."

In einer anschließenden Sitzung schrieben die Studierenden – ausgehend von einer Fantasiereise in die eigene Kindheit – nach der Methode des Clustering[11] Geschichten zum Thema „Wohnen in meiner Kindheit".

Wohnen ist in der Erinnerung vieler jetzt gar nicht mehr auf die Wohnung selbst beschränkt, wohnen umfasst die Nachbarschaft und die nähere Umgebung, z. B. deshalb, weil für Kinder die Spielfreunde aus der unmittelbaren Nachbarschaft eine ganz wesentliche Bedeutung haben, weil sie viel intensiver in diesem „Nah-Raum" leben. Wichtig ist jetzt auch nicht mehr die Möglichkeit des Rückzugs, sondern vielmehr die Möglichkeit der Teilhabe. Als Kind sind wir, das zeigen unsere Erinnerungen, gern mit den anderen – Geschwister, Mutter, Vater, Großeltern – zusammen.

Erinnerungen an unsere Wohnung

Von der Schule nach Hause kommen war meistens schön ... Fahrrad in den Fahrradstall stellen und durch den Kinderflur ins Haus. Ganz schnell die Jacke ausziehen ... schnell in die Küche gelaufen, wo meine Mutter und meine beiden Schwestern waren. Den Tornister unter den Tisch geschmissen, auf einen Stuhl gesetzt, Kopf auf den Tisch: „Wann gibt's Essen?" Und dann Erzählen können vom Tag in der Schule.

---

[11] Eine assoziative Schreibtechnik, bei der zu einem „Schlüsselwort" zunächst die Assoziationen gesammelt und zu Ketten verknüpft werden, bis im „Kopf" eine Geschichte („Miniatur") Konturen annimmt, die sich – zur Überraschung der Schreibenden – wie von selbst schreibt (vgl. Rico 1989, S. 27–49).

Die Hausaufgaben habe ich nach dem Essen auch unten gemacht in der Küche, obwohl mein Zimmer oben war …
(Studentin)

Eine andere Schreibaufgabe, verbunden mit einer Zeitreise in die eigene Kindheit[12], lautete:

Schließe die Augen und gehe in Gedanken in deine Grundschulzeit zurück.

Wo hast du damals gewohnt?

Und mit wem zusammen?

Nimm dir einen Moment Zeit für einen Spaziergang durch eure Wohnung?

Kannst du dich noch an Küche und Wohnzimmer erinnern?

Wie sah dein Kinderzimmer aus?

Womit hast du gern gespielt?

Hattest du oft Freunde / Freundinnen zu Besuch?

Was war erlaubt? Was war verboten?

Lass dir alles, was dir jetzt einfällt, noch einen Moment lang durch den Kopf gehen.

Öffne jetzt deine Augen wieder.

Schreib Regeln für das Zusammenleben auf, die dir als Kind wichtig gewesen wären:

9 Wohnregeln

– An meine Sachen geht niemand dran!
– Mein Hase darf im Winter tagsüber drinnen sein.
– Alle Kinder müssen gleich viel helfen.
– Beim Lesen soll mich niemand stören.
– Am Wochenende darf ich abends lange fernsehen (22/23 Uhr).
– Wenn ich möchte, darf ich mein Zimmer umräumen.
– Meine Freundin darf bei mir schlafen.
– Ich habe einen eigenen Hausschlüssel.
– Ich darf am Wochenende ausschlafen.

8 Wohnregeln

– Das ganze Haus gehört mir und meinen Puppen.
– Ich darf entscheiden, wann ich ins Bett gehe.
– Es ist erlaubt, auf den Betten zu springen.
– Einmal am Tag (mindestens!) spielen meine Eltern mit mir.
– Wenn ich wütend bin, darf ich meine Wut herausschreien.
– Es gibt Bereiche, die nur mir gehören.

---

[12] Solche Zeitreisen sind – ähnlich wie beispielsweise Kinderbücher wie die Astrid Lindgrens – eine Möglichkeit, der eigenen Kindheit und damit dem Denken und Fühlen von Kindern wieder näher zu kommen.
Eine Studentin (von ihr stammen die „9 Wohnregeln") erzählte im Anschluss an Zeitreise und Schreibarbeit, dass sie sich während des Schreibens zunehmend „militanter" gefühlt habe.

– Ich muss nur essen, was ich mag.
– Es gibt immer Nudeln oder Pommes zu essen.

Diese „Wohnregeln" spiegeln – auch – einen Egoismus („Das ganze Haus gehört mir und meinen Puppen."), der – so meine Deutung – erklärbar wird auf dem Hintergrund erlittener Missachtung und zu kurz gekommener eigener Wünsche und Bedürfnisse. Vielleicht ist dies eine Form, die schmerzhafte Erinnerung als einen auf sich selbst bestehenden Egoismus zuzulassen, gegen die Eltern zu wenden und so im Nachhinein zu bearbeiten.

Die Arbeit mit dem „freien Ausdruck" gibt – an Schule wie Hochschule – Raum, im Erzählen oder Aufschreiben, beim Bilder Malen oder Gestalten auf Entdeckungsreise in die eigene Geschichte zu gehen. Und Schülerinnen und Schüler wie auch Studierende können dabei lernen, das Angenehme und Schöne, das ihnen begegnet, zu genießen, Kraft daraus zu schöpfen. Und sie haben, wenn sie es selbst möchten, die Gelegenheit, sich auch für Trauriges und Ängstigendes zu öffnen, ihr Herz auszuschütten (nur für sich selbst oder auch für andere) und machen damit den ersten Schritt, Blockaden aufzulösen und sich mit ihnen zu versöhnen. Wie unsere anderen Sinne auch, muss das Erinnerungsvermögen – unser Sinn für Geschichten aus der Vergangenheit – tätig entfaltet werden.

Unterricht bewegt sich, so der klassische didaktische Dreisatz, zwischen Kindern, Lehrenden und den Sachverhalten, um die es gehen soll. Dabei ist es offensichtlich naiv anzunehmen, diese Sachverhalte „in der Hand zu haben", sie nur noch didaktisch aufbereiten zu müssen. Diese Vorstellung von Unterricht korrespondiert mit der uns lieb gewordenen Vorstellung von „fest umrissenen Lerngegenständen" und Lernen als Vorgang vom Belehrenden hin zu Lernenden, die das jeweilige Wissen in ihren Wissensbestand übernehmen sollen. Absicht der ersten Phase des Seminars war es, diese Vorstellung erfahrbar (im Dialog mit einem Sachverhalt) in Frage zu stellen.

Für die Arbeit an der Universität in der Ausbildung zukünftiger Lehrender, käme es darauf an, mit den didaktischen Prinzipen und Modellen zu arbeiten, die für die spätere Arbeit in der Schule als bedeutsam erachtet werden. Und es käme darauf an, Prinzipien und Modelle nicht belehrend vorzutragen, sondern in der gemeinsamen Arbeit erfahrbar zu machen, auch und gerade deshalb, weil rein kognitive Einsichten ohne eigenes Erleben und Tun abstrakt bleiben und wenig Nachhaltiges für die spätere Praxis bewirken.

In der „rückblickenden Bilanz" zum Seminar (Evaluation) schreiben die Seminarteilnehmerinnen und -teilnehmer u. a.:

„Durch die Schule habe ich selber gelernt, dass es wichtig ist, möglichst viel aufzunehmen, um eine möglichst gute Note zu bekommen … ob es einen Sinn hatte, war völlig egal. Durch dieses Seminar sind andere Gedanken und Ideen hochgekommen, und ich bin gestärkt worden, es zumindest zu versuchen, einen anderen Weg zu beschreiten."

„Es war ein Seminar, in dem so viele theoretische Anteile waren, wie in kaum einem anderen Sachunterrichtsseminar. Aber dennoch habe ich mehr denn je über mich erfahren."

Biografisches Lernen: Zusammenfassung

Beim biografischen Lernen, beim Erzählen der eigenen Geschichte, geht es:
- um Wahrnehmung der je eigenen Erfahrungen und ihre Bewusstwerdung;
- um Reflexion. Erfahrungen bleiben „unbewusst", werden wieder verschüttet, wenn ich sie nicht (im Erzählen oder Schreiben) vergegenwärtige (Das ist unter anderem auch eine wichtige Funktion des „Erzählkreises" in der Klasse!).
- um die Ordnung eigener Erfahrungen im Erzählen bzw. Schreiben;
- um die Fähigkeit, Abstand zu nehmen, da das Erzählte, vor allem aber das Geschriebene als „Entäußertes" uns wieder gegenübertritt;
- um Nachdenken über Zeitlichkeit und Verstrickungen;
- um Bildung von Identität in dem Sinne, dass ich sagen kann: Ich bin die/der von der/dem ich die folgenden Geschichten erzähle;
- um Gestaltung der Welt im Erfinden von Geschichten (innere „Einbildungs-kraft" / Phantasie); um das Spielen mit Möglichkeiten;
- um Ausdruck, Wahrnehmung und Verarbeitung von Belastendem;
- um Wünsche, Hoffnungen und Sehnsüchte und die Fähigkeit, sie zu formulieren;
- darum, im Spiegel der Geschichten der anderen das Eigene und Besondere, das Gegenüber und Andere, das Gemeinsame und das Trennende zu sehen;
- darum, Nähe zu anderen herzustellen, umeinander zu wissen, Gemeinschaft und Freundschaft mit anderen zu pflegen.

Literatur

Bambach, Heide: Erfundene Geschichten erzählen es richtig. Lesen u. Leben in der Schule. Konstanz: Faude 1989

Berger, Peter L. / Luckmann, Thomas: Die gesellschaftliche Konstruktion der Wirklich-keit. Eine Theorie der Wissenssoziologie. Frankfurt: Fischer 1980

Fatke, Reinhardt: Kinder erfinden Geschichten. Erkundungsfahrten in die Phantasie. In: Duncker, Ludwig / Maurer, Friedemann / Schäfer, Gerd E. (Hrsg.): Kindliche Phantasie und ästhetische Erfahrung. Wirklichkeiten zwischen Ich und Welt. Langenau-Ulm: Vaas 1990

Freinet, Elise: Erziehung ohne Zwang. Der Weg des Célestin Freinet. Stuttgart: Klett 1981

Furian, Martin: Das Buch vom Liebhaben. Wiesbaden: Quelle & Meyer 1993 (8)

Gudjons, Herbert / Pieper, Marianne / Wagener, Birgit: Auf meinen Spuren. Das Entdekken der eigenen Lebensgeschichte. Hamburg: Bergmann + Helbig 1996 (4)

Hering, Jochen / Lehmann, Peter: Armut, Herausforderung für die Grundschule. In: Grundschule 33, 2001, H. 1, S. 23–25

Rico, Gabriele L.: Garantiert schreiben lernen. Hamburg: Rowohlt 1989

Schapp, Wilhelm: In Geschichten verstrickt. Zum Sein von Mensch und Ding. Wiesbaden: B. Heymann 1976 (2)

Watzlawick, Paul: Wie wirklich ist die Wirklichkeit. Wahn, Täuschung, Verstehen. München: Piper 1978

JUTTA HARTMANN

Offenheit ermöglichen –
im Sachunterricht durch und für vielfältige Lebensweisen lernen

> „Die institutionellen Codes können jene Beziehungen mit vielfältigen
> Intensitäten und wechselnden Schattierungen, mit kaum merklichen
> Bewegungen und veränderlichen Formen nicht gelten lassen – jene Bezie-
> hungen, die sich gleichsam kurzschließen und dort Liebe einführen, wo es
> Gesetz, Regel oder Gewohnheit geben sollte" (Michel Foucault 1981,
> S. 88).

Das soziale Umfeld, in dem Schülerinnen und Schüler aufwachsen, verändert
sich. Ist von „Elternhaus" oder „Familie" die Rede, verbergen sich ganz unterschiedliche Lebenskonstellationen dahinter. Kinder sind nicht nur unterschiedlicher ethnischer und sozialer Herkunft, sie wachsen auch in unterschiedlichen
Lebenszusammenhängen auf. Im 11. Kinder- und Jugendbericht des Bundes
(2002, S. 122) heißt es: „Familie, verstanden als Lebensform von Personensor-
geberechtigten mit Kind oder Kindern, hat heute viele Gesichter: Eltern mit ein,
zwei oder mehreren Kindern, Alleinerziehende, Mehrgenerationenhaushalte,
homosexuelle Paare mit Kindern, sog. Patchwork-Familien, in denen neue
Beziehungen und neue 'Elternschaften' eingegangen sind, binationale Familien,
Familien, die Migrations- oder auch Fluchterfahrungen haben, u. a. Formen des
Zusammenlebens." Diese Vielfalt von Lebensformen werden in schulischen
Lehrmaterialien – Schulbücher, Arbeitsblätter, Themenstellungen etc. – in der
Regel nicht aufgegriffen.[1] Kinder, deren häusliche Erfahrungen nicht der schein-
baren Normalität der Kleinfamilie entsprechen, werden dadurch auf subtile
Weise diskriminiert. Aufwachsen in einer Wohngemeinschaft mit mehreren
Erwachsenen und Kindern, mit einem in einer anderen Stadt wohnenden Vater,
in einer Pflegefamilie oder mit einer mit ihrer Schwester zusammen lebenden
Mutter ist – so übermittelt der heimliche Lehrplan – ein Manko, eine Abwei-
chung von der Normalität.

Die Pluralisierung[2] von Lebensformen kann, wenn sie nicht entsprechend aufgegriffen, gespiegelt, angeboten und bearbeitet wird, zu inneren Verunsicherungen

---

[1] In den vorherrschenden pädagogischen Materialien begegnet uns vornehmlich die Vater-Mutter-
Kind-Familie. Eine Untersuchung von ca. 50 Lehrbüchern für den Sachunterricht zeigte bspw.,
dass „der Tatsache, dass neben der Familie viele andere Möglichkeiten familienähnlicher Beziehungen in der Gesellschaft existieren ..., im Lehrbuch noch immer nicht Rechnung getragen" wird
(Hempel 1997, S. 175).

[2] Pluralisierung von Lebensformen zeigt sich auf unterschiedlichen Ebenen: Zum einen als gesellschaftlicher Entwicklungsprozess, in dem immer mehr Menschen unterschiedliche Lebensformen
leben und neue Lebensformen entstehen. Zum anderen wird sie als gestiegene Bereitschaft sichtbar, die z. T. schon früher existierende Vielfalt als solche wahrzunehmen und über sie zu sprechen.

der Schülerinnen und Schüler führen, die ihr soziales Lebensumfeld in der Schule nicht wieder finden. Bringen sie nicht eine große Portion an Selbstbewusstsein mit, kann dies wiederum Konzentrationsmangel, Leistungsabfall, aber auch Konflikte der Kinder untereinander oder mit ihren nahen Bezugspersonen nach sich ziehen. Werden ihre Lebensweisen in der Schule nicht sichtbar, bleibt den Kindern eine anerkennende Auseinandersetzung mit ihrer Lebensrealität vorenthalten.

Verarbeitungshilfen für die aktuelle Lebenssituation bieten

Eine an demokratischem Leben orientierte Schule ist demgegenüber daran orientiert, alle Lebensformen wertzuschätzen, in einer gleichwertigen Art und Weise aufzugreifen und so, den darin aufwachsenden Kindern gleiche Chancen und Sicherheiten zu bieten. Darüber hinaus eröffnet dies den Schülerinnen und Schülern die Möglichkeit, Lebensweisen kennen zu lernen, von denen sie in ihrem sozialen Umfeld möglicherweise noch nichts oder nur Verzerrtes erfahren haben. Schule als Ort, den alle Kinder besuchen und an dem sie miteinander und voneinander lernen, kann den Raum für eine konstruktive Auseinandersetzung bieten, in der Unterschiede benannt und respektiert werden. Ob Vielfalt wechselseitig wertgeschätzt und ob Abweichungen von allgemeinen Normalitätserwartungen als Bereicherung oder als Bedrohung erlebt werden, ist eine Frage der Bildung von Anfang an.

Hier setzt der Sachunterricht an. Übergeordnetes Ziel einer an der gesellschaftlichen Realität vielfältiger Lebensweisen orientierten Pädagogik ist es, einen Beitrag zu leisten für eine gleichberechtigte und gleichwertige Vielfalt an Lebensweisen. Dabei kommen auch Dynamisierungen in geschlechtlichen und sexuellen Existenzweisen in den Blick. Mit dem Begriff *vielfältige Lebensweisen* (vgl. Hartmann 1999; 2002) wird die strukturelle Dimension von *Lebens*formen – wer lebt mit wem zusammen und wie wird die Arbeit verteilt – durch die Frage nach der Selbstpositionierung der Menschen im Sinne geschlechtlicher und sexueller Existenz*weisen* erweitert. Interesse finden dabei insbesondere jene Momente, die vorherrschende Grenzen und Normalitätsvorstellungen in Bewegung bringen. Der Begriff *vielfältige Lebensweisen* bietet Orientierung für einen Sachunterricht, der die beobachtbaren Dynamisierungen aufgreifen und gleichzeitig mit ermöglichen will.

Unterrichtspraktisch erfordert dies einen differenzierten Einblick in die real gelebte Vielfalt zu ermöglichen, das gesellschaftliche Spannungsverhältnis aus Pluralisierung und Normierung der Lebensformen anzusprechen und zunächst vielleicht noch heikel wirkende Themenbereiche wie gleichgeschlechtliche Lebensweisen offen in den Unterricht einzubinden. Denn die beobachtbare Pluralisierung der Lebensformen bedeutet ja nicht, dass alle Alternativen gleich wertgeschätzt werden und wir eine unabhängige Wahl aus der vorhandenen

Bandbreite hätten. Das häufig formulierte Pluralitätsversprechen abstrahiert von Normierungen und blendet aus, dass wir alle in gesellschaftlichen Strukturen leben, die Vielfalt erschweren. Zwar verlieren bspw. einzelne Verhaltensweisen ihre geschlechtliche Codierung, gleichzeitig bleibt die zweigeschlechtliche Ordnung an sich weitgehend unhinterfragt und sind Frau-Sein und Mann-Sein weiterhin eng verknüpft mit gesellschaftlich erwünschten und sozial zugewiesenen Lebensformen. Gesellschaftlich fest institutionalisierte Erwartungen wie Mutterschaft und Heterosexualität tragen dazu bei, dass von einer Gleichwertigkeit und „freien Wahl" der Lebensformen noch lange nicht die Rede sein kann. Bei aller Tendenz zur Vervielfältigung von Lebensweisen bestehen weiterhin ein gesellschaftlicher Druck zu bestimmten Lebensformen und die Tendenz zu sozialer Diskriminierung, wenn diesem nicht gefolgt wird.

Für den Unterricht ist es daher von Bedeutung, eine akzeptierende Atmosphäre herzustellen, in der deutlich ist, dass alle Lebensweisen wahrgenommen und wertgeschätzt werden (Lähnemann 2002, S. 14). Das dabei zu vermittelnde Wissen fungiert als Orientierungswissen, das Alternativen zu vorherrschenden Diskursen bietet, Differenzierungen ermöglicht und Horizont erweiternd wirken soll. Unterrichtspraktisch kann das ganz unterschiedlich geschehen. Ein erster Schritt liegt im Aufgreifen konkreter Anlässe aus dem Schulalltag. Ich denke z. B. an Aussagen von Mädchen wie „Und wenn ich Kinder will, muss ich ja heiraten" oder „Ich wäre gerne ein Junge, dann könnte ich mich in Simone verlieben". Im ersten Beispiel wird Leben mit Kindern an institutionalisierte Partnerschaft, im zweiten Beispiel Verlieben an Heterosexualität gebunden. Wichtig ist es, in solchen Momenten darüber zu sprechen, dass diese Normalitätsvorstellungen in der Regel als unverrückbar gelten, es aber nicht sind. Das Mädchen kann sich auch so in Simone verlieben und um mit Kindern zusammenzuleben, gibt es viele unterschiedliche Möglichkeiten, von der die Ehe nur eine darstellt.

In einem weiteren Schritt geht es um explizite Lehrinhalte des Unterrichts. Meine folgenden Beispiele verstehe ich als Anregung für eigene kreative Umsetzung und Erweiterung im jeweils konkreten Lehr-Lern-Umfeld des Sachunterrichts, die die „offenkundige Verschränkung von subjektiven Erfahrungen und objektiv gegebenen Themen" im Auge behält (Schulz-Hageleit 1995, S. 15).[3] Die Vorschläge folgen der Intention, vielfältige Lebensweisen als Lehrinhalt in einer Weise aufzugreifen, die die Kinder einlädt, eigene Erfahrungen und Vorstellungen zu reflektieren und ein Verständnis von sich und vom eigenen Leben aufzu-

---

[3] Kinder, in deren Lebensumfeld Abweichungen von gesellschaftlichen Normalitätserwartungen gelebt werden und die den Eindruck haben, bei uns ist es 'anders als bei den andern', können dies unterschiedlich erleben und verarbeiten, z. B. verunsichernd oder beängstigend oder einfach mit Lust und Spaß. Von einer hohen emotionalen Sensibilität der Kinder ausgehend ist es wichtig, den Themenbereich so zu gestalten, dass die Kinder sich nicht vorgeführt oder diskriminiert fühlen. Sinnvoll erscheint darüber hinaus eine methodisch-didaktische Aufbereitung des Themas mit Hilfe spielerisch-kreativer Methoden, die daran orientiert ist, den Schülerinnen und Schülern genügend Freiraum für ihre Lebenswirklichkeit und Ideen zu lassen.

bauen, das die Gleichwertigkeit unterschiedlicher Lebensweisen anzuerkennen vermag. Doch wie kann man mit Grundschulkindern nicht nur über Vielfalt sprechen, sondern auch Alters angemessen gesellschaftskritisch ins Gespräch kommen?

Vielfalt entfalten und Normalitätsvorstellungen hinterfragen

Im ersten Beispiel geht es darum, Licht- und Schattenseiten zu verschiedenen Lebensformen zu assoziieren und durch einen gleichberechtigten Vorstellungsmodus, der der vorherrschenden Hierarchisierung von Lebensformen entgegensteht, deutlich werden zu lassen, dass alle Lebensformen beglückende und bedrückende Seiten haben (können). Die Übung setzt direkt beim Wissen der Schülerinnen und Schüler an, die sich auf drei bis vier Gruppentische verteilen und den Auftrag erhalten, zunächst still in Einzelarbeit alle Lebensformen, die ihnen einfallen, auf Karteikarten zu notieren – pro Lebensform eine Karteikarte. Anschließend werden die Karten verdeckt in die Mitte des Gruppentisches gelegt. Reihum soll dann eine Karte gezogen und die darauf notierte Lebensform vorgelesen werden. Aufgabe für die betreffende Schülerin / den bestreffenden Schüler ist es, zu der vorgelesenen Lebensform assoziativ jeweils eine Licht- und eine Schattenseite zu nennen. Im anschließenden Auswertungsgespräch mit der gesamten Klasse kann reflektiert werden, welche Lebensformen häufig genannt wurden, welche weniger, zu welchen Lebensformen schnell Licht- und Schattenseiten einfallen, bei welchen länger überlegt werden muss, wie die eigenen spontanen Gedanken auf die anderen gewirkt haben und womit dies alles zusammenhängen mag (vgl. Hartmann 1999, S. 36).

Der nächste Vorschlag lädt die Kinder ein, eigene Ideen und Fragen zu entwickeln:

In der Müllerstraße ist ein neues Haus mit insgesamt fünf Wohnungen verschiedener Größen gebaut worden. Die gerade eingezogenen Bewohnerinnen und Bewohner leben alle unterschiedlich: In einer Wohnung lebt eine Wohngemeinschaft, die aus fünf Erwachsenen und zwei Kindern besteht, in einer anderen Wohnung leben drei Frauen mit einem Kind. Aufgabe ist es, über das Haus in der Müllerstraße ein Bild zu malen und zu entscheiden, wer in die anderen Wohnungen einzieht. Mögliche Fragen für das anschließende Gespräch können sein: „Stellt euch vor, ihr sollt einen Bericht über das Zusammenleben von Menschen schreiben und dazu Interviews führen. Welche Personen aus eurer Collage würdet ihr gerne befragen wollen? Was wären Eure Fragen?"[4]

Eine weitere Möglichkeit, mit Kindern normenkritisch ins Gespräch zu kommen, ist die gemeinsame Lektüre und Diskussion von kleinen, vielleicht von der Lehrperson sogar selbst geschriebenen Geschichten, die die Frage nach sozialen

---

[4] Vgl. auch den Baustein „Wer lebt in der Bergstraße 33" in Ganguly (2002, S. 27).

Erwartungen direkt aufwerfen. Annegret Böhmer (2002, S. 193) hat z. B. die
Erzählung einer 13-jährigen Schülerin für den Unterricht aufgeschrieben, deren
Großmutter lesbisch lebt. In einer anderen durch Bilder illustrierten Geschichte
mit dem Titel „Los, komm, die beißen schon nicht!" (Berliner Institut für Lehrer-
fort- und -weiterbildung und Schulentwicklung 1997) besuchen zwei Mädchen
die Menschen in ihrem Mietshaus und interessieren sich dafür, wie diese leben.
Dabei lernen sie einen allein erziehenden Vater, ein lesbisches Paar und eine
ältere Frau kennen. Die ablehnende Haltung eines Vaters der Mädchen, als er
vom Besuch bei dem lesbisch lebenden Paar hört, kann als Anknüpfungspunkt
dienen, um über Normierungsprozesse zu sprechen: „Wer bestimmt eigentlich,
was richtig ist und was abgelehnt oder ausgelacht wird?" Auch Martin Gangulys
„Märchen vom Heiraten", in dem sich die Prinzessin viel mehr für ihre Zofe als
für den versprochenen Prinzen und dieser sich wiederum viel mehr für den Koch
interessiert, lädt ein, individuelle Wünsche im Vergleich zu Normalitätsvorstellungen zu diskutieren, sich zu fragen, wer eigentlich darüber bestimmt, wie
jemand glücklich wird und was wichtiger ist: „So zu handeln wie es von anderen
Menschen erwartet wird oder das zu tun, was ihr selber für richtig haltet?" (Ganguly 2002, S. 23). Werden Lebensgeschichten gemeinsam (vor)gelesen, referiert
und diskutiert, können die Schülerinnen und Schüler eigene Erfahrungen und
Wünsche dazu in Bezug setzten, im Kennen lernen von Neuem ihr Spektrum
erweitern und über die Diskussion von Werten des Zusammenlebens eine eigene
Haltung entwickeln.

Methodisch kann an dieser Stelle auch empfohlen werden, Frauen und Männer
mit unterschiedlichen Lebensweisen in den Unterricht einzuladen. Die in jedem
Lebenslauf existierenden Brüche und Ungereimtheiten lassen sich hierbei
ebenso erfragen, wie mögliche Probleme und Diskriminierungen sowie die
jeweiligen Hoch-Zeiten und Glücksmomente. Schlüsselerlebnisse, die zu Veränderungen im Lebenslauf bewogen oder zum Leben quer zur Norm motiviert
haben, werden lebendig vermittelt. Insbesondere in persönlichen Begegnungen
können Kenntnis und Respekt gegenüber unterschiedlichen Lebensentwürfen
und -entscheidungen eingeübt werden, welche im zukünftigen Zusammenleben
der Menschen zunehmende Relevanz erhalten.

Anknüpfend an die Beobachtung, dass im schulischen Kontext überall von Familie die Rede ist, selten jedoch darüber nachgedacht wird, welche Vielfalt sich hinter diesem Wort verbirgt und damit unbenannt bleibt, können im Sachunterricht
unterschiedliche Familienkonstellationen erörtert werden. Im Gesprächskreis
mag die Frage „Wie leben Kinder mit Erwachsenen in unserer Stadt?" Einstieg
für ein gemeinsames Nachdenken darüber sein, wer eigentlich alles zur Familie
gehört. Anschließend bietet es sich an zu untersuchen, ob und wenn ja, in welcher Weise die zusammengetragenen Lebensweisen und Familienformen im
Schulbuch vorkommen und zu erörtern, warum gegebenenfalls nicht. Alters
angemessen kann so für das Spannungsverhältnis aus Pluralisierung und Nor-

mierung von Lebensweisen sensibilisiert und die Erkenntnis zugelassen werden, dass auch Schulbücher nur einen bestimmten Teil der gelebten Realität abbilden.

Die genannten Beispiele haben unterschiedliche Zugänge umrissen, mittels derer Schülerinnen und Schüler angeregt werden können, eigene Erfahrungen in ihrem sozialen Umfeld zu reflektieren. Gleichzeitig mag dies die Kinder motivieren, über eigene Lebensentwürfe nachzudenken. Dies ist insofern von Bedeutung, als die Gestaltung der eigenen Biografie in unserer Gesellschaft zunehmend als eine lebenslange Aufgabe gilt. Die dafür notwendigen Reflexions-, Entscheidungs- und Handlungsnotwendigkeiten werden als eine wichtige psycho-soziale Kompetenz begriffen und die Befähigung dazu als Bestandteil von Bildung – von Kindheit an – erkannt (vgl. Hempel 1998, S. 102).

Anregungen für die zukünftige Lebensgestaltung geben

Studien zu Zukunftsentwürfen von Mädchen und Jungen an Grundschulen belegen eine große Sensibilität der Kinder dieser Altersgruppe für Fragen eigener Lebensentwürfe (Glumpler 1993, Hempel / Hartmann 1995, Hempel 1997). Aufsätze zu Vorstellungen ihres zukünftigen Lebens zeigen bei Mädchen interessanterweise ein viel abwechslungsreicheres Bild als bei Jungen. Letztere konzentrieren sich vorwiegend auf ihre Berufstätigkeit und antizipieren sich selbst so gut wie nie als mit Haushalt und Kinderpflege Tätige. Damit vollbringen die meisten Mädchen bereits gedanklich viel mehr Vereinbarkeitsleistungen als Jungen und stellen komplexere Anforderungen an sich und ihre Lebensplanung. Potentielle Vaterschaft führt nicht zu einer Doppelorientierung der Jungen, wie sie bei Mädchen häufig anzutreffen ist. Entsprechend zieht Edith Glumpler in einer an Flensburger Grundschulen durchgeführten Studie den Schluss, dass Mädchen für sich offensichtlich „mehr als die Hälfte" (1993, S. 62) anstreben und damit bereits in diesem jungen Alter Überforderungen und Benachteiligungen für ihr zukünftiges Erwachsenenleben akzeptieren. Gleichzeitig stellt Marlies Hempel (1998) mit Blick auf eine Untersuchung an Potsdamer Grundschulen jedoch auch die Tendenz einer Abkehr von überkommenen Rollenzuweisungen und Lebensformen bei vielen Mädchen und Jungen fest.[5]

Diese Ergebnisse lassen sich im Sachunterricht z. B. anhand von Aufsätzen, Collagen, Erzählungen, Zeichnungen, Rollenspielen für die jeweilige Klasse aktualisieren und zum Gegenstand gemeinsamer Erörterung machen. Dabei können die Fragen, die die Mädchen und Jungen aktuell bewegen, herausgearbeitet und gleichzeitig Anregung gegeben werden, diese (weiter) zu entwickeln. Eine angemessene Thematisierung wird den Schülerinnen und Schülern unterschiedliche Modelle zur Verteilung von Familien- und Berufsarbeit vermitteln, die Bearbei-

---

[5] Hempel bringt dies im Ost-West-Vergleich u. a. mit den spezifischen Sozialisationserfahrungen der Elterngeneration in der DDR bzw. der Kindergeneration in den neuen Bundesländern in Verbindung.

tung des Themas jedoch nicht auf die Vereinbarkeit von Familie und Beruf beschränken, vielmehr einem erweiterten Verständnis von Lebensgestaltung folgend mehrere Lebensaspekte wie Leben mit Kindern, gesellschaftspolitisches Engagement, Erwerbstätigkeit, Pflege eines sozialen Netzes, Freizeit, Freundschafts-, Beziehungs-, Sexualitäts- und Wohnformen im Blick behalten.[6] Des Weiteren wird sie die Mädchen und Jungen dazu ermutigen, „sich in ihrer Persönlichkeitsbildung nicht auf eine Richtung fest(zu)legen" (Schulz-Hageleit 1995, S. 46), sondern innerpsychisch beweglich und offen zu bleiben, um entlang von Erfahrungen, Überlegungen und Entscheidungen das eigene Leben immer wieder reflektieren und gegebenenfalls neu gestalten zu können. Dass eine prinzipielle Offenheit und Beweglichkeit bei vielen Kindern vorhanden ist und wie sie selbst schon aktiv im Spannungsfeld von einengenden Erwartungen und eigensinniger Erweiterung agieren, soll anhand zweier Beispiele verdeutlicht werden.

Grenzverwischungen zulassen und ermöglichen

Manfred Berger (2002, S. 47) beschreibt folgende Beobachtung in einem Kindergarten:

> „Michael (4,8 Jahre) wollte unbedingt Mann und Frau spielen. Doch kein Mädchen in der Gruppe erklärte sich bereit, die Rolle der Frau zu übernehmen. Nicht weil ihnen Michael unsympathisch ist, sie waren einfach mit anderen Beschäftigungen oder Spielen voll beansprucht. Nach langer Suche meint Christian (5,2 Jahre) schließlich: 'Wenn du die Frau machst, dann spiele ich mit. Ich bin der Mann.' Michael war einverstanden. Er ging sofort an die Kleiderkiste und suchte sich Brautkleider zusammen, denn: 'Man ist nur Mann und Frau, wenn man verheiratet ist.' Ein Unterrock mit feinen Spitzen war das Hochzeitskleid, ein Vorhang der Schleier … Auch Christian suchte sich für seine Rolle die passenden Kleider aus, wobei für ihn der Zylinder von großer Wichtigkeit war. Beide Jungen gefielen sich sichtlich als Mann und Frau. 'Nun brauchen wir noch einen Pfarrer, der uns verheiratet', schlug Michael vor. Das Brautpaar begab sich auf die Suche. Doch alle befragten Kinder lehnten mehr bis weniger entsetzt ihr Ansinnen ab. Schließlich meinte Bastian (6,2, Jahre) empört: 'Schwule dürfen nicht heiraten. Ihr seid ja schwul! Pfui! Schaut euch nur die Schwulen an! Pfui! Pfui …!' Schnell entledigten sich Michael und Christian ihrer Festkleidung, begleitet vom Gelächter der sie umringenden Kinder" (Berger 2002, S. 47).

In einer Untersuchung zu Lebensentwürfen von Grundschulkindern (Hempel 1995, S. 109) findet sich folgendes Zitat aus dem Aufsatz eines elfjährigen Mädchens:

---

[6] So hat eine am Deutschen Jugendinstitut durchgeführte Untersuchung über Lebensthemen junger Frauen zwar die Relevanz der Frage nach der Vereinbarkeit von Familie und Beruf bestätigt, gleichzeitig jedoch deutlich gemacht, dass es mit Blick auf Lebensgestaltung ein „Mehr" an Themen gibt und „nicht alle jungen Frauen allein in Kategorien von Beruf und Familie denken" (Keddi u. a. 1999, S. 215).

„Wenn ich später groß bin, will ich mit meiner Freundin zusammen leben … Und eine Familie werde ich vielleicht gründen, aber trotzdem noch mit meiner Freundin zusammenleben. Wenn ich eine Familie habe, muss mein Mann arbeiten gehen und ich auch, denn meine Kinder sollen sehr gut von mir und meinem Mann erzogen werden. Dann, wenn wir sehr viel Geld haben, wird dann nur noch mein Mann arbeiten gehen. Ich werde mit meiner Freundin am Fenster sitzen und einen Kaffee trinken. Wenn ich alt und runzelig bin und mein Mann gestorben ist und die Kinder ausgezogen sind und meine Freundin noch lebt, werde ich mit ihr am Fenster sitzen und einen Tee trinken oder mehrere" (Hempel 1995, S. 109).

In beiden Beispielen setzen sich Kinder mit vorherrschenden Erwartungen, Sehgewohnheiten und Normalitäten auseinander. Sie bearbeiten Vorstellungen von Eindeutigkeit, Zusammengehörigkeit und Unveränderbarkeit geschlechtlicher und sexueller Identität und Lebensentwürfen. Gleichzeitig machen sie die prinzipielle Beweglichkeit dieser Vorstellungen deutlich. Im ersten Beispiel wechselt ein Junge spielerisch die eigene geschlechtliche Position. Dies nimmt jedoch die Mehrheit der Kinder zum Anlass, die alltagstheoretische Verknüpfung von geschlechtlicher Identität und sexueller Orientierung aufzurufen, der zufolge bei dynamischer Geschlechtspositionierung die sexuelle Orientierung und bei gleichgeschlechtlicher Orientierung die Geschlechtsidentität als abweichend in Frage zu stellen und zu skandalieren ist. Der zitierte Lebensentwurf des zweiten Beispiels zeigt den Balanceakt eines Mädchens, das zum einen die eigenen aktuellen Wünsche und Vorlieben, die erlebte Befriedigung im Zusammensein mit ihrer Freundin spürt und für die Zukunft beibehalten will sowie zum anderen normative Vorstellungen von Erwachsenenleben wahrnimmt, sich diesen jedoch nicht völlig unterwirft.

Die Beispiele machen deutlich, dass Vielfalt nicht nur beim vergleichenden Blick auf unterschiedliche Menschen und Biografien anzutreffen ist. Vielfältigkeit, Dynamik und Uneindeutigkeit finden sich auch innerhalb einzelner Menschen, in deren Beziehungen und Lebensläufen. In der wissenschaftlichen Debatte zu geschlechtlichen und sexuellen Identitäten hat entsprechend ein Paradigmenwechsel eingesetzt. Zunehmend erscheint die Annahme einer von Natur aus gegebenen Geschlechtlichkeit und sexuellen Orientierung unhaltbar und wird vom Gedanken der Konstruktion von Geschlecht und Sexualität abgelöst. Herausforderung für den Sachunterricht ist somit nicht nur die Vielfalt unterschiedlicher Beziehungs-, Familien- und Wohnformen zu achten, damit zusammenhängend vielmehr auch geschlechtliche und sexuelle Grenzen als beweglich anzuerkennen sowie „differenz-überschreitende Wünsche" (Holtje 1998, S. 207) bei sich und anderen wertschätzend anzunehmen. In einem ersten Schritt bedeutet dies, den Druck zu eindeutiger Positionierung selbst nicht weiter zu vermitteln, mehr Aufmerksamkeit auf grenzüberschreitende Interaktionen und Entwürfe zu legen und Beispiele aufzugreifen, die quer zur Norm liegen. Dies mag Neugierde an nicht 'vereindeutigten' Lebensweisen wecken. Ein „Mehr" an geschlechtlichen und sexuellen Positionierungen zu erlauben und Gelegenheit dafür zu schaffen, kann z. B. heißen, Spiele und Übungen anzuregen, in denen Geschlechtswechsel oder ein Changieren zwischen den vorherrschenden Geschlechterpositionen möglich ist; kann heißen, Mädchen und Jungen im Spiel mit Geschlechtsattributen und einer flexiblen Wahl von (Spiel)Partnern zu unterstützen und der alltagstheoretisch gängigen Verknüpfung von sexueller Orientierung mit Geschlechtsidentität ebenso entgegenzutreten wie direkter oder indirekter Abwertung von Lebensweisen quer zur Norm. Denn, so ist immer wieder zu überlegen, wer entscheidet eigentlich, welche Lebensweisen ausgelacht werden und warum?

Eine pädagogische Haltung entwickeln

Entsprechend geht es einer *Pädagogik vielfältiger Leben*sweisen neben der expliziten Thematisierung vielfältiger Lebensweisen auch um ein alltägliches Veränderungshandeln im Sinne einer pädagogischen Haltung. Sexualisierte Schimpfworte werden dabei als Anlass für Gespräche über Fragen der verbalen Beleidigung und über den Zusammenhang von Beschimpfungen mit Sexualität aufgegriffen. Martin Ganguly (2002, S. 30 f.) schlägt bspw. vor, gemeinsam mit Kindern nach Wörtern zu suchen, die eher humorvoll sind, statt wirklich verletzend und die dafür geeignet sind, Frustrationen auszudrücken ohne anderen die Würde zu nehmen. Eine pädagogische Haltung *vielfältiger Lebensweisen* bedeutet darüber hinaus, dass die Vermittlung eines breiten Spektrums an Lebensweisen zum integralen Bestandteil des alltäglichen Unterrichts wird. So kann z. B. in Unterrichtsmaterialien zu unterschiedlichen Themen eine große Bandbreite an Lebensgestaltungsmöglichkeiten einfließen und damit ein selbstverständlich gleichwertiger Umgang vorgeführt und eingeübt wird.

Zusammenfassend ist eine Pädagogik *vielfältiger Lebensweisen* an folgenden Leitlinien orientiert:

– Lebendigkeit, Vielfalt und Innovation bejahen und unterstützen,
– für bestehende Differenzen sensibilisieren,
– eingefahrene Selbstverständlichkeiten irritieren,
– eine kritische Haltung entwickeln,
– Diskriminierungen Einhalt gebieten.

Als Erwachsene dem „Mehr" des Dynamischen und den „wechselnden Schattierungen" vielfältiger Lebensweisen Raum zu geben und Offenheit dafür zu ermöglichen, dass Kinder aus und für vielfältige Lebensweisen lernen können – was bedeutet das für Lehrende?

Neben dem (Weiter-)Entwickeln und Erproben neuer Unterrichtseinheiten wird die Bereitschaft notwendig, eigene Selbstverständlichkeiten und Denkgewohnheiten zu hinterfragen. Welche einschränkenden Normalitätsbilder und hierarchischen Wertvorstellungen habe ich vielleicht selbst im Kopf, aber auch welche Veränderungswünsche, die auf die Mädchen und Jungen delegiert, ebenfalls einengend wirken können? Vielfältige Lebensweisen als pädagogische Haltung und als expliziter Lehrinhalt verstanden, beinhaltet die Einladung, aber auch Anforderung, die eigene Lebensgestaltung in ihrem Gewordensein zu reflektieren und sie als eine unter vielen Möglichkeiten wahrzunehmen.

Literatur

Berger, Manfred: Schwulsein ist eine andere Art zu lieben. Männerliebe /-freundschaft im Bilderbuch. In: Theorie und Praxis der Sozialarbeit. Seelze: Kallmeysche Verlagsbuchhandlung 2002, H. 4, S. 47–49

Berliner Institut für Lehrerfort- und -weiterbildung und Schulentwicklung: Los komm, die beißen schon nicht! Fotos und Text von Gabriele Pilgram. Berlin: Veröffentlichung des BIL 1997

Böhmer, Annegret: Meine Oma ist lesbisch! In: Staeck, Lothar (Hrsg.): Die Fundgrube zur Sexualerziehung. Berlin: Cornelsen 2002, S. 193

Bundesministerium für Familie, Senioren, Frauen und Jugend: Bericht über die Lebenssituation junger Menschen und die Leistungen der Kinder- und Jugendhilfe in Deutschland - 11. Kinder- und Jugendbericht. 2002. Online verfügbar unter: www.bmfsfj.de/Anlage23546/11._Kinder-_und_Jugendbericht.pdf

Foucault, Michel: Von der Freundschaft als Lebensweise. Gespräch mit René Ceccatty, Jean Danet und Jean le Bitoux. In: Von der Freundschaft als Lebensweise. Michel Foucault im Gespräch. Berlin: Merve 1981, S. 85–93

Ganguly, Martin: Ganz normal anders – lesbisch, schwul, bi. Lebenskundesonderheft zur Integration gleichgeschlechtlicher Lebensweisen. Berlin: Humanistischer Verband Deutschlands 2002

Glumpler, Edith: Kleine Mädchen wollen mehr als die Hälfte – Berufswünsche von Mädchen und Jungen. In: Pfister, Gertrud / Valtin, Renate (Hrsg.): MädchenStärken. Probleme der Koedukation in der Grundschule. Frankfurt a.M.: Arbeitskreis Grundschule 1993, S. 51–66

Hartmann, Jutta: Lebenswegplanung von Mädchen und Jungen – Reflexion methodisch-didaktischer Ansätze. In: Hempel / Hartmann (Hrsg.): Lebensplanung und Berufsorientierung – ein Thema für die Grundschule? In: Potsdamer Studien zur Grundschulforschung. Potsdam: Universitätsdruck Potsdam 1995, H. 8, S. 36–46

Hartmann, Jutta: Lebensgestaltungsmöglichkeiten und Geschlecht – Herausforderungen an Schule heute. In: Hempel, Marlies (Hrsg.): Grundschulreform und Koedukation. Beiträge zum Zusammenhang von Grundschulforschung, Frauenforschung und Geschlechtersozialisation. Weinheim: Juventa 1996, S. 125–139

Hartmann, Jutta: Vielfältige Lebensweisen. Pädagogisches Prinzip und Unterrichtsthema in der Schule. In: Praxis Schule 5-10. Zeitschrift für Sekundarstufe I des Schulwesens, 1999, H. 6, S. 34–37

Hartmann, Jutta: Vielfältige Lebensweisen. Dynamisierungen in der Triade Geschlecht – Sexualität – Lebensform. Kritisch-dekonstruktive Perspektiven für die Pädagogik. Opladen: Leske + Budrich 2002

Hempel, Marlies / Hartmann, Jutta: Lebensplanung und Berufsorientierung – ein Thema für die Grundschule? Potsdamer Studien zur Grundschulforschung. Potsdam: Universitätsdruck Potsdam 1995, H. 8

Hempel, Marlies: Gleichberechtigung und Chancengleichheit von Mädchen und Jungen an den Grundschulen des Landes Brandenburg. In: Hempel, Marlies (Hrsg.): Verschieden und doch gleich. Schule und Geschlechterverhältnisse in Ost und West. Bad Heilbrunn: Klinkhardt 1995, S. 94–120

Hempel, Marlies: Lebensentwürfe von Grundschulkindern – ein Forschungsthema für den Sachunterricht. In: Marquardt-Mau, Brunhilde / Köhnlein, Walter / Lauterbach, Roland (Hrsg.): Forschung zum Sachunterricht. Bad Heilbrunn: Klinkhardt 1997, S. 169–189

Hempel, Marlies: Lebensentwürfe von Mädchen und Jungen in Ostdeutschland. In: Oechsle, Mechtild / Geissler, Birgit (Hrsg.): Die ungleiche Gleichheit. Junge Frauen und der Wandel im Geschlechterverhältnis. Opladen: Leske + Budrich 1998, S. 87–105

Hoeltje, Bettina: Spielend die Geschlechtsidentität konstruieren. In: Horstkemper, Marianne / Zimmermannn, Peter (Hrsg.): Zwischen Dramatisierung und Individualisierung. Geschlechtstypische Sozialisation im Kindesalter. Opladen: Leske + Budrich 1998, S. 189–211

Keddi, Barbara / Pfeil, Patricia / Strehmel, Petra / Wittmann, Svendy: Lebensthemen junger Frauen. Die andere Vielfalt weiblicher Lebensentwürfe. Eine Längsschnittuntersuchung in Bayern und Sachsen. Opladen: Leske + Budrich 1998

Lähnemann, Lela: Regenbogenfamilien – manche Kinder haben homosexuelle Eltern. In: Landesjugendamt Berlin (Hrsg.): Blickpunkt Berliner Kitas 2002, H. 2, S. 12–15

Reich, Kersten: Systemisch-konstruktivistische Pädagogik. Einführung in Grundlagen einer interaktionistisch-konstruktivistischen Pädagogik. Neuwied / Kriftel / Berlin: Luchterhand 1997 (2)

Schulz-Hageleit, Peter: Bausteine einer Didaktik des Lebenskunde-Unterrichts. In: Humanistischer Unterricht Lebenskunde, H. 2, Berlin: Veröffentlichung des Humanistischen Vereins 1995

DIRK LANGE

Sachunterricht aus interkultureller Perspektive

Die Bundesrepublik Deutschland ist eine Einwanderungsgesellschaft. Dieser Tatbestand wird heute nicht mehr ernsthaft in Frage gestellt. Strittig ist jedoch die Frage, wie der Staat und die Gesellschaft mit den Migrantinnen und Migranten umgehen sollen. Sollen sie als Neubürgerinnen und Neubürger mit allen politischen Rechten integriert werden oder mit einem Gaststatus nur vorübergehend angeworben und geduldet werden. Zwischen diesen beiden Polen hat sich eine Ausländerpolitik etabliert, die zwar abstreitet, dass Deutschland ein Einwanderungsland ist, jedoch gleichzeitig die Immigrationsfolgen reguliert.

Die Schulpädagogik ist mit den Auswirkungen dieser Entwicklung konfrontiert und fungiert als Reparaturbetrieb für die Bruchstellen einer verfehlten Einwanderungspolitik. Die Konzepte zum „interkulturellen Lernen" stellen einen pädagogischen Reflex auf den migrationsbedingten sozialen Wandel dar. Der Beitrag zeichnet zunächst die gesellschaftliche Migrationsdynamik in großen Linien nach. Daran anschließend werden die Entwicklungen der interkulturellen Pädagogik und von interkulturellen Lernkonzepten erörtert. Schließlich sollen daraus Perspektiven für den Sachunterricht gewonnen werden.

Gesellschaftliche Voraussetzungen

Die Migrationsgeschichte der Bundesrepublik Deutschland zeigt, dass es faktisch immer Zuwanderung gegeben hat. Dabei lassen sich vier große Bewegungen erkennen:

Die erste große Gruppe stellen die Vertriebenen und Flüchtlinge aus ehemals ostdeutschen Gebieten dar, die in der Folge des 2. Weltkrieges in westdeutsche Regionen umsiedelten. Im Zuge des „Wirtschaftswunders" gelang es dieser Einwanderergruppe, sich relativ gut in die Gesellschaft zu integrieren.

Nachdem zwischen 1955 und 1973 versucht wurde, Arbeitskräftemängel durch umfangreiche Anwerbevereinbarungen mit südeuropäischen und nordafrikanischen Staaten sowie mit der Türkei auszugleichen, trat mit den „Gastarbeitern" eine neue Migrantengruppe in den Vordergrund. Während einige der Arbeitnehmer in ihre Herkunftsländer zurückgingen, wurden andere in Deutschland sesshaft. Durch die Gruppe der ausländischen Arbeitnehmer und ihre nachziehenden Familien ist Deutschland zu einem Einwanderungsland geworden. Diese Entwicklung zeigt sich besonders in den Großstädten. Dort hat die Herausbildung unterschiedlicher „communitys" die kulturellen Lebensformen vervielfältigt.

Mit den „Flüchtlingen" und den „Aussiedlern" bestimmten in den 80er und 90er Jahren zwei weitere Gruppierungen die Einwanderung nach Deutschland. Als „Flüchtlinge" können all diejenigen Migrantinnen und Migranten begriffen werden, die als Asylbewerberinnen und Asylbewerber, als Bürgerkriegs- oder Kontingentflüchtlinge oder auch illegal eingereist sind. Als „Aussiedler" werden diejenigen Neubürgerinnen und Neubürger aus unterschiedlichen Regionen erfasst, die durch ihre Vorfahren eine „deutsche Volkszugehörigkeit" nachweisen können.

Zur Entwicklung interkultureller Pädagogik

Die Zuwanderungen haben die deutsche Gesellschaft vor neue Herausforderungen gestellt und vielfältig verändert. Neben den Betrieben waren die Schulen meist die ersten Institutionen, die mit den Migrationsfolgen konfrontiert waren. Mit den verschiedenen Kulturen, die in die Klassenzimmer Einzug hielten, wandelten sich auch die Lernvoraussetzungen und -bedingungen der Schülerinnen und Schüler.

Die „Ausländerpädagogik"

In diesem Kontext entstanden in den 70er Jahren – als Reaktion auf den Zuzug ausländischer Arbeitnehmerinnen und Arbeitnehmer – Konzepte der „Ausländerpädagogik". Ihre Vertreter formulierten als ein vordringliches Ziel, dass durch pädagogische Interventionen die herkunftsbedingten Unterschiede zwischen den Schülern und Schülerinnen zu kompensieren seien. In diesem Bemühen richtete die Ausländerpädagogik ihr Augenmerk vornehmlich auf die Kinder von Migrantinnen und Migranten. Deren herkunftsbedingten „Defizite" waren es, die durch gezielte Förderung beseitigt werden sollten. Als mangelhaft wurden dabei aber nicht nur das Leistungsniveau, sondern auch viele der Kulturtraditionen der Einwanderer eingeschätzt.

Dieser Ansatz konnte auf Dauer nicht erfolgreich sein, da er die Verantwortung für die unbefriedigende Integration einseitig in der Migrationskultur sah. Durch pädagogische Maßnahmen sollten die eingewanderten Neubürger der Mehrheitskultur angepasst werden. Ausgrenzungen, Diskriminierung und Rassismen der Aufnahmegesellschaft blieben so pädagogisch unbeachtet (vgl. Kiper 1996, S. 196 ff.).

Die interkulturelle Erziehung

Die in den 80er Jahren entstehenden Konzepte „interkultureller Erziehung" wendeten sich von der Defizitorientierung der Ausländerpädagogik ab. Die

Minderheitskulturen der Migrantinnen und Migranten sollten nunmehr akzeptiert und die pädagogischen Bemühungen auf die Frage gerichtet werden, wie ein gegenseitiges Verständnis zwischen den Kulturen gefördert werden könnte. Multikultur sollte gelernt werden, indem die verschiedenen Kulturen additiv nebeneinander gestellt wurden. Im interkulturellen Sachunterricht wurden die Feste, die Bräuche, die Traditionen und die Religionen sowie die Kleidung, die Ernährung, die Musik und die Spiele der Kinder von Migrantinnen und Migranten zum Lerngegenstand. Die Schulklasse wurde selbst als Teil einer multikulturellen Gesellschaft wahrgenommen und ihre Kulturen als Lerngegenstände genutzt.

Durch die Konzentration auf die gegenständliche Sachkultur der Herkunftsländer, waren diese Ansätze interkultureller Erziehung aber nicht frei von folkloristischen Tendenzen. Die lebensweltlichen Erfahrungen der Kinder von Migrantinnen und Migranten der 2. und 3. Generation trafen längst nicht mehr mit den Überlieferungen aus ihren „Heimatländern" überein. So stand die interkulturelle Erziehung in der Gefahr, Stereotypen zu reproduzieren, die sich nicht mehr an der Lebenswirklichkeit messen ließen.

Problematisch war, dass die Schülerinnen und Schüler nicht deutscher Herkunft an die Kulturtraditionen ihrer Vorfahren „gefesselt" wurden. Auch im interkulturellen Sachunterricht wurden Kinder von Migrantinnen und Migranten mit Kulturtraditionen identifiziert, die sie selbst nur noch aus Erzählungen oder Urlaubsreisen kannten. Dabei wurde übersehen, dass „der Schluss von nationalstaatlicher Zugehörigkeit einer Person auf ihre kulturellen Möglichkeiten, ihre Sicht von Welt oder ihr Verhaltensrepertoire eher der Bildung von Vorurteilen als ihrem Abbau dient" (Schmidtke 2002, S. 56). Insgesamt lag der kulturellen Erziehung ein zu homogener Kulturbegriff zu Grunde, der nicht in der Lage war, die kulturelle Dynamik von Integrationsprozessen einzufangen.

Das interkulturelle Lernen

Die aktuellen Konzepte interkulturellen Lernens haben diese Schwierigkeiten verarbeitet und bedienen sich eines erneuerten Kulturbegriffs. Dieser lässt sich an eine Definition Max Webers anschließen, der „Kultur" als „ein vom Standpunkt des Menschen aus mit Sinn und Bedeutung bedachter endlicher Ausschnitt aus der sinnlosen Unendlichkeit des Weltgeschehens" (Weber 1985, S. 180) begreift. Nach Weber drückt sich die Kulturtätigkeit des Menschen in seiner Fähigkeit aus, „bewußt zur Welt Stellung zu nehmen und ihr einen Sinn zu verleihen" (ebd.). Kultur stellt demnach ein Sinn- und Bedeutungssystem dar, dass von Menschen einer größeren Gruppe kommuniziert wird.

Somit ist Kultur ein kollektives Phänomen. Sie lässt sich aber nicht mehr als eine homogene Eigenschaft von nationalen, religiösen, ethnischen o.ä. Gruppen betrachten. Kulturelle Identität wird von den Individuen hergestellt und ist somit nicht statisch, sondern unterliegt ständiger Veränderung beziehungsweise

Bestätigung. In der Regel ist der Einzelne in unterschiedliche Sinn- und Bedeutungssysteme verwoben. Dieser Umstand erlaubt es beispielsweise Kindern von Migrantinnen und Migranten, gleichzeitig in „mehreren Welten" zu leben und ihre kulturelle Identität im Akkulturationsprozess zu wandeln (vgl. Borrelli 1992).

Mit der Verlagerung des Fokus von der Sachkultur hin zur Deutungskultur, haben sich die Aufgaben der interkulturellen Pädagogik verändert. Heute ist es ihr vorrangiges Ziel, Lernenden die notwendigen Kompetenzen zu vermitteln, um mit Angehörigen anderer kultureller Systeme sinnvoll und erfolgreich interagieren zu können. Hieraus lassen sich vier zentrale Leitmotive ableiten (vgl. Grosch / Leenen 1998, S. 29; Auernheimer 2003, S. 21):

– Das Prinzip der Anerkennung von anderen und differenten Kulturen,
– das Prinzip der Gleichheit aller Menschen ungeachtet ihrer kulturellen Differenz,
– die Befähigung zum interkulturellen Verstehen und
– die Befähigung zum interkulturellen Dialog.

Der interkulturelle Lernprozess

Wie lässt sich nun ein interkultureller Lernvorgang vorstellen? Hierfür ist in der neueren Diskussion ein mögliches Phasenmodell vorgeschlagen worden, das seinen Ausgangpunkt in der Feststellung nimmt, dass interkulturelle Verständigung notwendigerweise durch die Kulturgebundenheit der Interaktionspartner erschwert wird. Die erste Phase interkulturellen Lernens ist deshalb dadurch gekennzeichnet, dass die Kulturgebundenheit menschlichen Verhaltens erkannt und akzeptiert wird. Erst darauf aufbauend wird es möglich, fremden Sinn- und Bedeutungssystemen unvoreingenommen gegenüber zu treten. Das Wissen um die kulturelle Perspektivität ermöglicht es dem Lernenden, andere kulturelle Muster zu erkennen, ohne sie zwangsläufig positiv oder negativ bewerten zu müssen. Die Begegnung mit anderen Kulturen erweitert zugleich den Blick auf die eigenen Kulturstandards. Durch die bewusste „Entfremdung" – den Perspektivenwechsel – kann erlernt werden, dass scheinbare Selbstverständlichkeiten in der Begegnung mit Angehörigen einer anderen Kultur erklärungsbedürftig werden können. Es wird Einsicht in die Wirkungen der eigenen kulturellen Kommunikation gewonnen.

Im nächsten Schritt interkulturellen Lernens kann das Deutungswissen über andere Kulturen erweitert werden. Das Wissen um die Sinnzusammenhänge, in denen andere die Dinge der Welt ordnen, ermöglicht es, deren Kulturstandards zu verstehen und zu akzeptieren. Diese Sachkenntnis wirkt auf die eigene Fähigkeit, mit Angehörigen anderer Kulturen zu interagieren, zurück. Das Wissen um die Sinn- und Bedeutungssysteme der „anderen" erleichtert den flexiblen

Umgang mit kulturellen Regeln. So entwickelt sich die Kompetenz, auf „fremde" Kulturstandards der Situation angemessen zurückzugreifen.

Insgesamt handelt es sich dabei um die Entstehungs- und Entwicklungsbedingungen interkultureller Kompetenz. Die verschiedenen Phasen lassen sich als Momente interkulturellen Lernens begreifen. In ihnen wird gelernt, wie mit Angehörigen einer fremden Kultur gleichberechtigte Beziehungen aufgebaut und kulturbedingte Konflikte bewältigt werden können. (vgl. Grosch / Leenen 1998, S. 37 ff.).

Perspektiven für den Sachunterricht

Dieses Phasenmodell macht deutlich, dass sich moderner interkultureller Sachunterricht nicht nur mit dem „Fremden" auseinandersetzt. Wer Interesse und Neugier am „Anderen" zeigt, thematisiert auch das „Eigene". „Der Kontakt mit dem Fremden kann das Eigene und Vertraute in einem klareren Licht erscheinen lassen und bietet dann die Voraussetzung für die Entwicklung gemeinsamer Perspektiven" (Reich / Holzbrecher / Roth 2000, S. 8).

Interkulturelles Lernen im Sachunterricht hat Folgen für die vier zentralen didaktischen Entscheidungsebenen. Es lässt sich hinsichtlich der *Methoden*, der *Medien*, der *Lernziele* und der *Lerninhalte* ausdifferenzieren (vgl. Glumpler 1996, S. 66 ff.).

Methoden

Der interkulturelle Sachunterricht hat keine eigenständige Methodik ausgeprägt. Vielmehr greift er bei der Unterrichtsorganisation auf allgemeine grundschulpädagogische Prinzipien wie die Alltagsorientierung, die Kindorientierung, die Handlungsorientierung oder das „Lernen mit allen Sinnen" zurück. Von besonderer Bedeutung sind jedoch die Methoden des offenen Sachunterrichts, da diese in der Lage sind, der kulturbedingten Heterogenität von Lerngruppen Rechnung zu tragen. Das Stationen-Lernen, die Projektmethode, die Freiarbeit, der Werkstattunterricht und die Wochenplanarbeit ermöglichen es, den Sachunterricht methodisch zu differenzieren. Als offene Methoden des interkulturellen Sachunterrichts zielen sie darauf ab, die möglichen Lernwege so zu individualisieren, dass herkunfts- und kulturbedingte Unterschiede nicht zu Hemmnissen und Benachteiligungen beim Lernen führen.

Medien

Die Medien des interkulturellen Sachunterrichts sind Träger von kultureller Bedeutung. Dafür eignen sich beispielsweise Gegenstände, Fotos und Lieder. Sie ermöglichen die originale Begegnung mit den Ausdrucksformen anderer

Kulturen. Sie stellen Ausgangspunkte für die kindlichen Fragen nach dem Sinn und nach der Bedeutung der Kultursymbole dar. Es besteht jedoch die Gefahr, dass die reduzierte Symbolik zur vereinfachten Wahrnehmung der fremden Kultur führt. Der Medieneinsatz im interkulturellen Sachunterricht muss deshalb grundsätzlich daraufhin reflektiert werden, ob er zur Stereotypenbildung beiträgt. Es handelt sich dabei um eine ideologiekritische Perspektive, der jegliche Auswahl von Medien unterzogen werden sollte.

Lernziele

Interkulturelles Lernen im Sachunterricht zielt darauf, dass Kinder schon frühzeitig die Kompetenz erwerben, mit Kindern anderer Kulturen zu kommunizieren. Hierfür muss eine Offenheit für andere und fremde Lebensformen entwickelt werden. Gleichzeitig ist die Bereitschaft zu fördern, Eigenes und scheinbar Normales in Frage zu stellen und mit der „kulturellen Brille" eines Anderen zu sehen. Durch den interkulturellen Sachunterricht können folgende Fähigkeiten gefördert werden (vgl. Grosch / Leenen 1998, S. 39):

– differenzierte Selbstwahrnehmung
– realistische Selbsteinschätzung
– emotionale Stabilität
– Ambiguitätstoleranz
– kultureller Perspektivenwechsel
– bewusste Verhaltensmodifikation.

Die Vervielfältigung und Parallelität kultureller Lebensform ist ein Kennzeichen moderner Gesellschaften. Im interkulturellen Sachunterricht lernen Schülerinnen und Schüler, mit dieser Heterogenität ihrer Lebenserfahrungen umzugehen.

Lerninhalte

Grundsätzlich stellt interkulturelles Lernen ein Prinzip dar, das bei der Behandlung eines jeden sachunterrichtlichen Themengebietes berücksichtigt werden kann und sollte. Didaktische Überlegungen sollten immer auch reflektieren, welche kulturbezogenen Voraussetzungen und Folgen der Unterrichtsgegenstand impliziert.

Aber Interkulturalität ist nicht nur ein Lernprinzip, sondern leitet auch die Auswahl von Unterrichtsinhalten. Fragen der Migration und der Interkulturalität können als ein „epochaltypisches Schlüsselproblem" (Klafki 1994, S. 58) begriffen werden, welches an verschiedenen Gegenständen exemplarisch erschlossen werden kann. „Rassismus", „Migration", „Religionen" oder „Moral" sind klassische Inhaltsfelder, welche die interkulturelle Kompetenz fördern, indem sie vom kulturell Eigenen „entfremden" und das kulturell Fremde „aneignen".

Literatur

Auernheimer, Georg: Einführung in die interkulturelle Pädagogik, Darmstadt: Wissenschaftliche Buchgesellschaft 2003 (3)

Borrelli, Michele: Überlegungen zur prinzipienwissenschaftlichen Begründung Interkultureller Didaktik. In: Ders. (Hrsg.): Zur Didaktik Interkultureller Pädagogik. Band 1. Baltmannsweiler: Schneider 1992, S. 2–13

Glumpler, Edith: Interkulturelles Lernen im Sachunterricht. Bad Heilbrunn: Klinkhardt 1996

Grosch, Harald / Leenen, Wolf Rainer: Bausteine zur Grundlegung interkulturellen Lernens. In: Interkulturelles Lernen. Arbeitshilfen für die politische Bildung. Bonn: Bundeszentrale für politische Bildung 1998, S. 29–46

Kiper, Hanna: Interkulturelles und antirassistisches Lernen in der Grundschule. In: George, Siegfried / Prote, Ingrid (Hrsg.): Handbuch zur politischen Bildung in der Grundschule. Schwalbach/Ts.: Wochenschau 1996, S. 196–210

Klafki, Wolfgang: Zum Verhältnis von Allgemeiner Didaktik und Fachdidaktik – Fünf Thesen. In: Meyer, Meinert A. / Plöger, Walter (Hrsg.): Allgemeine Didaktik, Fachdidaktik und Fachunterricht. Weinheim / Basel: Beltz 1994, S. 42–64

Reich, Hans H. / Holzbrecher, Alfred / Roth, Hans-Joachim (Hrsg.): Fachdidaktik interkulturell. Ein Handbuch. Opladen: Leske + Budrich 2000

Roth, Hans Joachim: Allgemeine Didaktik. In: Reich, Hans H./ Holzbrecher, Alfred / Roth, Hans Joachim (Hrsg.): Fachdidaktik interkulturell. Ein Handbuch. Opladen: Leske + Budrich 2000, S. 11–53

Schmidtke, Hans-Peter: Herausforderungen an einen interkulturellen Sachunterricht. In: Grundschule 35, 2002, H. 9, S. 53–57

Weber, Max: Gesammelte Aufsätze zur Wissenschaftslehre. Hrsg. v. Johannes Winckelmann, Tübingen: Mohr 1985 (6)

DIETMAR VON REEKEN

Sachunterricht aus globaler Perspektive

Globalisierung und Grundschulkinder

Globalisierung – das ist ohne Zweifel einer der zentralen Begriffe gesellschaftlicher und politischer Diskurse der letzten Jahre. Kaum ein Tag vergeht, an dem nicht über die Auswirkungen der Globalisierung kontrovers diskutiert wird. Dabei ist weder der Inhalt dieses Begriffes noch die Beurteilung seiner Bedeutung konsensfähig: Sprechen manche von Globalisierung vornehmlich unter ökonomischer Perspektive und meinen damit vor allem den weltweiten Fluss großer Kapitalmengen, betonen andere die enorm gestiegenen Verkehrs-, Kommunikations- und Austauschbeziehungen bis hin zur Begegnung und Vermischung von Lebensstilen und Konsummustern. Während die Globalisierungsdebatte erst mit dem Ende der globalen Blockkonfrontation in den frühen 1990er Jahren einsetzte und damit öffentlichkeitswirksam wurde, setzten die Prozesse selbst schon Jahrzehnte oder gar – je nach Lesart – Jahrhunderte früher ein.

Und auch die Bewertung von Globalisierung ist höchst umstritten: Sie reicht von einer Betonung der Chancen im Sinne einer Ausbreitung von Demokratie, Menschenrechten und Wohlstand über den Globus und einer wechselseitigen kulturellen Bereicherung mit der Utopie einer globalen Zivilgesellschaft bis zu Begriffen wie „Terror der Ökonomie" und aktiven Gegenbewegungen. Fest steht lediglich, dass die übernationalen Vernetzungen ebenso enorm zugenommen haben wie die globalen Risiken und Gefahren und dass ein selbstgenügsames Beharren auf einer regionalen oder nationalen Perspektive in dieser globalisierten Welt kaum noch eine tragfähige Grundlage menschlichen Denkens und Handelns darstellt. Und fest steht auch – aber dies beinhaltet bereits eine normative Perspektive –, dass die enorm dynamischen Globalisierungsprozesse nicht anonyme Mächte darstellen, deren Auswirkungen man nur fatalistisch hinnehmen kann, sondern von Menschen gestaltet werden und gestaltbar sind.

Was hat dies nun mit Kindern im Grundschulalter zu tun?

Klaus Seitz stellte vor einigen Jahren zu Recht fest:

> „Die Lebenswelten, in denen sich Kinder und Jugendliche heute bewegen, sind längst in einen weltumspannenden Zusammenhang eingebettet. Auch die Ereignisse im sozialen Nahbereich können heute ohne den Blick auf den globalen Kontext nicht mehr angemessen begriffen und eingeordnet werden" (Seitz 1998, S. 347).

Diese Einbettung kindlicher Lebenswelten in globale Zusammenhänge geschieht für die Kinder teils bewusst, teils sind ihnen die globalen Bezüge aber auch unbekannt:

- Kinder konsumieren Produkte, deren Rohstoffe aus fernen Ländern kommen, und essen ganz selbstverständlich in Restaurants, die Gerichte aus zahlreichen Regionen der Welt anbieten
- Kinder spielen mit Spielzeug, das überwiegend in der sog. „Dritten Welt" produziert wird und das in den Medien durch erkennbar in Japan produzierte Trickfilmserien (Pokémon, Digimon etc.) flankiert wird
- Kinder leiden unter der Arbeitslosigkeit ihrer Eltern, die u. a. durch die globale Konkurrenz hervorgerufen wird
- Kinder verleben ihren Urlaub in anderen europäischen Ländern und im außereuropäischen Ausland, begegnen dort fremden Menschen und fremden Kulturen und erfahren Widersprüche und Konflikte zwischen arm und reich, zwischen den lokalen Kulturen und einer globalisierten Konsumkultur (Coca-Cola, Mc Donald's) usw.
- Kinder leben in Schule, Wohnumfeld und Freizeitwelt mit Kindern mit Migrationshintergrund zusammen, sie erfahren, dass diese nicht nur (meistens) anders aussehen, anders heißen und anders sprechen, sondern dass sie auch (zum Teil) über andere kulturelle Erfahrungen, andere Werte und Normen verfügen, und dass ihre Umwelt unterschiedlich (aggressiv, gleichgültig, fasziniert etc.) auf diese kulturelle Differenz reagiert
- Kinder begegnen in ihrem Umgang mit Erwachsenen unterschiedlichen Deutungen von Globalisierungsphänomenen (Angst, Abwehr, Vorurteilen, Euphorie usw.)
- Kinder surfen im Internet und sehen im Fernsehen Berichte aus der ganzen Welt
- Kinder bewegen sich ganz selbstverständlich in einer globalisierten Pop- und Jugendkultur

Es gibt also wohl kaum einen Zweifel daran, dass

> „das in der Sozialisationsforschung weithin übliche Modell historisch überholt (ist), das auf der Vorstellung von konzentrisch sich erweiternden Lebensräumen im Ablauf der Lebensphasen beruht … Nicht dies macht demnach heute, im Zeichen der Globalisierung, die Grundstruktur des Sozialisationsprozesses aus, sondern die tendenzielle Gleichzeitigkeit von realer Lebenswelt mit ihren Anforderungen, Zumutungen und Möglichkeiten einerseits und einer virtuellen, medial erzeugten Welt, die sich höchst aufdringlich und wirksam im Internet und Fernsehen, in Videos und Comics präsentiert, andererseits" (Hornstein 2001, S. 527).

Aber auch noch in einer zweiten Hinsicht müssen Grundschulkinder und globalisierte Welt zusammen gedacht werden: Das Leben in einer globalisierten Welt erfordert anderes Wissen, erfordert neue Kompetenzen, die Kinder im Laufe ihrer schulischen und außerschulischen Sozialisation erwerben müssen, um in dieser Welt, die ihre Gegenwart und vor allem ihre Zukunft darstellt, selbst- und mitverantwortlich leben zu können: Es geht dabei um mindestens drei Kompetenzbereiche:

1) die Vermittlung von eher funktionalen Kompetenzen wie z. B. Fremdsprachen, länder- und kulturkundlichem Wissen etc. – die flächendeckende Einführung eines Grundschulfaches „Englisch" ist bereits eine Reaktion hierauf.

2) den verständigen, kompetenten Umgang mit der „globalen Risikozivilisation", der bildungstheoretisch z. B. Ausdruck fand in dem Klafkischen Allgemeinbildungskonzept, das auf die Auseinandersetzung mit „epochaltypischen Schlüsselproblemen" setzt (Klafki 1994). Diese Integration in Bildungsprozesse ist nicht nur individuell bedeutsam, sondern gilt geradezu als notwendige Voraussetzung, um diese Probleme überhaupt bewältigen zu können: „Alle Hoffnungen richten sich … auf die Entfaltung des scheinbar unerschöpflichen Potentials der menschlichen Lernfähigkeit, wenn es darum geht, der komplexen unkontrollierbar gewordenen Folgen, die menschliches Handeln hervorgerufen hat, wieder Herr zu werden" (Seitz 1993, S. 40).

3) Vor allem aber geht es um einen grundlegenden Perspektivenwechsel hin zu einem „globalen Lernen", das Ansätze der Friedenspädagogik, der Umweltbildung, der interkulturellen Pädagogik und der entwicklungsbezogenen Bildung integriert und zu einem neuen Konzept schulischen und außerschulischen Lernens weiter entwickelt: „Globales Lernen möchte Menschen dazu befähigen und dazu ermutigen, an der Gestaltung der Weltgesellschaft sachkundig und verantwortungsbewusst teilzuhaben. Es zielt auf eine Form des Lernens und eine Weise des Denkens, die es erlauben, lokale Gegebenheiten in ihrer Einbindung in den globalen Kontext wahrzunehmen, und dazu befähigen, lokales Handeln in Einklang mit globalen Erfordernissen zu bringen" (Seitz 2002, S. 50). Dies umfasst ein anderes Wissen, soziale Kompetenzen, Motivationen, Einstellungen und Wertorientierungen. Um es konkret zu machen: Hierzu gehören Toleranz, kulturelle Neugier, Bereitschaft und Fähigkeit zur Partizipation, zur Risikoabschätzung und zum Wechsel von Perspektiven, die Fähigkeit zum Umgang mit Komplexität und Orientierungsunsicherheiten, ein kritischer Umgang mit Medien usw. (vgl. auch Tremls „Schlüsselqualifikationen eines globalen Lernens" in: Treml 2000, S. 42). Allerdings sind die pädagogischen und didaktischen Konzepte hierfür noch eher vage, da sich die Wissenschaften der Herausforderung bislang nur unzureichend angenommen haben (vgl. jetzt zusammenfassend: Seitz 2002 a).

Globales Lernen als Paradigmenwechsel für den Sachunterricht?

Für den Sachunterricht bedeuten diese Veränderungsprozesse eine enorme Herausforderung. Erst jüngst zeigte sich nämlich, dass der Heimatbezug für das Selbstverständnis des Faches in Theorie und Praxis nach wie vor von zentraler Bedeutung ist: Die Veranstalter der Lüneburger Tagung der „Gesellschaft für Didaktik des Sachunterrichts" (GDSU) 2001 stellten jedenfalls überrascht fest, dass die Schwerpunktsetzung der Teilnehmerinnen und Teilnehmer beim Tagungsthema „Die Welt zur Heimat machen?" ganz anders als erwartet war:

> „Das Element 'Welt' stand faktisch nicht im Mittelpunkt des Lüneburger Diskurses. Es erschien so randständig wahrgenommen, dass der GDSU aus einer Arbeitsgruppe empfohlen wurde, eine weitere Tagung der Frage nach den notwendigen 'Welt-Bezügen' im Sachunterricht zu widmen. 'Heimat' … stand im Mittelpunkt der wissenschaftlichen Überlegungen 2001" (Engelhardt / Stoltenberg 2002, S. 10).

Auch wenn es sich häufig um einen modernisierten, von alten Konnotationen und Ideologemen befreiten Heimatbegriff handelte, war die Konzentration auf Heimat als zentrales Prinzip des Sachunterrichts überraschend, hat doch etwa der von der GDSU erarbeitete „Perspektivrahmen Sachunterricht" auf ihn gänzlich verzichtet (vgl. GDSU 2002). Und auch in der Geschichte des Sachunterrichts gibt es ja durchaus Traditionsbestände, die über eine enge Heimatorientierung hinausweisen, man denke nur an Wilhelm Harnischs Konzept aus dem frühen 19. Jahrhundert, bei dem die Heimatkunde nur die Grundstufe einer „Weltkunde" darstellte (vgl. Schernikau 1993, S. 198f.), oder an Adolf Reichweins „noch aus heutiger Sicht eindrucksvollen … Versuch (aus den dreißiger Jahren, DvR), die ethnozentrische Heimatkunde zur Weltkunde gemäß dem Parallelprinzip zu erweitern" (ebd., S. 200). Auch Vorschläge zur Umbenennung des Faches weisen in diese Richtung – Astrid Kaiser plädiert für den niederländischen Begriff „soziale Weltorientierung" (Kaiser 2001, S. 6) und der Grundschulverband schlug vor einigen Jahren die Fachbezeichnung „Welterkundung" vor (Faust-Siehl u. a. 1996, S. 63ff.; kritisch hierzu Kahlert 2002, S. 50f.).

Eine stärkere Weltorientierung des Sachunterrichts kann auch durch Anknüpfung an einzelne sachunterrichtsdidaktische Diskussionsstränge der letzten Jahre legitimiert werden:

– Ansätze zur *Friedenspädagogik* verweisen darauf, dass Grundschulkinder bereits mit Kriegen und ihren Auswirkungen konfrontiert werden und die Aufklärung hierüber auch zu den Aufgaben der Grundschule gehört (vgl. etwa Dettmar-Sander / Sander 1996)

– Beim *historischen Lernen* wird immer wieder auch der Blick in (räumlich) ferne Länder und Kulturen geworfen (z. B. Indianer, Migration etc.) (vgl. von Reeken 1999)

– *Interkulturelles Lernen* im Sachunterricht ist per se übernational konzipiert (vgl. Glumpler 1996)

– Das gleiche gilt auch für die *Dritte-Welt-Erziehung*, die insbesondere durch das Bremer Projekt „Dritte / Eine Welt in der Grundschule" eine beeindruckende Tradition global orientierten Grundschulunterrichts entwickelt hat (vgl. Zahn 1993, vor allem S. 181–183)

– Konzeptionen *politischen Lernens* im Sachunterricht setzen zwar auf die Förderung von Partizipationsfähigkeit im lokalen Umfeld, streben aber eine

„Gemeinwesenorientierung" des Unterrichts „in 'Glokalisierungsperspektive' statt in provinzialistischer Idyllebildung" (Claußen 2003, S. 47) an (vgl. von Reeken 2001)

– Die Weiterentwicklung der Umweltbildung zur *Bildung für Nachhaltigkeit*, setzt in Anknüpfung an den Agendaprozess auf eine Verknüpfung lokaler Handlungen mit globalen Einsichten (vgl. etwa Gärtner / Hellberg-Rode 2001; kritisch hierzu: Seitz 2000, S. 105)

All diese Entwicklungen zeigen, dass eine stärkere Berücksichtigung überlokaler und übernationaler Zusammenhänge (europäisch und global) nicht nur wünschenswert, sondern auch bereits mit Grundschulkindern sinnvoll ist – mögliche Hinderungsgründe im „Reifegrad" der Kinder werden heute nahezu einhellig abgelehnt, auch wenn natürlich die konkreten Lernvoraussetzungen Berücksichtigung finden müssen.

Allerdings: „Die Vorstellung einer globalen Handlungsgemeinschaft der Menschen … überschätzt zweifellos den Beitrag, den das Lernen und Handeln des Individuums auf weltgesellschaftliche Entwicklungstendenzen auszuüben vermag" (Seitz 1993, S. 69 f.). Konzepte globalen Lernens im Sachunterricht müssen auch ihre eigenen Probleme und Grenzen mitreflektieren, müssen die nicht weg zu leugnende Spannung zwischen dem Wunsch nach Einflussnahme auf Zustände, die als ungerecht und gefährlich erkannt werden, auf der einen und den realistischen Einflussmöglichkeiten des Einzelnen auf der anderen Seite mitdenken, um nicht ständige Illusionen bzw. Frustrationen bei den Kindern zu befördern. Theoretisch ungeklärt ist noch, in wie weit die anthropologische Ausstattung des „Nahbereichswesens Mensch" ihm überhaupt emotionale Identifikationen mit einer Weltgemeinschaft möglich macht (vgl. Treml 2000) – auch hier scheint weiteres Nachdenken über die Bedeutung des Heimatbegriffs für den Sachunterricht erforderlich (vgl. ebd., S. 36 ff.).

Fazit

Die Orientierung des Sachunterrichts an Konzepten globalen Lernens bedeutet nicht, den Sachunterricht von den lokalen Lebenswelten der Kinder abzukoppeln – da diese ohnehin in globale Zusammenhänge eingebettet sind, ist dies auch gar nicht notwendig und wäre nicht zuletzt auch problematisch, weil Kinder vor allem in ihrem Nahraum eigene Handlungserfahrungen machen können. Allerdings müssen bei der Behandlung lokaler Themen immer auch globale Vernetzungen mitgedacht und die vielfältigen überlokalen Erfahrungen der Kinder verstärkt in den Sachunterricht integriert werden. Es handelt sich dabei, dies muss abschließend betont werden, nicht um die Aufnahme zusätzlicher Gegenstände, sondern um einen grundlegenden Wechsel der Perspektive – und in diesem Sinne stellt ein „Sachunterricht aus globaler Perspektive" wohl tatsächlich einen Paradigmenwechsel in der Entwicklung des Sachunterrichts dar, der allerdings noch erhebliche Anstrengungen in der weiteren Theorieentwicklung unter Einbeziehung anthropologischer, sozialwissenschaftlicher, pädagogischer und fachdidaktischer Erkenntnisse der Bezugsdisziplinen notwendig macht.

Literatur

Butterwegge, Christoph / Hentges, Gudrun (Hrsg.): Politische Bildung und Globalisierung. Opladen: Leske + Budrich 2002

Claußen, Bernhard: Politische Bildung in der Grundschule. Fachdidaktische Aspekte der Primarstufe. Hamburg: Studiengesellschaft für Sozialwissenschaftliche und Politische Bildung 2003

Dettmar-Sander, Christiane / Sander, Wolfgang: Friedenserziehung in der Grundschule – Aufgaben und didaktische Zugänge. In: George, Siegfried / Prote, Ingrid (Hrsg.): Handbuch zur politischen Bildung in der Grundschule. Schwalbach/Ts.: Wochenschau 1996, S. 174–195

Engelhardt, Wolf / Stoltenberg, Ute: Die Welt zur Heimat machen? In: Dies. (Hrsg.): dass., Bad Heilbrunn: Klinkhardt 2002, S. 9–26

Faust-Siehl, Gabriele u. a.: Die Zukunft beginnt in der Grundschule. Empfehlungen zur Neugestaltung der Primarstufe. Frankfurt a.M.: Arbeitskreis Grundschule 1996

Gärtner, Helmut / Hellberg-Rode, Gesine (Hrsg.): Umweltbildung & nachhaltige Entwicklung. 2 Bände. Baltmannsweiler: Schneider 2001

Gesellschaft für Didaktik des Sachunterrichts (GDSU): Perspektivrahmen Sachunterricht. Bad Heilbrunn: Klinkhardt 2002

Glumpler, Edith: Interkulturelles Lernen im Sachunterricht. Bad Heilbrunn: Klinkhardt 1996

Hornstein, Walter: Erziehung und Bildung im Zeitalter der Globalisierung. Themen und Fragestellungen erziehungswissenschaftlicher Reflexion. In: Zeitschrift für Pädagogik 47, 2001, S. 517–537

Kahlert, Joachim: Der Sachunterricht und seine Didaktik. Bad Heilbrunn: Klinkhardt 2002

Kaiser, Astrid: Einführung in die Didaktik des Sachunterrichts. Baltmannsweiler: Schneider 2001 (7)

Klafki, Wolfgang: Neue Studien zur Bildungstheorie und Didaktik. Zeitgemäße Allgemeinbildung und kritisch-konstruktive Didaktik. Weinheim / Basel: Beltz 1994 (4)

Reeken, Dietmar von: Historisches Lernen im Sachunterricht. Didaktische Grundlegungen und unterrichtspraktische Hinweise. Seelze / Velber: Kallmeyer 1999

Reeken, Dietmar von: Politisches Lernen im Sachunterricht. Didaktische Grundlegungen und unterrichtspraktische Hinweise. Baltmannsweiler: Schneider 2001

Schernikau, Heinz: Heimat- und Weltkunde im Horizont der Einen Welt. In: Scheunpflug, Annette / Treml, Alfred K. (Hrsg.): Entwicklungspolitische Bildung. Bilanz und Perspektiven in Forschung und Lehre. Ein Handbuch. Tübingen / Hamburg: Schöppe & Schwarzenbart 1993, S. 197–219

Seitz, Klaus: Von der Dritte-Welt-Pädagogik zum Globalen Lernen. Zur Geschichte der entwicklungspädagogischen Theoriediskussion. In: Scheunpflug, Annette / Treml, Alfred K. (Hrsg.): Entwicklungspolitische Bildung. Bilanz und Perspektiven in Forschung und Lehre. Ein Handbuch. Tübingen / Hamburg: Schöppe & Schwarzenbart 1993, S. 39–77

Seitz, Klaus: Politische Bildung in der Einen Welt. Die Empfehlung der Kultusminister „Eine Welt / Dritte Welt ..." In: Die Deutsche Schule 90, 1998, S. 347–361

Seitz, Klaus: Bildung für ein globales Zeitalter? Mythen und Probleme weltbürgerlicher Erziehung. In: Scheunpflug, Annette / Hirsch, Klaus (Hrsg.): Globalisierung als Herausforderung für die Pädagogik. Frankfurt a.M.: IKO-Verlag für Interkulturelle Kommunikation 2000, S. 85–114

Seitz, Klaus: Lernen für ein globales Zeitalter. Zur Neuorientierung der politischen Bildung in der postnationalen Konstellation. In: Butterwegge, Christoph / Hentges, Gudrun (Hrsg.): Politische Bildung und Globalisierung. Opladen: Leske + Budrich 2002, S. 45–57

Seitz, Klaus: Bildung in der Weltgesellschaft. Gesellschaftstheoretische Grundlagen globalen Lernens. Frankfurt a.M.: Brandes und Apsel 2002a

Treml, Alfred K.: Möglichkeiten und Grenzen menschlichen Lernens im Kontext der Weltgesellschaft – aus evolutionstheoretischer Sicht. In: Scheunpflug, Annette / Hirsch, Klaus (Hrsg.): Globalisierung als Herausforderung für die Pädagogik. Frankfurt a.M.: IKO-Verlag für Interkulturelle Kommunikation 2000, S. 27–43

Zahn, Barbara: Der Lernbereich Dritte / Eine Welt in der Grundschule. In: Scheunpflug, Annette / Treml, Alfred K. (Hrsg.): Entwicklungspolitische Bildung. Bilanz und Perspektiven in Forschung und Lehre. Ein Handbuch. Tübingen / Hamburg: Schöppe & Schwarzenbart 1993, S. 175–196

SUSANNE BRÜLLS

Medienpädagogische Zugänge in einer Informationsgesellschaft

Jede Form von Sachunterricht, die Kindern nicht nur Wissen vermitteln, sondern ihnen auch Gelegenheit geben will, das Lernen zu Lernen (vgl. Kaiser Band 4 dieser Reihe), muss auf die im lehrpersonzentrierten Unterricht übliche Gleichschaltung der Aktivitäten von Schülerinnen und Schülern verzichten, ihre Eigeninitiative (fordern und) fördern und den weitestgehend selbstständigen und eigenverantwortlichen Umgang mit unterschiedlichen Lerngegenständen ermöglichen. Dabei ist der Einsatz von Medien unverzichtbar.

Grundlegend für ein Verständnis der Medienpädagogik ist eine Rückbesinnung auf die ursprüngliche Bedeutung des Begriffes Medium. Medium kommt aus dem Lateinischen und bedeutet übersetzt nicht mehr als Mitte bzw. Mittelglied. Unter Medium bzw. unter Medien i.e.S. zu verstehen, sind Objekte bzw. Einrichtungen, die als Vermittler oder Träger von Informationen, Ideen oder Meinungen dienen. Sie können nach Kolb als Informationsvehikel zur Kommunikation (Kolb 1974, S. 72) bzw. nach Schulze als Wirklichkeitsrepräsentationen verstanden werden (Schulze 1978, S. 49 ff.)

Medien sind als wahrnehmbare Objekte zwar Bestandteil der Wirklichkeit, aber sie entfalten ihre eigentliche Funktion nur durch Verweis auf (aktuell) nicht wahrnehmbare Wirklichkeitsausschnitte, über die sie informieren bzw. die sie repräsentieren (sollen). Bedeutsam an einer im Unterricht eingesetzten Zeichnung zum Wasserkreislauf sind nicht die wahrnehmbaren, materiellen Informationsträger, hier: Form, Farbe und Anordnung der Zeichenelemente, Größe und Layout der Seiten …, sondern die Information zum Wasserkreislauf, die sie darstellen sollen.[1]

Im Unterschied zu einem Stein, einer Blume oder der Sonne, ist die Genese von Medien ohne menschliche Beteiligung nicht denkbar: Sie werden von Menschen als Informationsangebot oder als Wirklichkeitsrepräsentation ausgewählt oder hergestellt, um in irgendeiner Weise Einfluss auf das Vorstellungsuniversum von anderen Menschen zu nehmen. Repräsentiert wird in beiden Fällen nicht die Wirklichkeit, sondern die Wirklichkeit, wie sie sich dem Medienanbieter darstellt bzw. Wirklichkeit, wie sie von den Mediennutzern aus Sicht der Medienan-

---

[1] Bezogen auf Unterricht können Medien nach Kolb (1974, S. 21 f.) demnach als Zeichenträger im didaktischen Feld verstanden werden, die nach Schulze als Lehr- und Lernmittel im Unterricht (1978, S. 49 ff.) einsetzbar sind. Unterrichtsmittel werden hier im weitesten Sinne als alle Objektivationen verstanden, die den Lernprozess unterstützen. Unterrichtsmittel können sein: Bücher, Bilder, Filme, Zeichnungen, Anschauungsobjekte jeglicher Art, technische Geräte, aber auch die Lehrenden selbst, die Schulze als wichtige Faktoren bei der Informationsvermittlung betrachtet.

bieter aufgefasst werden soll. Demnach sind Medien im strengen Sinn nicht als Repräsentationen von Wirklichkeit, sondern als Repräsentationen von Sinn zu verstehen (vgl. Kaiser 2000, S. 134).

Die Frage, ob es den Medienanbietern gelingt, das Vorstellungsuniversum von anderen Menschen so zu beeinflussen, dass diese den jeweiligen Wirklichkeits-ausschnitt so auffassen, wie vom Anbieter intendiert, ist abhängig von zwei Fak-toren: der Angemessenheit der Darstellung und der individuellen Interpretati-onsfähigkeit der Mediennutzer. Eine direkte Einflussnahme auf das Werte-, Nor-men- und Wissenssystem von Mediennutzern findet nach Wragge-Lange (1996, S. 7) nicht statt, da die Auseinandersetzung zwischen dem Medienangebot und der subjektiven Interpretation durch das rezipierende Individuum unvermeid-lich ist; d. h.: Es gibt keine Medienwirkung an sich, da Medienbotschaften erst durch den Filter der subjektiven Theorien und die Zuweisung von Bedeutungen durch die Mediennutzer wirksam werden (Wragge-Lange 1996, S. 16 ff.).

Dabei ist die Fähigkeit, die Information der Medienhersteller zu erfassen wie sie von diesen intendiert wurde, durchaus als wichtiger Bestandteil von Medien-kompetenz zu verstehen. So kann bei Grundschulkindern eindeutig von gestei-gerter Medienkompetenz gesprochen werden, wenn sie gelernt haben

– einer Bauanleitung die Informationen zu entnehmen, um selbst z. B. einen Nistkasten bauen zu können,

– sich über Dilemmatageschichten zum Nachdenken anregen zu lassen, z. B. ob es in jedem Fall sinnvoll und richtig ist, alle Gefälligkeiten, die Erwachsene von Kindern erwarten, zu erfüllen,

– Kindersuchmaschinen zu nutzen, um im Internet selbstständig nach Informa-tionen zu suchen.

Die Absicht des Medienherstellers zu verstehen, heißt jedoch nicht sie auch zu erfüllen: Wenn Kinder in den vorabendlichen Werbesendungen z. B. animiert werden sollen, ihre Eltern zum Kauf der zwanzigsten Barbiepuppe zu überre-den, weil diese im Vergleich zu der neunzehnten noch längere Beine und Haare (größere Augen, schönere Kleider …) hat, kann von Medienkompetenz nicht die Rede sein, wenn die Kinder versuchen, diese Absicht zu realisieren.

Demnach bedeutet kompetenter Umgang mit Medien nicht nur, die Absicht des Medienherstellers zu verstehen, sondern auch entscheiden zu können, ob der jeweilige Wirklichkeitsausschnitt angemessen repräsentiert wird, ob die ver-folgte Absicht legitim und unterstützenswert ist und ob die Information für das eigene Leben nützlich und sinnvoll ist.

Medienkompetenz setzt also nach Barbara Mettler-v. Meibom voraus, dass Mediennutzer Ich-Stärke entwickeln. Es gälte, „die Kraft zu haben, aus der Überfülle an Medieninhalten und der Kommunikationskanäle das für mich und meine Kommunikationsabsichten Richtige in der für mich angemessenen Menge und Nutzungsweise auswählen zu können" (zit. n. Meschenmoser 2002, S. 41).

Damit ist die ausschließlich technikzentrierte Sichtweise von Medienkompetenz, die im Zusammenhang des Bedeutungszuwachses der neuen Medien zeitweilig die medienpädagogische Diskussion dominierte, als unzureichend zu verstehen: Versteht man mit Baacke (1999) Medienkompetenz als eine Spezialform der kommunikativen Kompetenz, die sich auf die Fähigkeit der Teilnahme an der gesellschaftlichen Kommunikation und Interaktion bezieht, um sich Realität selbständig anzueignen sowie selbst bestimmt an ihrer Gestaltung mitwirken zu können (vgl. Meschenmoser 2002, S. 48), wird die von der KMK vorgenommene Aufschlüsselung der Medienkompetenz in fünf Bereiche nachvollziehbar: Neben der notwendigen technischen Kompetenz sind soziale und demokratische Kompetenzen sowie Kompetenzen zur persönlichen Entscheidungsfindung und zum Wissensmanagement erforderlich (Enquete-Kommission des Deutschen Bundestages 1998, S. 153).

Trotzdem bleibt es „Aufgabe der Schulen, Kinder und Jugendliche umfassend auf die Anforderungen der Zukunft vorzubereiten … und ihnen das Wissen zu vermitteln, das sie fit macht für die Informationsgesellschaft des 21. Jahrhunderts, in der die Verfügbarkeit von Informationen und Wissen weitgehend über Berufs- und Lebenschancen entscheidet" (Enquete-Kommission 1999, S. 140). Die Fähigkeit zum den Aufgaben angemessenen Umgang mit den technischen Geräten, um die neuen Medien für sich nutzen zu können, sind damit ein wichtiger Bestandteil der Medienkompetenz von heute (vgl. Meschenmoser 2002).

In der medienpädagogischen Diskussion geht es jedoch nicht nur um die zukünftigen beruflichen und privaten Nutzungsmöglichkeiten der neuen Medien, sondern auch um die gegenwärtigen Möglichkeiten, das Lernangebot für die Schülerinnen und Schüler von heute zu verbessern. Es geht also nicht nur um das Lernen *über* die neuen Medien, sondern auch um das Lernen *mit* den neuen Medien, an das – wie aus folgendem Zitat ersichtlich wird – große Hoffnungen geknüpft werden:

> „Neue Lernumgebungen erlauben stärker als bisher die Selbstbestimmung des eigenen Lernweges und der eigenen Lerngeschwindigkeit, sie ermöglichen die Zusammenschau und Verknüpfung bisher isolierter Kenntnisse und Wissensbestände. Durch die schnellen Zugriffsmöglichkeiten auf auch sehr entfernt vorhandene Informationsbestände lassen sich neue Formen der Selbsterarbeitung von Wissen und Können entwickeln, aber auch neue Formen gemeinsamen Lernens" (Enquete-Kommission 1999, S. 147).

Unter neuen Medien i.e.S. verstanden werden computergestützte Medien (Computer- und Internetanwendungen), die sich durch drei Eigenschaften auszeichnen: Sie sind *interaktiv, multimedial* und *adaptiv* (anpassungsfähig):

Als *interaktiv* werden Anwendungen nach Gräber bezeichnet, wenn sie „in differenzierter und angemessener Weise auf die unterschiedlichen Antworten des Anwenders reagieren und es den Anwendern ermöglichen, auf den Ablauf des Lernprogramms einzuwirken" (Gräber 1990, S. 111).

Multimedial ist ein Softwaresystem i.e.S. nur dann, wenn zumindest teilweise zeitabhängige Medien wie Audio und Video verwendet und zeitlich synchronisiert werden. Im alltäglichen Sprachgebrauch wird jedoch schon von Multi-Media gesprochen, wenn verschiedene Elemente wie Text, Grafik, Video und Audio in einer Software integriert werden.[2]

Adaptivität ist bei einer Anwendung nach Leutner (1995, S. 141 f.) gegeben, wenn diese sich selbständig an veränderte Bedingungen anpassen kann. Bei der automatischen Adaptivität von beispielsweise Lernprogrammen, werden „Lehr-funktionen" auf den Computer übertragen. Diese Übertragung beruht auf programmierter Diagnostik und beinhaltet die automatisierte Manipulation der Lernbedingungen, die sich auf den Schwierigkeitsgrad, die Präsentationszeit, den Umfang der Aufgaben sowie auf die Menge und Abfolge der Lernsequenzen und die durch das Programm angebotene Hilfestellung beziehen kann.

Beim Einsatz von Medien im Sachunterricht ist zu bedenken, dass selbst die Vorläufer des Sachunterrichts wie sie z. B. von Comenius (1658) oder von Karnick in seinem mehrbändigen Werk: Redet um Sachen (Karnick 1960–1968) beschrieben wurden, ursprünglich nicht als Buch- und Medienunterricht konzipiert wurden, sondern für die Vermittlung von grundlegenden Primärerfahrungen, die unmittelbare Begegnung mit der Wirklichkeit sowie für ein aktives, handelndes Lernen mit möglichst vielen beteiligten Sinnen steht. Vor diesem Hintergrund vertreten Volker Briese (2001), Clifford Stoll (2001) u. a. die Position, dass es im Sachunterricht nicht vorrangig um die Arbeit mit Medien gehen kann, sondern darum, „Möglichkeiten zu schaffen, durch die unmittelbare Begegnung mit der Wirklichkeit, also ohne Medien zu lernen" (Briese 2001, S. 55). In dieser von Stoll und Briese vertretenen Position wird m.E. nicht bedacht, dass der Gegensatz zwischen dem Lernen durch die unmittelbare Begegnung mit der Wirklichkeit einerseits und dem Lernen mit den (neuen) Medien andererseits eine Konstruktion ist, die nicht berücksichtigt, dass die (neuen) Medien inzwischen einen bedeutenden Bestandteil in der Lebenswirklichkeit von Kindern und Jugendlichen darstellen, deren Bedeutung für ihren gegenwärtigen und zukünftigen Lebensalltag kaum zu unterschätzen ist. Vor diesem Hintergrund stellt sich für Pädagogen und Pädagoginnen m. E. nicht die Frage, ob Kinder und Jugendliche in der Schule und im Sachunterricht mit dem Realitätsausschnitt: „Neue

---

[2] Nach Weidenmann (1995, S. 67) ist es sinnvoll zwischen *Multimedialität, Multicodalität, Multimo-dalität* zu unterscheiden. Dabei bezieht sich
   – *Multimedialität* auf die Kombination unterschiedlicher Medien (PC + CD-ROM-Player, PC + Videorekorder) im Gegensatz zu monomedialen Medien (Buch, Tonband- oder Videoanlage, Kassettenrekorder, Schautafel ...),
   – *Multicodalität* auf die Kombination unterschiedlicher Codierungen (Text mit Bildern, Grafik mit Beschriftung ...) im Gegensatz zu monocodalen Medien (nur Text, nur Bilder / Fotos ...) und
   – *Multimodalität* auf die Kombination unterschiedlicher Sinnesmodalitäten (audiovisuell: Video, Programme mit Ton) im Gegensatz zu monomodalen Medien (nur visuell: Text / Bilder, nur auditiv: Rede / Musik), vgl. Meschenmoser 2002, S. 79–80

Medien" konfrontiert werden, sondern ob sie lernen, diesen sinnvoll für ihre schulischen und privaten Interessen und Bedürfnisse zu nutzen.

Dem oft angeführten Argument, Primärerfahrungen würden durch medial vermittelte Sekundärwirklichkeiten verdrängt, kann entgegnet werden, dass Medien zwar auf keinen Fall die Realbegegnung ersetzen, aber nach Gerold Scholz (2001) zu einem verbesserten Verständnis von Sachverhalten beitragen können, wenn es um

- Sachzusammenhänge geht, die nicht aufgesucht und untersucht werden können wie die Geburt, bei der man in unserem Kulturkreis nur selten zuschauen kann
- die Vorbereitung und Begleitung von Exkursionen[3] in die reale Lebenswirklichkeit der Kinder geht,
- die Reduktion von komplexen Sachzusammenhängen geht, die nur das Wesentliche eines ansonsten undurchschaubaren und unverständlichen Zusammenhanges darstellt.

Kritiker des Einsatzes der neuen Medien im Grundschulunterricht befürchten zudem eine Reduzierung der sozialen Interaktion und Kommunikation. Eine in Deutschland häufig angeführte These besagt, die Arbeit mit dem Computer führe im Unterricht zwangsläufig zu einer Vereinzelung der Schülerinnen und Schüler und zur Vernachlässigung des sozialerzieherischen Auftrages der Schule (vgl. Mitzlaff 1997, S. 3). Diese Kritik ist für den Sachunterricht sehr bedeutsam, da er im besonderen Ausmaß geeignet ist, soziale Erfahrungen zu vermitteln.

Auch dieses Argument ist nach Mitzlaff inzwischen empirisch widerlegt (Mitzlaff 1997, S. 32): Längsschnittstudien zum Sozialverhalten in verschiedenen Schulklassen haben ergeben, dass Schülerinnen und Schüler beim Lernen mit dem Computer mehr als im konventionellen Unterricht miteinander sprechen. Dies gilt für die Kommunikation und Kooperation innerhalb und außerhalb der Schule, da die Arbeit am Computer zu Diskussionen, Diskursen und Planungsprozessen anregt, die oft vom Computer wegführen und originale Begegnungen mit Personen, Sachen und der Natur provozieren (vgl. Mitzlaff / Speck-Hamdan 1998, S. 92 f.).

Zur Begründung des Einsatzes der neuen Medien im Sachunterricht kann auf einige der bewährten Unterrichtskonzepte des Sachunterrichts (Kaiser 1995, S. 68–100; S. 175–204) zurückgegriffen werden.

Der Sachunterricht als zentrales Fach der Grundschule hat die Aufgabe, Kindern zu Mündigkeit und Selbstständigkeit zu verhelfen. Dieses kann nur erzielt werden, wenn die Kinder Mittel an die Hand bekommen, sich ihre Lebenswelt mög-

---

[3] Exkursionen zu außerschulischen Lernorten wie dem Zoo oder dem Wochenmarkt, Projekte wie die Errichtung einer schuleigenen Kompostanlage oder die Einführung eines gesunden Klassenfrühstücks … (vgl. Mitzlaff in Band 5 dieser Reihe)

lichst selbstständig zu erschließen. Hierdurch erhält die Methodenorientierung einen entscheidenden Stellenwert im Sachunterricht, da sie den Schülerinnen und Schülern zu der Aneignung von Verfahrensweisen verhilft, die sie auf neue Sachverhalte übertragen können (vgl. von Reeken 2001, S. 74f.) Bezogen auf die Verwendung von neuen Medien im Unterricht geht es darum, dass Schülerinnen und Schüler

- sich die Methoden aneignen können, um einem Medium (z.B. CD-ROM) die Informationen und Unterstützung zu entnehmen, die sie aktuell benötigen,

- wissen, welche Methoden ihnen über die verschiedenen Medien zur Verfügung stehen, um das Medium wählen zu können, das ihnen für ihr aktuelles Vorhaben dienlich ist,

- ein kritisches Bewusstsein zu den Verwendungsmöglichkeiten verschiedener computergestützter Medien erlangen, um z.B. die „ungefilterten" Informationen aus dem Internet nicht als sichere Auskünfte über Sachverhalte zu verstehen (vgl. Mitzlaff 1996, S. 84).

Eng verknüpft mit dem Prinzip der Methodenorientierung ist die Wissenschaftsorientierung, die im Sachunterricht ebenfalls verfolgt wird. Diese ist nicht im Sinne einer fachpropädeutischen Ausbildung falsch zu verstehen, sondern bedeutet, dass die Lerninhalte, die mit Hilfe von Medien vermittelt werden, die Voraussetzungen erfüllen, dass sie zu den derzeitig geltenden Wissensständen und Methoden nicht im Widerspruch stehen (vgl. Klewitz 1993).

Beim Ansatz der *Schülerorientierung* wird davon ausgegangen, dass das Kind seine Umwelt wahrnimmt, auf sie Einfluss nimmt und von ihr geformt wird (vgl. Wagner u.a. 1982). Deshalb muss kindorientierter Sachunterricht nach der Lebenswelt der Kinder fragen und ihnen diese verständlich machen. Für den Computer als zentrales neues Medium heißt das, dass er seine Berechtigung als Medium oder Inhalt im Sachunterricht schon erhält, weil er im Leben der Kinder eine mehr oder weniger große Rolle spielt.

Der Begriff der *Handlungsorientierung* im ursprünglichen Sinn meint, dass die Kinder nicht nur rezeptiv lernen, sondern selbst tätig sind (vgl. Giest 2002, S. 27–42). Für den Computereinsatz in der Grundschule kann sich das selbsttätige Lernen der Kinder auf unterschiedlichen Ebenen bewegen. Von besonderer Bedeutung sind Möglichkeiten zur

- Kommunikation über E-Mail- Programme mit anderen Kindern, Eltern, Lehrern oder Personen von öffentlichen Beratungsstellen, von denen sich die Kinder Unterstützung, Information, Anregung oder einen thematisch begrenzten Erfahrungsaustausch erhoffen, den sie in das eigene Unterrichtsgeschehen integrieren können

- selbstständigen Informationssuche über Suchmaschinen wie: die Blinde Kuh (http://www.binde.kuh.de/), multimediale Lexika oder speziellen Kinderseiten wie http://www.kinderinfo.de/main.htm

– Präsentation der Arbeitsergebnisse
1) in einer PowerPointPräsentation
2) auf einer thematischen Klassen-Homepage
3) in computergestalteten Plakaten

Von besonderer Bedeutung für die Verbesserung des Lernangebots durch die neuen Medien ist der Zuwachs an:

– technischen Möglichkeiten (Hypertextstruktur, Dokumentationsfähigkeit und Revidierbarkeit der Dokumente),

– Einsatzmöglichkeiten im Unterricht (Individualisierung, Differenzierung).

Dokumente mit Hypertextstruktur verfügen nach Meschenmoser (2002, S. 84) im Unterschied zu traditionellen Printmedien, die i.d.R. so angelegt sind, dass sie Seite für Seite in nummerierter Reihenfolge (sequentiell) bearbeitet werden, weder über einen eindeutig definierten Anfang, noch über ein festgelegtes Ende. Hypertexte sind in semantische Elemente zerlegt, die abgeschlossene informationelle Einheiten der Gesamtinformation zum Ausdruck bringen. Diese können vom Leser, entsprechend dem eigenen Interessens- und Kenntnisstand, ignoriert oder über Links angesteuert werden. Computergestützte Dokumente können zudem jederzeit in unterschiedlichen Bearbeitungsständen gespeichert, aufgerufen, verändert und in neue Sinnzusammenhänge eingebunden werden. Sie bieten den Nutzern im Gegensatz zu einem (zum einmaligen Gebrauch bestimmten) Arbeitsblatt die Möglichkeit mit verschiedenen Lösungen zu experimentieren:

Ideen und Hypothesen können daraufhin untersucht werden, ob sie zur gewünschten Lösung führen. Misslingt die Durchführung kann sie zurückgenommen und ein neuer Versuch gestartet werden (Revidierbarkeit).

Ein weiterer Vorteil ist die *Dokumentationsfähigkeit*: Da die Bearbeitungsschritte bei der Entstehung eines Dokumentes einzeln zu speichern sind, lassen sie sich bei Bedarf auch nachvollziehen. Daraus ergeben sich nach Meschenmoser wertvolle Hinweise für die Reflektion und Diagnostik des Lernprozesses.

Der Einsatz von dokumentationsfähigen und revidierbaren Hypertexten im Unterricht erweitert die Möglichkeiten, die unterschiedlichen Lernausgangslagen, die laut Klafki und Stöcker (1985) bereits bei Kindern in Vorschulalter hinsichtlich ihrer Interessen, Erfahrungen, Lernstrategien und ihres Leistungsvermögens auftreten, durch differenzierte Lernangebote zu berücksichtigen. Diese Bedeutung wird den interaktiven Medien in besonderem Maß zugeschrieben, da sie Lehrenden, die hoffnungslos überlastet wären, wenn sie alle Materialien selbst produzieren müssten, die differenzierten Arbeitsmaterialien zur Verfügung stellen, die sie im binnendifferenzierten Unterricht benötigen (Roeder bei Meschenmoser 2002, S. 120).

Trotz der zweifelsfrei erweiterten Einsatzmöglichkeiten computerbasierter Lernformen ist zu bedenken, dass sich die diesbezügliche anfängliche Euphorie in der medienpädagogischen Diskussion im Rückblick als überzogen darstellt. Lernen mit Hypertexten und Multimedia-Systemen stellt durch die vernetzte Repräsentation von Informationen auf Datenbasis und den häufig damit verbundenen Navigations- und Orientierungsproblemen hohe Anforderungen an die individuelle Lernkompetenz, über die viele Lernende nicht verfügen.[4]

D. h.: Ein Lernangebot ist – auch wenn die neuesten technischen Möglichkeiten angewandt werden – von Kindern und Lehrenden kritisch zu prüfen, ob es ihnen tatsächlich unterschiedliche Lernzugänge zum Thema, Möglichkeiten für selbst bestimmtes und eigenverantwortliches Lernen und zur Kommunikation und Kooperation mit anderen bietet. Nimmt man die Ansprüche emanzipatorischer Mediendidaktik hinzu, ist nach Meschenmoser (2002, S. 125) zusätzlich zu fragen, ob den Schülerinnen und Schülern – im Sinne von Wahldifferenzierung – Möglichkeiten zur Partizipation an der Unterrichtsgestaltung und somit der Lernprozesse geboten werden. Unter Berücksichtigung der eingangs angeführten These von Wragge-Lange, dass es keine Medienwirkung an sich gibt, können Fragen wie diese nicht ausschließlich über die Analyse des Lernangebotes beantwortet werden. Sie sind nur von den Lehrenden zu beantworten, die für eine konkrete Gruppe von Kindern verantwortlich sind. Insofern bleiben Lehrende auch in der Wissens- und Informationsgesellschaft des 21. Jahrhunderts – gemäß der Definition von Schulze (1978) – weiterhin die wichtigsten Medien für einen interessanten und erfolgreichen Lernprozess der Kinder.

Literatur

Baacke, Dieter: Was ist Medienkompetenz (Statement zu einem facettenreichen Begriff)? In: Schell, Fred et.al.: Medienkompetenz – Grundlagen und pädagogisches Handeln. München: KoPäd 1999, S. 19–20

Briese, Volker: Lernbereichsdidaktische Thesen: Neue Medien und Sachunterricht. In: Diekneite, Jörg / große Holthaus, Marlies / Vorst, Claudia (Hrsg.): Grundschule zwischen Bilderbuch und Internet. München: KoPäd 2001, S. 54–64

Dichanz, Horst (Hrsg.): Medienerziehung im Jahre 2010. Probleme, Perspektiven, Szenarien. Gütersloh: Bertelmann Stiftung 1977

Giest, Hartmut: Lernen im handlungsorientierten Unterricht. Eine Betrachtung aus der Perspektive der Tätigkeitstheorie. In: Hempel, Marlies (Hrsg.): Lernwege der Kinder. Subjektorientiertes Lernen und Lehren in der Grundschule. Baltmannsweiler: Schneider 2002 (2), S. 27–42

Kaiser, Astrid: Lexikon Sachunterricht. Baltmannsweiler: Schneider 2000 (2)

Kaiser, Astrid: Einführung in die Didaktik des Sachunterrichtes. Baltmannsweiler: Schneider 1999 (5)

---

[4] Weder die Annahme, dass kombinierte und integrative Darstellungen von Text, Bild, Ton, Animation, Video in multimedialen Hypertexten generell zu einem vertieften Verstehen und einer verbesserter Wiedergabe von Sachverhalten führen, nach von Tergan (1997), noch die Annahme, dass Lernen durch den selbstgesteuerten Zugriff auf die multimedial aufbereiteten Daten in sog. konstruktivistischen Lernumgebungen gefördert werde, konnte pauschal bestätigt werden.

Klafki, Wolfgang / Stöcker, Hermann: Innere Differenzierung des Unterrichts. In: Klafki, Wolfgang: Neue Studien zur Bildungstheorie und Didaktik: Beiträge zur kritisch-konstruktiven Didaktik. Weinheim / Basel: Beltz 1985, S. 119–152

Klewitz, Elard: Sachunterricht zwischen Wissenschaftsorientierung und Kindbezug. Antrittsvorlesung an der Humboldt-Universität zu Berlin am 10. Juni 1993. Online verfügbar unter: http://dochost.rz.hu-berlin.de/humboldt-vl/klewitz-elard/PDF/Klewitz.pdf

Kolb, Günter: Kommunikationstheoretische Mediendidaktik. Mediendidaktische Überlegungen im Zusammenhang mit einigen Aspekten der Kommunikationstheorie. In: Dichanz, Horst et al.: Medien im Unterrichtsprozeß – Grundlagen, Probleme, Perspektiven. München: Juventa 1974, S. 42–82

Meschenmoser, Helmut: Lernen mit Multimedia und Internet Baltmannsweiler: Schneider 2002

Mitzlaff, Hartmut: Lernen mit Mausklick. Frankfurt a.M.: Diesterweg 1997

Mitzlaff, Hartmut / Speck Hamdan, Angelika (Hrsg.): Grundschule und neue Medien. Frankfurt a.M.: Arbeitskreis Grundschule – Der Grundschulverband 1998

Reeken, Dietmar von: Politisches Lernen im Sachunterricht. Didaktische Grundlegungen und unterrichtspraktische Hinweise. Baltmannsweiler: Schneider 2001

Scholz, Gerold: Perspektiven auf Kindheit und Kinder. Opladen: Leske + Budrich 2001

Schulze, Theodor: Methoden und Medien der Erziehung. München: Juventa 1978

Stoll, Clifford: LogOut. Warum Computer nichts im Klassenzimmer zu suchen haben und andere High-Tech-Ketzereien. Frankfurt a.M.: Fischer 2001 (3)

Wagner, Angelika C. / Uttendorfer-Marek, Ingrid / Laible-Nann, Reinhilde: Schülerzentrierter Unterricht. Mit Übungsmaterialien für Schüler und Lehrer. Weinheim / Basel: Beltz 1982 (2)

Wragge-Lange, Irmgard: Kritische Medienerziehung als Teilaspekt der Schulpädagogik. Oldenburg: BIS, Bibliotheks- und Informationssystem der Universität 1996

ASTRID KAISER

Sachunterricht aus der Gender-Perspektive

Biografische Erfahrungen zur Entdeckung der Geschlechterfrage im Sachunterricht

„Sachunterricht sollte ein Fach sein, das keine Unterschiede zwischen Jungen und Mädchen in der heutigen Zeit macht".

Dieser und ähnliche Sätze begegnen uns oft, wenn die Geschlechterfrage im Sachunterricht erwähnt wird. Oft werden Aussagen zu Geschlechteraspekten von Sachfragen besonders emotionalisiert getroffen, denn offensichtlich fühlen sich viele davon besonders persönlich berührt. Deshalb möchte ich diesen Beitrag mit einer persönlichen, biografisch ausgerichteten Vorbemerkung einleiten.

Auch ich hielt viele Jahre am obigen Satz fest. Für mich war Gleichheit der Geschlechter eine unhinterfragte Notwendigkeit und ich hielt es für diskriminierend, wenn für Frauen besondere Regelungen gefordert wurden. Ich wollte die überkommene Hierarchie der Geschlechter als nicht mehr zeitgemäß ablegen und mich mit den wichtigeren Fragen der Welt beschäftigen.

Anfang der 80er Jahre änderte sich jedoch meine Sichtweise schlagartig. Ich leitete ein Forschungsprojekt unter dem Titel „Schülervoraussetzungen für sozioökonomischen Sachunterricht" – die männliche Sprachform Schüler war zu Beginn des Projektes kein Problem für mich. Ziel war es, durch Beobachtung im Unterricht in so genannten diagnostischen Lernsituationen herauszufinden, wie die Lernvoraussetzungen von Grundschulkindern zu bestimmten Sachunterrichtsthemen strukturiert sind, auf welches Vorwissen, auf welche Einstellungen und Werthaltung und auf welche Denkstrukturen man sich im Grundschulunterricht zu orientieren habe.

Eine dieser diagnostischen Lernsituationen bezog sich auf das Verständnis von Fabrikarbeit. Die Kinder sollten in Gruppen - ganz freiwillig zusammengesetzt – auf einem großen hellen DIN-A2-Karton zeichnen, wie sie sich eine Fabrik von innen vorstellen. Zunächst fiel mir nur auf, dass sich in allen beobachteten Grundschulklassen ausschließlich Mädchen und Jungen jeweils zueinander gesetzt hatten. Beim Betrachten der ersten Produkte geriet ich ins Nachdenken. Mir schien es so, als würden Jungengruppen mehr technisch-funktionale Bilder vom Innenleben der Fabriken zeichnen, während in den Mädchengruppen vor allem die Personen der Arbeitenden, ihre Gedanken, aber auch das Produkt sehr sorgfältig im Detail gezeichnet wurden. Da ich meinen Augen nicht traute, begann ich, diese Bilder systematisch durch Messen und Auszählen auszuwerten und tatsächlich:

Die Unterschiede zwischen den Geschlechtern waren gravierend!

Wenn aber Mädchen und Jungen schon unterschiedliche Aspekte eines Sachunterrichtsthemas sehen, bevor der Unterricht begonnen hat, dann ist zu erwarten, dass diese differenten Lernvoraussetzungen sich auch in den weiteren Auseinandersetzungen mit dem Unterrichtsgegenstand niederschlagen und somit Mädchen und Jungen die gleichen Inhalte verschieden sehen.

So betrachtet wurde mir klar, dass selbst wenn wir von den Zielen und der Wertschätzung gleicher Behandlung beider Geschlechter ausgehen, die Lernvoraussetzungen mehr oder weniger verschieden sind, so dass wir diese in unserer Planung in Rechnung stellen müssen. Denn Unterricht ist nur das, was sich aus der tatsächlichen Interaktion von Kindervorstellungen und ihrer Persönlichkeit sowie unterrichtlichen Arrangements, Anregungen und der Lehrperson entwickeln wird.

Dies heißt nicht, dass wir allein die Unterschiede der Geschlechter registrieren sollten und dass diese die einzigen sind, die die Wahrnehmung von Unterrichtsinhalten prägen. Auch religiöse, soziale, kulturelle und regionale Entwicklungskontexte schaffen andere Lernvoraussetzungen, die es zu beachten gilt. Beachtung heißt aber nicht, sie durch besondere Betonung möglicherweise zu verstärken. Es kommt vielmehr darauf an, den Denkweisen der Lernenden angemessene Impulse zu geben und eingedenk möglicher verschiedener Lernvoraussetzungen auch die geschlechtsbezogenen, neben vielen anderen, in unserer Planung zu berücksichtigen, entsprechende Impulse zu arrangieren, um beiden Geschlechtern alle Entwicklungsmöglichkeiten anzubieten.

Dazu soll im 3. Kapitel kurz skizziert werden, woher es kommt, dass in der heutigen Zeit bei Kindern Geschlechterdifferenzen auftreten. Denn nur wenn wir etwas über die Entstehung wissen, sind wir in der Lage, im Sachunterricht dagegen anzusteuern. Vorerst soll aber noch ein Überblick über Ergebnisse der Geschlechtersozialisation im Sachunterricht gegeben werden:

Ergebnisse der pädagogischen Geschlechterforschung zu verschiedenen sachunterrichtsdidaktischen Kernproblemen

Es gibt zwar bislang nur wenige empirische Untersuchungen mit Gender-Perspektive, die sich mit den Lernvoraussetzungen für den Sachunterricht beschäftigen.

Duit (1993) hat mehrere Tausend empirische Untersuchungen zu den Lernvoraussetzungen für naturwissenschaftlichen Unterricht im IPN dokumentiert. Wenn wir aber nach Geschlechtsbezug fragen, werden wir selten fündig. Deshalb stelle ich hier zunächst meine eigene empirische Untersuchung vor, die ich 1983–1985 an 25 verschiedenen Grundschulen im Raum Bielefeld durchgeführt habe (vgl. Kaiser 1996) und 1992 in einer ethnokulturellen Vergleichsstudie in Grundschulen bei den matrilinearen Minangkabau auf Sumatra fortgesetzt habe (Kaiser 1996b). Eine besondere Schwierigkeit beim Erforschen von Lernvoraussetzungen ergibt sich daraus, dass diese – wie die neuere entwicklungspsychologische Forschung immer deutlicher macht (Keller 1982) – in sich sehr heterogen sind und gleichzeitig – je nach Inhalt – verschiedene Stufen etwa der kognitiven Entwicklung nebeneinander stehen können. "Ihre (der Kinder) gesamte Entwicklung kann als sprunghaft, ungleichzeitig, verzögert oder beschleunigt vorgestellt werden" (Hopf 1993, S. 65).

Der zentrale Impuls meiner Untersuchung lautete für die Kinder, gruppenweise eine Fabrik nach den eigenen Vorstellungen auf Fotokarton zu zeichnen, wobei in den meisten Klassen die Gruppen bereits geschlechtshomogen zusammengesetzt waren.

Die Kommunikation der Gruppen wurde protokolliert, die Bilder nach verschiedenen Merkmalen quantitativ ausgewertet. Dieses Material zu interpretieren, ist nicht einfach. Kinderäußerungen oder -zeichnungen drücken keinesfalls direkt ihr Wissen oder gar Bewusstsein aus. Die Fabrikbilder werden nicht nur vom Wissen der Kinder strukturiert, sondern auch von ihren ästhetischen Aussageabsichten und von besonderen situativen Bedingungen beim Zeichnen (z. B. Sitzordnung). Dennoch kann das, was gemalt / gesagt wird und wie es gemalt / gesagt wird, als Ausdruck persönlich gefärbter und gefilterter Wahrnehmung interpretiert werden. Nicht alles, was die Kinder über Fabriken und Arbeit denken und meinen, wird dabei ausgedrückt. Aber die gestellten Impulse haben offensichtlich dazu geführt, dass die Kinder – im Rahmen ihrer kommunikativen Situation – viele wichtige Vorstellungen von der Arbeitswelt aus ihrer eigenen Sicht präsentierten.

Das Ergebnis war für alle beteiligten Erwachsenen überraschend:

Die Bilder, die in Jungengruppen gezeichnet wurden, sahen ganz anders aus als die der Mädchengruppen. In den Jungengruppen entstanden sehr komplizierte, oft in mehreren Etagen angeordnete Fabriken, in denen technisch schon recht ausgereifte Maschinen ihre Funktionen im arbeitsteiligen Produktionsprozess erfüllten. Menschen hatten nur eine nebengeordnete Rolle. Die Mädchenbilder sahen dagegen sehr viel bunter, lebendiger, anschaulicher aus. Meist wird das Arbeitsleben in einer Abteilung (oft Verpackungs-, Färbe- oder Lagerungsabteilung) ganz detailliert und sehr lebendig dargestellt. Die Arbeiterinnen und Arbeiter sind groß und deutlich gezeichnet. Ihre konkreten Arbeitsvollzüge sind deutlich zu erkennen.

Zur Charakterisierung der geschlechtsspezifischen Unterschiede soll die folgende Tabelle als Überblick dienen. Die einzelnen Merkmale tauchen nicht in allen Bildern auf und es gibt in einzelnen Punkten auch Überschneidungen.

Häufige Merkmale bei Fabrikbildern von Mädchengruppen	Häufige Merkmale bei Fabrikbildern von Jungengruppen
Die Fabriken bestehen meist aus einem Raum in der Seitenansicht.	Die Fabriken sind oft mehrstöckig oder aus der Vogelperspektive gezeichnet.
Neben dem Standardelement aller Fabriken, dem Fließband, sind kaum maschinelle Arbeitsschritte dargestellt	Technische Elemente und Geräte werden funktionsgetreu dargestellt. Die Geräte haben oft viele mechanische Teileelemente.
Selbst auf den Fließbändern stehen sehr unterschiedliche Produktvarianten oder gar Produktarten (Spielzeugauto, Puppe, Ball, Teddy …) nebeneinander.	Das Produkt wird als Massenprodukt standardisiert gezeichnet.
Sie beschränken sich oft auf die Verpackungsabteilung oder das Anmalen der Produkte.	Die Gruppen zeichnen einen weit gespannten Produktionsablauf, der oft von der Rohstoffanlieferung bis zum Abtransport der Waren reicht.
Manuelle Arbeitsvollzüge (Schokoladen in den Kühlschrank legen, Gartenzwerge anmalen, Bonbons in die Kartons legen) überwiegen.	Die Arbeit ist weitgehend maschinisiert, die Arbeit der Menschen beschränkt sich auf das Bedienen von Maschinen, Kontroll- und Überwachungstätigkeiten sowie das Fahren von Transportfahrzeugen (Gabelstapler).
Die Personen werden groß und genau gezeichnet, es arbeiten viele Frauen in den Fabriken.	Es werden weniger Personen und diese sehr klein und kaum erkennbar gezeichnet; in Klassen mit hohen Ausländeranteilen wird besonders deutlich betont, dass Frauen nicht in der Fabrik arbeiten.

Ausschnitt aus der Tabelle. Quelle: Kaiser 1996 (2)

Wir sehen also, dass Mädchen und Jungen aus demselben Unterricht unterschiedliche Sichtweisen bildlich ausdrücken. Sie bringen unterschiedliche kulturelle Welten ein. Jungen orientieren sich viel mehr in technisch-naturwissenschaftlichem Denken – wie die Fabrikbilder deutlich belegen. Die Schule mit ihren Lehrplänen nimmt darauf nicht Rücksicht. Wir haben zwar die gleichen Lehrpläne und Unterrichtsstunden für Mädchen und Jungen, aber deren Vorerwartungen prägen das, was am Ende beim Lernen herauskommt, nämlich verschiedenes Denken.

Ähnliche Untersuchungen sind später mit dieser oder einer variierten Fragestellung (z. B. zur Thematik Arbeitswelt, Stadtplanung oder Zukunft) mit vergleichbaren Ergebnissen durchgeführt worden (Aissen-Crewett 1989; Appel 1990; Staudte 1991). Immer wieder wird deutlich, dass diese sozialwissenschaftlichen Themen von Mädchen und Jungen auf dem Hintergrund geschlechtstypischer Wahrnehmungsmuster rezipiert werden. Mädchen betonen dabei die Menschen und sozialen Bedingungen, während Jungen stärker das Gewicht auf technisch-funktionale Zusammenhänge legen.

– Für den *naturwissenschaftlichen Sachunterricht* gibt es keine expliziten Untersuchungen zum Grundschulalter, aber durchaus Studien aus der Sekundarstufe mit Gender-Perspektive, die sich aufs Grundschulalter transferieren lassen. Da ist an erster Stelle die Kieler Delphi-Studie (Hoffmann 1989) und der darauf aufbauende Modellversuch im Lande Schleswig-Holstein (Hoffmann 1993) zu nennen sowie der niedersächsische Schulversuch zum mädchengerechten Unterricht in Naturwissenschaften (Reineke / Seefeldt 1997). Die Beobachtungen im Rahmen der Begleitforschung der Reformschule Kassel (Thies / Röhner 2000) zeigten ebenfalls, dass Mädchen und Jungen mit unterschiedlichem Selbstvertrauen an den Technikunterricht herangingen, aber auch auf unterschiedliche Erwartungshaltungen ihrer Lehrpersonen stießen. Sie erfuhren eine nach Geschlecht differente Anerkennung naturwissenschaftlich-technischer Leistungen im Unterricht (Thies / Röhner 2000). Aber auch für den Mathematikunterricht lassen sich unterschiedliche Erwartungshaltungen von Lehrkräften hinsichtlich der Leistungsfähigkeit von Mädchen und Jungen (Keller 1998) beobachten. In diesen, dem männlichen Geschlecht zugeschriebenen, Domänen wird deutlich, dass den Mädchen weniger Kompetenz zugetraut wird. Die detaillierten Beobachtungsbeschreibungen (Thies / Röhner 2000) zeigen, wie viele Probleme Mädchen auch in Reformschulen haben, die sich Gleichberechtigung als selbstverständliches Ziel gestellt haben.

Besonders stark wird im Kieler Modellversuch die Bedeutung von Interessen für den naturwissenschaftlichen Unterricht betont: „Mädchen zeigen relativ hohes Interesse an Naturphänomenen sowie Phänomenen, die mit der sinnlichen Wahrnehmung zu tun haben. Der Bezug zum Menschen, soziale Implikationen, die praktische Anwendbarkeit sowie die Anbindung an alltägliche Erfahrungen haben für sie hohe Bedeutung" (Hoffmann 1997, S. 45). In einer umfassenden Interessensstudie wurde deutlich, wann Mädchen mehr Interesse an physikalischen Unterrichtsinhalten haben.

Zusammenfassend kann man die Kriterien für mädchengerechten Physikunterricht (Hoffmann 1997, S. 44) folgendermaßen charakterisieren:
– gesellschaftliche Bedeutung von Physik
– Anbindung an bisherige eigene Erfahrungen
– Physik, die das „Gemüt bewegt"
– nicht Vermittlung von Gesetzmäßigkeiten um ihrer selbst willen
– physikalische Geräte in interessant eingestuften Arbeitsfeldern (ärztliche Praxis, Klinik, Wetterstation)

Die in der groß angelegten Studie des IPN über „Schülerinteressen" befragten Schülerinnen und Schüler der Sekundarstufe I – und insbesondere die Mädchen – fordern jedenfalls einen derartigen, auf konkrete gesellschaftliche Probleme bezogenen, Unterricht (Hoffmann / Lehrke 1986).

Neben diesen allgemeinen didaktisch-methodischen Kriterien für mädchenge-rechten Physikunterricht, fordern die Autorinnen und Autoren des Abschlussbe-richts zum Kieler Modellversuch auch weitere die Persönlichkeitsbildung för-dernde Maßnahmen: „Um das Interesse der Mädchen an naturwissenschaftlich-technischer Bildung und Berufsorientierung zu fördern, sind Maßnahmen, die unterschiedliche Ebenen betreffen, erforderlich:

– Berücksichtigung und Unterstützung der spezifischen Interessen und Fähig-keiten der Mädchen
– Ausgleich der fehlenden vor- und außerschulischen Erfahrungen von Schüle-rinnen
– Aufbau eines erweiterten Selbstbildes bei Mädchen
– Aufbau eines erweiterten Selbstbildes bei Jungen
– Abbau von Geschlechtstereotypen bei Lehrern und Lehrerinnen
– Förderung des Problembewußtseins bei Eltern" (Hoffmann 1997, S. 45).

Bislang sind Konsequenzen aus diesen Erkenntnissen weitgehend für den Bereich des Sekundarstufenunterrichts gezogen worden. Dabei waren folgende Gedanken für die Erkenntnis leitend:

– Der Zugang zu Naturwissenschaften und Technik ist für Mädchen erschwert, weil bislang kaum weibliche Modelle und Vorbilder zur Verfügung stehen.
– Der herkömmliche naturwissenschaftliche Unterricht ist an den Denkweisen der Jungen orientiert und vermittelt die Inhalte in einer für Mädchen nicht motivierenden Weise.
– Mädchen interessieren sich für eher lebensnahe Lerninhalte; naturwissen-schaftlicher Unterricht wird aber weitgehend abgehoben vom Alltag und damit verbundenen Erfahrungen abgehalten.

Andere Untersuchungen und Versuche betonen neben dieser didaktischen Kom-ponente die identifikatorische Seite, d. h. dass Frauen als Naturwissenschaftle-rinnen den Mädchen identische Vorbilder geben. Dieser Ansatz wurde erfolg-reich in der Birmingham-Studie (Whyte 1985) erprobt.

Mehr mit Fokus auf die Technik, verweist der nordrhein-westfälische Modell-such an Gesamtschulen (Kampshoff / Nyssen 1996; Nyssen 1996) darauf, dass auch beim Technikunterricht das Selbstvertrauen der Mädchen steigt, wenn sie in einer homogenen Gruppierung lernen. Die Frage der Erwartungshaltungen der Mädchen – und ihrer Lehrkräfte – scheint sich durchgängig als wesentlicher Faktor dafür zu bestätigen, dass allmählich auch eine Kompetenzdifferenz zwi-schen den Geschlechtern entsteht. Thies und Röhner stellen dementsprechend fest: „Die beobachteten Mädchen unterschätzen ihre technische Kompetenz zugunsten einer 'Ich-kann-nicht-Haltung' … Dagegen finden die beobachteten Jungen in ihrer Arbeit Selbstbestätigung" (Thies / Röhner 2000, S. 139). Auch hier wirken wieder Mechanismen der Selbstsozialisation: „Mädchen definieren sich im Spiegel der männlichen Terrainbesetzung bereits vorab als nicht kompe-tent und werden in ihrer Einschätzung durch die Lehrerin bestätigt" (Thies /

Röhner 2000, S. 176). Die Folge dieser untergründig wirkenden, stereotypisie-
renden Mechanismen ist bezogen auf Naturwissenschaften und Technik eine
Dequalifizierung der Mädchen. „Mädchen und Jungen …, die den Zuschreibungen nicht entsprechen …, werden in der Entwicklung geschlechtsunstereotyper
Interessen, Begabungen und Fähigkeiten beeinträchtigt, da Erwartungen Leistungen und Verhalten mitbestimmen" (Thies / Röhner 2000, S. 147).

– Für den *sozialwissenschaftlichen Sachunterricht* gibt es vor allem Untersuchungen zum Bereich der Lernvoraussetzungen. In einer eigenen Studie zum
  sozialwissenschaftlichen Sachunterricht (Kaiser 1996) konnte ich stärker wer-
  bungskritische Aussagen bei Jungen finden, wenn es sich um haushaltsnahe
  Produktwerbung handelte. Mädchen dagegen zeigten sich bei der Planung
  eines Schulfrühstücks als kompetenter und mehrperspektivisch planend. Hinsichtlich der Zukunftsvorstellungen gibt es eine Vielzahl an Studien (Glumpler
  1993; Hempel 1996; Kaiser 2003a), die allesamt zeigen, dass Mädchen und
  Jungen deutlich verschiedene Vorstellungen über ihre eigene berufliche
  Zukunft haben. Diese Vorstellungen sind stark stereotyp geprägt, Mädchen
  wünschen sich – auch im weltweiten Vergleich (Kaiser 2003a) – Berufe im
  sozial-pflegerischen Bereich mit Menschen und Tieren oder als schön präsentiert in der Öffentlichkeit als Künstlerin (Sängerin) oder Model aufzutreten.
  Jungen dagegen bevorzugen sportlichen Erfolg (Fußballer), Arbeit mit
  schnellen Fahrzeugen oder relevanten machtvollen Handlungen bei Feuer-
  wehr, Polizei oder Militär (Kaiser 2003a).

– Die Differenzierung der Geschlechter ist im schulischen wie außerschulischen
  Bereich zu beobachten. Besonders die selbst gewählten *Spielwelten* von Jungen und Mädchen unterscheiden sich drastisch (Nötzel 1987; Fuchs 2001); so
  bevorzugen Jungen Spiele mit Bauen, Konstruieren und Technik, während
  Mädchen Rollenspiele, Regelspiele, Puppenspiele sowie Symbolspiele bevorzugen und Alltagshandlungen in der Familie spielerisch verarbeiten (Thies /
  Röhner 2000, S. 38). Auch inhaltlich unterscheiden sich die Spielwelten der
  Geschlechter im Grundschulalter: „Während Jungen in abenteuerlichen Welten und Szenarien spielen, wenden sich Mädchen dem Lebendigen, insbesondere Tieren zu und erproben Alltagshandeln" (Thies / Röhner 2000, S. 76).
  Wenn Grenzen der Stereotype überschritten werden, ist dies eher als Folge
  wechselseitiger Anregung zu sehen. So stellten Thies und Röhner fest, „daß
  immer dann, wenn Mädchen mit jungentypischem Spielzeug spielen, sie Jungen als ihre Interaktionspartner angeben" (Thies / Röhner 2000, S. 76).

Nicht nur die Wahl der Spielobjekte, „auch das Spielverhalten der Mädchen
unterscheidet [sich] von dem der Jungen" (Burdewick 1999, S. 36). „Mädchen
(spielen) lieber in kleineren Gruppen … ihre Spiele sind weniger auf Wettstreit
und Konkurrenz ausgerichtet" (vgl. Flade / Kustor 1996, S. 21 f.).

Die Sozialform der Spiele hat auch Konsequenzen für die Spielräume. „Spiele
von Mädchen sind stärker standortgebunden" (Burdewick 1999, S. 36) „Die

(einen) spielen Gummitwist, Seil- und Figurenhüpfen, die anderen bauen Staudämme, lassen Drachen steigen und fahren Boot" (Nissen 1998, S. 187). Bestimmte öffentliche Spielräume wie Skateboard-Bahnen werden vornehmlich von Jungen genutzt (Burdewick 1999, S. 36; Flade / Kustor 1996; Rusch 1998).

Dementsprechend kann vermutetet werden, dass „das unterschiedliche Spielverhalten ... Einfluss ... auf die Herausbildung spezifischer Fertigkeiten und sozialer Fähigkeiten hat" (Burdewick 1999, S. 36). „In Jungenspielen wird also die Entfaltung von Eigenschaften gefördert, die nach wie vor eine wichtige Grundlage für den gesellschaftlichen bzw. beruflichen Erfolg bilden. Mädchen erlernen im Spiel eher soziale Fertigkeiten, wie etwa den kooperativen Umgang miteinander" (Burdewick 1999, S. 36). Das heißt, dass neben der Schule Sozialisationsprozesse stattfinden, die eine Entwicklung von polarisierten Fähigkeiten bei Mädchen und Jungen stärken.

Neben den Spielen sind auch die *Interessen* beider Geschlechter im Grundschulalter schon deutlich polarisiert, Mädchen bevorzugen öfter Reiten und Rollschuh fahren, Jungen benennen in freien Texten öfter das Fußballspielen (Thies / Röhner 2000, S. 78).

Nicht die Fähigkeiten der Schülerinnen und Schüler, sondern eher die Herangehensweisen und Interessen sowie die Bewertungen durch Lehrpersonen scheinen stärker different ausgeprägt zu sein, können sich aber dann auch auf die Fähigkeitsentwicklung auswirken.

Wir sehen also, dass in vielen für den Sachunterricht relevanten Inhaltsbereichen deutliche Differenzen zwischen den Geschlechtern vorliegen. Diese Differenzen sind mit Interessen, Zuschreibungen und Wahrnehmungsmustern, aber weniger mit primären Fähigkeiten verknüpft. Von daher muss nach den Bedingungen ihrer Herausbildung im Zuge der allgemeinen Persönlichkeitsentwicklung und Sozialisation gefragt werden. Bislang wurden diese Zusammenhänge wenig reflektiert, so dass unter der Oberfläche einer Schule, in der beide Geschlechter gleich behandelt werden, sich deutliche Unterschiede herausgebildet haben. Denn es bedarf bewusster Reflexion um diese ungleichen Voraussetzungen zu verändern. Dabei darf allerdings nicht der Unterschied in der pädagogischen Praxis betont, d. h. auch damit verstärkt werden, sondern es kommt darauf an, gerade an bestimmten positiven Kompetenzen der Mädchen und Jungen anzuknüpfen, die bereits einen Schritt weg von stereotyper Vereinseitigung gegangen sind.

Entstehungsbedingungen von Geschlechterdifferenzen

Wir wissen, dass Geschlechterdifferenzen in frühester Kindheit nicht nachweisbar sind (Hagemann-White 1984), allerdings nehmen sie im Laufe der Lebensjahre deutlich zu. Meine Hypothese ist, dass diese Differenzierung mit dem Eintritt in neue Institutionen verschärft wird, also mit dem Eintritt in Kindergarten,

Schule und ins Erwachsenenleben während der Pubertät. Damit unterstütze ich auch die These, dass dabei gleichzeitig die Peergroup wesentlich verstärkend für die Entwicklung geschlechtstypischer Merkmale ist (Krappmann / Oswald 1985). Cheryl Benard und Edith Schlaffer sprechen sogar von einer Geschlechterpolizei (Benard / Schlaffer 1996).

Die Gruppe der Gleichaltrigen wirkt aber nicht unabhängig auf die Kinder ein, sie reflektiert und verstärkt nur die in der Gesellschaft ohnehin vorhandenen Geschlechterstereotypien. Und diese sind immer noch deutlich. Hinsichtlich Einkommen, Berufsfeld und Position sind Frauen den Männern weiterhin unterlegen (Kroll 2002), während Mädchen bei Schulnoten und Schulabschlüssen die Jungen überrundet haben (Kaiser 2003). Doch die stereotypen Muster der Geschlechterdifferenz sind damit nicht aufgehoben. Sie wirken weiter symbolisch und fast unbemerkt. In Wahrnehmungsmustern bei freien Texten (Röhner 1997), Lebenszielen (Kaiser 2003a), Körpersprache (Mühlen-Achs 1993) und Sprache (Tannen 1991) durchdringen sie den Alltag. Kinder wachsen in einer zweigeschlechtlich definierten Welt auf und lernen sehr früh, diese Differenzen auch persönlich aufzunehmen. Für den Sachunterricht heißt dies, dass trotz egalitärer Ansprüche im Unterricht, unterschiedliche „heimliche Lehrpläne" für Mädchen und Jungen ablaufen.

Dazu gibt es mehrere Theorien, von denen jede für sich wichtige Erklärungsansätze bietet (vgl. Kaiser u. a. 2003). Wissenschaftlich ist noch nicht erwiesen, welche Theorie welchen Anteil hat. Ich vermute, dass alle miteinander verschränkt, mehr oder weniger stark bedeutsam sind. Auch die Sozialisationsinstanzen wirken zusammen. Wir können nicht eine einzelne verantwortlich machen. Jede kann gewisse eigene Einflüsse ausüben, auch die Schule. Von daher ist es sinnvoll, nach Interventionsmöglichkeiten zu suchen.

Ziele geschlechtergerechten Sachunterrichts

Trotz jahrelanger Debatte zeigen die Schulbücher immer noch bei allen Gleichstellungsrichtlinien auf subtiler Ebene deutliche Diskriminierungstendenzen (Fichera 1996).

> „Zusammenfassend kann konstatiert werden: Die Mehrzahl der Schulbuchverlage hat am Geschlechterverhältnis nichts verändert, sondern folgt nach wie vor dem ontologisch-hierarchischen Ansatz. Die wenigen, die initiativ wurden, orientierten sich am Gleichstellungsansatz – einem Emanzipationsmodell, das besonders in den 60er/70er Jahren virulent war, sowohl bei Einführung der Koedukation als auch in den damaligen Schulbuchanalysen, wie meine Untersuchung ergab" (Fichera 1996, S. 204f.).

Nun kann dagegen eingewendet werden, dass auf Seiten der Noten und Schulabschlüsse die Mädchen deutlich überlegen sind. Bezogen auf die Grundschule

konnte dies bereits 1985 belegt werden (Schümer 1985), für das Gymnasium war
dann in den 90er Jahren der bessere Leistungsstand von Mädchen offensichtlich.
Dagegen ist an den Schulen für Lernbehinderte die Mehrheit der Lernenden
männlich, Jungen wiederholen häufiger die Klasse als Mädchen. An Realschulen und Gymnasien ist wiederum die Mehrheit der Lernenden weiblich. Die
selektive Funktion der Grundschule zu Lasten der Mädchen scheint also historisch überwunden zu sein. Aber auch dieser Tatbestand zeigt wiederum Mängel
in der Gleichbehandlung – diesmal zuungunsten des männlichen Geschlechtes.
Gleichberechtigung meint aber – wie das Wort schon sagt – dass beiden
Geschlechtern gleiche Rechte und Chancen offen stehen. Das ist mitnichten
gegenwärtig der Fall. Gleichberechtigung heißt aber nicht Gleichmacherei. Es
kann nicht das Ziel einer geschlechterdemokratischen Pädagogik sein, dass die
Mädchen so werden wie bislang die Jungen. Aber gleichzeitig wäre es widersin-
nig, einen neuen Kunstmenschen, der halb Frau halb Mann – eben androgyn –
ist, anzustreben. Das Ziel der Gleichberechtigungspädagogik ist lediglich, kei-
nem Geschlecht irgendwelche Lernwege und Möglichkeiten von vornherein
durch die bloße Geschlechtszugehörigkeit zu verbauen. Die Verschiedenheit der
Personen wiederum wäre sehr produktiv. Es geht also nicht darum, Mädchen
und Jungen durch starre Bilder von männlich und weiblich einzuengen, sondern
ihnen noch mehr Möglichkeiten zu eröffnen, damit kein Kind in der Grundschule wegen des Geschlechts Begrenzungen in den individuellen Qualifizie-
rungsmöglichkeiten erfährt. Denn es wird mehrfach in der Literatur belegt, dass
„Mädchen mit androgyner und männlicher Geschlechtsrollenidentität ein besse-
res Selbstvertrauen als jene mit weiblicher oder undifferenzierter Geschlechtsrollenidentität" (Keller 1998, S. 110) haben. Diese Befunde, dass weniger stereotype Orientierungen die Lebenstüchtigkeit fördern, lassen sich auch aus frühe-
ren internationalen Untersuchungen ableiten (vgl. Hagemann-White 1984).

Wir wissen, dass die Geschlechter verschieden sind und dass dies durch komplexe Sozialisationsprozesse hervorgebracht wird. Damit ist aber noch nicht
gesagt, dass dies ein Problem für Pädagogik und Didaktik werden muss. Dazu
müssen wir auf die Folgen stereotyper Geschlechtermuster schauen.

Gerade die *stereotype Sozialisierung* und damit Polarisierung schränkt Mädchen
und Jungen gleichermaßen dabei ein, die gesellschaftlich definierten Grenzen an
Denk- und Verhaltensweisen zu überschreiten. Bekannt ist es, dass Mädchen
trotz in Ansätzen vorhandener Fähigkeiten und Interessen, sich durch stereotype
gesellschaftliche Definitionen nicht technisch-naturwissenschaftlichen Inhalten
annähern (Hannover 1992) und sich damit wesentliche berufliche Entwicklungsmöglichkeiten verbauen. Aber auch das männliche Geschlecht hat nachweislich
Probleme bei der Lebensbewältigung, die sich aus einer Entwicklung, bei der die
Auseinandersetzung mit Gefühlen der Schwäche und Empathie stark ausge-
grenzt werden (vgl. Connell 1999; Meuser 1998), ergeben. Somit wäre zwar die
Veränderungsnotwendigkeit begründet, aber nicht auch die Möglichkeit belegt.

Pädagogische Einflussnahme auf die Geschlechtermuster stößt an Machbarkeitsgrenzen. Denn Schule steht nicht außerhalb der Gesellschaft, sondern ist ein Teil von ihr. Von daher wirken in der Schule die allgemeinen gesellschaftlichen Symbole der Geschlechterbilder durchgreifend. Pädagogisch veränderndes Handeln ist nur in diesem Rahmen möglich und kann lediglich eine Differenzierung innerhalb der gegebenen Handlungsmuster erreichen. Deshalb können auch keine veränderten Persönlichkeitsleitbilder durch pädagogische Willensanstrengung erzielt werden. So kann es auch kein pädagogisches Ziel sein, androgyne Persönlichkeiten fördern zu wollen. Dies würde die Kräfte von Schule als Teil dieser Gesellschaft sprengen. Eine Anpassung der Mädchen an das Muster der Jungen würde wiederum am ethischen Ziel, eine Symmetrie anstelle einer Hierarchie zwischen den Geschlechtern herzustellen, vorbei gehen.

Bei Anerkennung dieser Rahmenbegrenzungen sollte aber erreicht werden, dass weder Jungen noch Mädchen in ihrer Entwicklung durch starre Geschlechterstereotypen eingeschränkt werden. Sigrid Metz-Göckel (1988) drückt dies mit dem Begriff der „Geschlechtspotentiale" aus, mit dem sie aussagt, dass die Menschen beider Geschlechter verschiedene Möglichkeiten haben, breitere Fähigkeiten zu entwickeln als die engen Stereotypgrenzen vorschreiben. Es kommt also nur darauf an, die Möglichkeiten menschlicher Entwicklung für beide Geschlechter zu erweitern ohne sie dabei in den jeweils defizitären Rollen festzuschreiben. Hier ist also ganz deutlich ein Kompetenzansatz gefragt, bei dem die Fähigkeiten von Kindern beider Geschlechter durch Unterrichtsimpulse entwickelt und nicht beschnitten werden, wie es in der gesellschaftlichen Alltagspraxis oft geschieht.

Für die Schule bedeutet aber die Vielfalt der Sozialisation, dass wir gegenwärtig sehr verschiedene Wege haben, um einer einseitigen Entwicklung von Mädchen und Jungen entgegen zu steuern. Es reicht also nicht aus, allein durch Bereitstellen positiver männlicher Modelle in der Schule, durch Anbieten von ausgewogenen Vorbildern in den Schulbüchern oder durch kompensatorische Unterrichtsanregungen für Mädchen und Jungen, den Weg der schulischen Gleichberechtigung beschreiten zu wollen. Weder das Reflektieren der Geschlechterrollen noch das Vorbildverhalten der Lehrkräfte allein kann die offensichtlich auf vielfältigen Wegen sich vollziehende Geschlechtersozialisation wirksam beeinflussen. Es kann gegenwärtig nicht ein einzelner Weg der Veränderung des Geschlechterverhältnisses in der Schule als allein gültig beschritten werden. Vielmehr scheint ein breiter Weg, der verschiedene theoretische Möglichkeiten eröffnet, gegenwärtig sinnvoll zu sein.

So wurden beispielsweise für den niedersächsischen Schulversuch (Kaiser 2003) quasi als Bausteinmodell mehrere Wege gleichzeitig eröffnet, u. a. die gezielte Anregung von Mädchen und Jungen im kommunikativen Sachunterricht, die Selbstreflexion der eigenen Erwartungshaltungen der Lehrpersonen über die Supervision oder die Förderung differenzierter Geschlechterbilder über die Mädchenstunden und Jungenstunden.

Gleichzeitig muss deutlich sein, dass Pädagogik – insbesondere im Rahmen von festgelegten Institutionen wie der Schule – nicht unendliche Möglichkeiten hat, sondern auch durch den eigenen Rahmen an Grenzen stößt. Im Kontext der aktuellen Geschlechterdebatte, wie sie durch neuere Schriften etwa von Judith Butler (1991), angestoßen worden ist, wird die These vertreten, dass das Geschlecht nicht festgelegt ist, sondern bestimmt wird von dem, was Menschen tun. Doing-gender wird dabei als Schlagwort verbreitet. Derartige Thesen betonen vor allem die subjektiven Möglichkeiten. Für Schule und geschlechtsbezogene Arbeit muss allerdings einschränkend hinzugefügt werden, dass das Tun der Menschen nicht im luftleeren Raum stattfindet, sondern im zweigeschlechtlich definierten gesellschaftlichen Rahmen. Mädchen und Jungen in der Schule werden durch diesen Rahmen stark beeinflusst. Das, was sie „tun" können, steht also auch in den Grenzen dessen, was der sie umgebende gesellschaftliche Raum zulässt. Charlotte Röhner (1996) hat dementsprechend darauf verwiesen, dass Mädchen und Jungen auch das Geschlechtsmuster selbst in ihren Interaktionen, Interessen, Wahrnehmungen und Handlungen polar konstruieren.

Im Umgang mit Kindern bedeutet es, Entwicklungsmöglichkeiten zu fördern, dass an den Kompetenzen der Kinder angesetzt wird. Denn die reale Entwicklung der einzelnen Kinder ist vielfältig. Ein Kind hat hier stereotype Grenzen überschritten, ein anderes hat dort eine kritische Meinung zu den Rollenanforderungen, wieder ein anderes Kind hat in einem bestimmten Fall positive Erfahrungen mit dem Bruch bei Geschlechterkonventionen gemacht (z. B. ein Mädchen, das Spaß am Klettern auf Bäume erfahren hat). Pädagogik kann nur gelingen, wenn an die Möglichkeiten der lernenden Personen angeknüpft wird und sie nicht von vornherein als defizitär begriffen werden. Diese, das stereotype Geschlechterbild bei Mädchen und Jungen überwindenden Ansätze gilt es zu sehen, zu identifizieren und im Sinne von Lernvoraussetzungen, die es aufzubauen gilt, in den pädagogischen Alltag einzubinden. D. h. konkret, dass bei Mädchen Ansätze von Durchsetzungsfähigkeit, Technikinteresse oder naturwissenschaftlichem Denken, bei Jungen Kerne empathischen Verhaltens, Zulassen negativ gewerteter Gefühle von Schwäche und Heraustreten aus hierarchischen Strukturen besonders in den Vordergrund gestellt werden und daran anknüpfend im Unterricht weiter entwickelt werden sollen. Auf konkretes Verhalten in der Grundschule übersetzt heißt dies, dass Jungen „achtsamer mit sich selbst und anderen umgingen, eigene Anteile an Konflikten eher sehen könnten, die Perspektiven anderer öfter einnähmen" (Schmidt-Hollstein 1999, S. 34).

Ein derartiges Anknüpfen im pädagogischen Handeln an die Breite von kindlicher Entwicklung, die sich nicht in stereotypen Mustern erschöpft, eröffnet Entwicklungschancen. Und es gibt im Denk- und Verhaltensspektrum einer Grundschulklasse viele Ansätze erweiterter Muster – bis hin zu Stereotypen überwindendem Denken und Verhalten. Gerade diese sind produktive Lernvoraussetzungen, an die es bei der Entwicklung von Kindern praktisch verstärkend anzuknüpfen gilt. Mädchen und Jungen sind reich in ihren Entwicklungsmöglichkeiten – auch in der Geschlechterfrage. Die vielfältigen Entwicklungen und Möglichkeiten zu erkennen und sie in die Gruppe der Lernenden einzubringen, ist die wesentliche Kunst nicht defizitorientierter Pädagogik.

Konsequenzen für den Sachunterricht

Entwicklung des Schullebens

In der neueren Sachunterrichtsdidaktik wird verstärkt auf die Bedeutung des Schullebens hingewiesen (vgl. Kaiser 2004). In diesem Abschnitt soll näher erläutert werden, wie das Konzept des entwickelten Schullebens mit Fragen der Geschlechtergleichstellung zusammenhängt. Das vor allem auf Fröbel (vgl. Band 1 dieser Reihe) zurückzuführende und in der Reformpädagogik zu Beginn dieses Jahrhunderts stark diskutierte Prinzip des Schullebens, kann einerseits im Sinne Petersens (vgl. Band 1 dieser Reihe) als Gemeinschaftsfiktion unter einer gemeinsamen geistigen Idee verstanden werden. Hierbei sind die Einstellungen und Ziele der Lehrkräfte das bestimmende Moment.

Der Begriff Schulleben kann aber auch im Sinne Karsens (vgl. Band 1 dieser Reihe) Verschiedenheit der Interessen und veränderndes Handeln zulassen oder als partielle Antizipation von Möglichkeiten des sozialen Lebens mit der Berücksichtigung der Verschiedenheit der Kulturen verstanden werden.

Ein solch weit gefasstes Verständnis des Schullebens (Gudjons 1980; Struck 1980) bietet erst die Chance, den kulturellen Lebenszusammenhang, auch des weiblichen Geschlechts, schulisch adäquat erfahrbar zu machen und damit auch Umgestaltungen der Geschlechterbeziehungen im Sinne der Transformation traditioneller Geschlechtermuster mit einzuschließen. Dies bedeutet, dass in der Schule für Mädchen und Jungen neue Erfahrungsräume bereitgestellt werden müssen, die ihnen auch neue, nichtstereotype Handlungserfahrungen ermöglichen. In diesem Zusammenhang sind bewusst eingesetzte Rituale (Kaiser 2000), die neue Wahrnehmungs- und Handlungsmuster eröffnen, besonders produktiv.

Einige für die Geschlechterthematik praktikable Vorhaben wären über die Einrichtung einer schulischen Teeküche, Müslibar, Gesundheitsstation oder Reparaturwerkstatt für Kleidung oder Fahrräder (vgl. Kaiser 1992) zu erreichen. Wichtig bleibt dabei festzuhalten, dass die bloße Einführung eines genderbezogenen Schullebens per se noch nicht geschlechtssymmetrische Lernerfahrungen hervorbringt, sondern dass diese gezielt von Lehrenden und Lernenden entwickelt werden müssen.

Ein weiteres Argument für die Entwicklung und Veränderung des Schullebens als Bedingung für eine Entfaltung des "Geschlechtspotentials" (Metz-Göckel 1988), gerade auch der Jungen, ist einer Untersuchung in schwedischen Halbtags- und Ganztagskindergärten zu entnehmen (Karrby 1988). Danach waren in der Ganztagseinrichtung mehr informelle Erziehungsformen und ein mehr weiblich typisierter Gesprächsstil der Erzieherinnen – auch gegenüber den Jungen – zu beobachten als in der mehr formalisierten, durch feste Zeitrhythmen strukturierten Halbtagseinrichtung. Im Anschluss daran bedeutet die Öffnung von Erziehungsinstitutionen wie Schule und Kindergarten in Richtung auf mehr informelle Kontakte und Kommunikationsformen, dass die Stigmatisierung der Mädchen, z. B. in formalisierten Situationen wie Stuhlkreisgesprächen, bei denen die Erzieherinnen einen mehr männlich-öffentlichen Gesprächsstil an den Tag legten und die Mädchen deutlich weniger beachteten als die Jungen (Fried 1990, S. 69) sowie sie qualitativ in den Erziehungsinterventionen eher bremsten und entmutigten (ebd.), nicht perpetuiert wird.

Ein differenziertes Schulleben bringt in der Institution Schule, die insgesamt gerade nicht nahräumlich strukturiert ist, gleichzeitig für Mädchen Anregungen für öffentliche Auseinandersetzungen, die ihren Aufforderungscharakter durch subjektive Ausgangssituationen erhalten. Die in der Laborschule Bielefeld seit ihrer Gründung praktizierten Formen der kleinen und großen Versammlungen als Ergänzung zur Ich-Erfahrung sowie die aktuelle Modifikation in Form von Mädchen- und Jungenkonferenzen (Biermann 1992) scheinen mir wichtige, situativ als sinnvoll erfahrbare Möglichkeiten zum Erlernen des öffentlichen Vertretens von Positionen zu sein. Selbsterfahrung für Jungen und Selbstverteidigung für Mädchen sind m. E. zwei polar zusammengehörige Prinzipien einer geschlechtssymmetrischen Didaktik, die unmittelbar mit den Zieldimensionen Beziehungsfähigkeit und Politikfähigkeit (Biermann 1992) korrespondieren.

Soziales Lernen und Gruppenarbeit als Grundpfeiler einer mädchen- und jungengerechten Grundschule

Jede Form der äußeren Differenzierung hebt die Kategorie Geschlecht hervor und verstärkt dieses kulturell differenzierte Symbol - und damit auch die inhärenten Stereotypien. Eine äußere Gruppierung verschärft bürokratische Strukturen und zerstückelt den Schulalltag. Nicht nur aus diesen Gründen plädiere ich für die systematische Entwicklung von Formen der inneren Differenzierung als Momente einer geschlechtssymmetrischen Bildungstheorie. Dies heißt nicht, dass zuweilen schon begrenzte Formen der Trennung sinnvoll sein können (Kaiser / Nacken / Pech 2001). Der differenzierte Sachunterricht verlangt geradezu nach mehr Kleingruppenarbeit, weil die Lernvoraussetzungen der Kinder in der Grundschule außerordentlich heterogen sind.

Wegen ihrer engeren sozialen Strukturierung wird der Gruppenarbeit – in Anbetracht der Interdependenz von Inhalten und Methoden – ein hoher Stellenwert für das soziale Lernen eingeräumt, denn sie hat schließlich sozial-emotionale konkrete Beziehungen als Ziel. Ich meine daran anknüpfend, dass gerade Grup-

penarbeit besonders dem durch Hausarbeit bestimmten weiblichen Lebenszusammenhang adäquat ist, in dem Beziehungsarbeit einen zunehmenden Anteil
hat. Als Lernform kann sie wegen des weiblich-privaten Charakters bessere
Chancen für Mädchen (Dinter-Schöttler 1975) eröffnen und den Jungen neue
Anregungen bieten.

Aus der Sozial- und Interaktionsforschung ist bereits hinlänglich bekannt, dass
Mädchen im koedukativen Unterricht in der Schule, aber auch in anderen gesellschaftlichen Institutionen viel zur Entwicklung eines positiven Sozialklimas beitragen (Enders-Dragässer / Fuchs 1989).

Sie erhalten dafür aber keine adäquate Anerkennung, sondern erfahren auch
paradoxe Abwertung (ebd.); diese Mädchenfähigkeiten werden in der Schule
eher ambivalent eingeschätzt (Zinnecker 1972). In der Gruppenarbeit ist aber
gerade Kooperation ein institutionalisiertes und anerkanntes Leistungsziel. In
Gruppen kommen Mädchen mehr zur Geltung, weil für Jungen die öffentliche
Bühne der Selbstdarstellung in der gesamten Klasse zumindest eingeschränkt
wird. Jedenfalls zeigen die Daten meiner Interaktionsstudie in Grundschulen
der Minangkabau (Kaiser 1996b) deutlich, dass in der Gruppenarbeit den Mädchen mehr Gewicht eingeräumt bleibt.

Bislang wird die hier skizzierte didaktisch-methodische Fruchtbarkeit der Gruppenarbeit für ein verändertes Geschlechterverhältnis (Knauf / Knauf 1991,
S. 33) oft allenfalls en passant von Lehrenden als Lösungsform gesehen (Schefer-Vietor 1990), ist aber bislang noch nicht weiter ausgearbeitet worden. In der
Praxis vieler Schulen wird dagegen die Form der Gruppe rein organisatorisch als
Tischgruppe missverstanden, bei der oft Mädchen und Jungen zwangsweise bloß
zusammengesetzt werden. Dies erweckt oft Aversionen und gibt nicht im Selbst-
lauf Chancen der Verständigung oder Annäherung. Dagegen ist zu erwarten,
dass die Bewältigung realer problembezogener Arbeitsprozesse auch eine veränderte soziale Kontaktaufnahme zu initiieren vermag. Die Frage der Gruppenarbeit muss allerdings didaktisch noch weitergeführt werden und empirisch untersucht werden. Jedoch nach den bisherigen Beobachtungsergebnissen, scheint
damit auch für soziales und emotionales Lernen eine Grundform gegeben zu
sein. Diese hat noch vielfältige Entwicklungsmöglichkeiten. Dies gilt besonders
für das im schulischen Alltagsleben immer deutlicher werdende Gewaltpoten-
tial, bei dem vorwiegend Jungen als Täter benannt werden (Schnack / Neutzling
1990).

Der Rekurs auf emotionales Lernen berührt auch auf der didaktischen Ebene
ein Problem der Frauenforschung und Frauenbewegung insgesamt, nämlich das
der männlichen Gewalt. Im Alltagserleben von Lehrkräften spielt die Aggressivität gerade von Jungen eine große Rolle (Schefer-Vietor 1990), aber auch für
Mädchen ist dies eine belastende und einschränkende Erfahrung (Barz 1985).
Pädagogische Veränderungen werden umso eher wirksam sein, wenn wir die
Ursachen und Bedingungen der Entstehung von Gewalt durchschauen.

So deuten viele der theoretischen Versuche, männliche Aggressivität zu erklären, auf das zentrale Moment der Angst und Angstabwehr hin. In der pädagogischen Konsequenz heißt dies, dass in der Schule vor allem für Jungen der Umgang mit Angst gelernt werden muss (Schnack / Neutzling 1990, S. 146). Es liegen bereits einige konkrete Beispiele der symbolischen Angstbearbeitung in der Klasse gerade für Jungen vor (Röhner 1985). Diese Ansätze verdeutlichen die fließenden Grenzen zwischen sozialem Lernen und den Realsituationen des Schullebens, das mir wegen der emotionalen Tiefe der Gewaltfrage eine intensive pädagogische Umgebung für mögliche Prävention von Gewalt darzustellen scheint.

Dazu gibt es bereits mehrere Erprobungen an Grundschulen. Vor dem niedersächsischen Schulversuch „Soziale Integration in einer jungen- und mädchengerechten Grundschule" (Kaiser / Nacken / Pech 2002), der soziales Lernen – differenziert für beide Geschlechter – zum zentralen Ziel erklärt hatte, ist da vor allem der Berliner Versuch „Konfliktbewältigung für Mädchen und Jungen" (Senatsverwaltung Für Schule, Jugend und Sport Berlin 1998, Band 1 und 2) zu erwähnen, der allerdings nicht in die Unterrichtsarbeit am Vormittag integriert war, sondern eher einen sozialpädagogischen Ansatz des gezielten Konflikttrainings in nachmittäglichen Gruppen verfolgte. Dennoch kann dieser Schulversuch auch im weiteren Sinne als ein Projekt mit Geschlechterfokus für das Grundschulalter angesehen werden. Die Ergebnisse sind weniger auf der Ebene wissenschaftlichen Erkenntnisgewinns als vielmehr auf der Ebene der Materialentwicklung und -evaluation angesiedelt. Sie stellen aber den ersten konstruktivdidaktischen Ansatz für die Geschlechterperspektive in der Grundschule dar. Die didaktischen Konzepte werden allerdings auch durch wissenschaftliche Untersuchungen fundiert, so wurden Unterschiede zwischen Jungen und Mädchen im Ausmaß der Aggressivität zu Lasten der Jungen, aber eine gleichgewichtige Beteiligung beider Geschlechter bei Konflikten nachgewiesen (Biskup u. a. 1996, S. 162).

An diesen Entwicklungsstand knüpfte der niedersächsische Schulversuch „Soziale Integration in einer jungen- und mädchengerechten Grundschule" an und entwickelte ein Konzept der sozialen Kompetenzentwicklung gezielt für Mädchen und Jungen integriert in den allgemeinen Unterricht (vgl. Kaiser / Nacken / Pech 2002), das aus den Bausteinen allgemeiner Förderung des Zieles Sozialen Lernens, kommunikativem Sachunterricht, spezifischen Jungenstunden und Mädchenstunden (vgl. Kaiser / Nacken / Pech 2001 b; Kaiser 2001) sowie jeweils schulspezifischen Profilschwerpunkten besteht.

Geschlechtsbezogene Projektarbeit und Sachunterricht

Die Diskurse der pädagogischen Frauenforschung weisen immer wieder darauf hin, dass es gerade für Mädchen wichtig sei, schulische Inhalte nicht losgelöst von den gesellschaftlichen Verwendungszusammenhängen zu präsentieren. So betonen viele Autorinnen und Autoren – zumeist ausgehend von mathematisch-naturwissenschaftlichen Inhalten –, dass es gerade im Interesse der Motivierung von Mädchen wichtig sei, den Sinn und den sozialen Kontext von Lerninhalten in den Vordergrund zu stellen (Hoffmann 1989; Kaiser 1996) oder zumindest den lebenspraktischen Bezug der (mathematisch-naturwissenschaftlichen) Inhalte erkennbar zu gestalten (Heller 1992, S. 21). Wir haben z. B. bewusst naturwissenschaftlichen Sachunterricht in der Grundschule etwa am Thema Waschen entwickelt, bei dem die theoretischen Probleme der Benetzung von Textilien, der Oberflächenspannung, der Tensidvariationen u. v. a. m. an einem für Mädchen sinnvollen Thema präsentiert waren und entsprechend motivierte und differenzierte Problemfragen hervorgebracht haben (Kaiser u. a. 1987).

Für Mädchen bietet problemorientierte Projektarbeit nicht nur die Möglichkeit, ihre inhaltliche Motivation zum Tragen kommen zu lassen. Sie haben gerade dann, wenn differenziertes Arbeiten in Gruppen, an für die gemeinsamen Ziele relevanten Teilaufgaben stattfindet, die Chance, öffentliches Auftreten in der Klasse oder bei der Präsentation vor der Schulöffentlichkeit zu probieren. Diese Vorstellung der Ergebnisse ist sachlich begründet und kein bloßes Sich-Profilieren. Die Sachnotwendigkeit erleichtert den Mädchen, Praxiserfahrungen im öffentlichen Auftreten zu sammeln.

Didaktische Prinzipien geschlechtsbewussten Sachunterrichts

Pädagogische Veränderungen in der Geschlechterfrage stecken in einem Dilemma. Aus lerntheoretischen Gründen müssen wir didaktische Modelle finden, welche die zweigeschlechtliche Polarität in der Gesellschaft (Hagemann-White 1984) nicht verstärken, aber auch an den realen besonderen Lernvoraussetzungen von Mädchen und Jungen anknüpfen, um sie schrittweise aufzuheben. Denn so lange es Hierarchien zwischen den Geschlechtern in der Gesellschaft gibt, müssen Mädchen Abwertungen und beide Geschlechter Eingrenzungen ihrer Möglichkeiten erfahren. Dies ist mit umfassenden Bildungsansprüchen für alle unvereinbar.

Hier möchte ich nur eine Konkretisierung für einen mädchen- und jungengerechten sozialwissenschaftlichen Sachunterricht entwickeln. Unter zeitgemäßem Sachunterricht verstehe ich prinzipiell einen lebensnahen handlungs-, erfahrungs- und problemorientierten Sachunterricht (vgl. Kaiser / Pech Einleitung Band 2 dieser Reihe).

Ich gehe von der Hypothese aus, dass schon in der Grundschule die Motivation für elementare Erkenntnisse und Motivationsstrukturen gelegt wird. Dem Sachunterricht als Integrationsfach kommt in diesem Kontext eine Schlüsselstellung zu.

Dabei halte ich es für wichtig, dass – neben partieller didaktischer Differenzierung bei der Gruppenarbeit – grundsätzlich koedukativ in der Grundschule unterrichtet wird. Wichtig für die weitere Interessensentwicklung von Mädchen ist aber, mit welchen Inhalten und Methoden ihnen sozialwissenschaftlicher Unterricht nahe gebracht wird.

Dazu knüpfe ich bei dem von der Society for Canadian Women in Science and Technology (SCWIST) entwickelten Konzept „Science for Girls and other intelligent Beings" (Wyatt 1993) für Mädchen ab 8 Jahren an und versuche, die am Beispiel des naturwissenschaftlichen Unterrichts entwickelten Prinzipien auch auf sozialwissenschaftliche Kontexte zu transferieren.

Dabei sind folgende methodische Prinzipien konzeptionell eingegangen:

– die Motivation für die Versuche entstammt dem Alltag: Fußspuren entschlüsseln, Kleidung reinigen, Tiere beobachten, Tüten erfinden und basteln, Kochen, Zeit sparen beim Silberputzen, Zaubertricks vorführen etc.

– die Versuche sind nicht mit teuren und für Mädchen abschreckenden Apparaturen durchzuführen, sondern mit einfachen Mitteln wie Witz, Bleistift, Papier, Backpulver, Alufolie, Steinen, Zitrone, einer Blechdose und anderen

– erstaunliche Probleme, die Lust zum Nachdenken machen, stehen im Mittelpunkt

– Wissenschaft wird lebensnah und nicht in Form abgehobener Formeln präsentiert

– die Versuche sind einfach und phantastisch, so dass sie unmittelbar zum Machen animieren

– die Sprache entstammt dem Alltag von Mädchen und spricht sie an

– in Geschichten und Bildern werden echte weibliche Modelle vorgestellt; Wissenschaftlerinnen, die tatsächlich als Jaguarforscherinnen oder Sternentdeckerinnen Berühmtheit gewonnen haben und den Mädchen zeigen: Frauen können es in diesen Gebieten weit bringen und spannende Aufgaben bekommen. Sie haben dazu aus allen naturwissenschaftlichen Disziplinen (auch Geologie, Paläontologie, Physik, Metereologie, Umweltwissenschaft, Genetik und Astronomie) bekannte Wissenschaftlerinnen in Bild und Text vorgestellt.

Diese Kriterien müssen ergänzt werden, um auch für die Jungen der Lerngruppen die Entwicklung von wichtigen emotionalen und sozialen Kompetenzen zu ermöglichen. Dazu habe ich bereits eine umfangreiche Sammlung von Material zu den zentralen naturwissenschaftlichen Themen der Grundschulzeit – wie Wasser, Feuer, Magnete, Luft, Akustik, Licht / Farbe / Schatten, Wetter – hergestellt (Kaiser 2003b) und an Grundschulen erprobt. Die darin enthaltenen Handlungsanregungen sind so konzipiert, dass sie neben differenziert problemorientiertem Lernen auch die kooperativen Fähigkeiten und emotionalen Wahrnehmungskompetenzen – gerade der Jungen – zu diesen naturwissenschaftlichen Inhalten fördern.

Derartige praxisnahe Konzepte erlauben es, dass Jungen und Mädchen einerseits gemeinsam am selben Gegenstand lernen, aber doch die Anregung haben, implizit zieldifferent wichtige, die Geschlechterstereotypen transformierende Lernprozesse zu vollziehen.

Weiterhin gilt es, Konsequenzen für den Sachunterricht aus den bisherigen Erkenntnissen über Lerntheorien zu ziehen. Ich gehe davon aus, dass verschiedene Lerntheorien zur Erklärung der Geschlechterdifferenzen herangezogen werden können (vgl. Kaiser u. a. 2003). Dabei unterscheide ich folgende – in der Realität durchaus miteinander verschränkte – Grundformen:

- modelltheoretische Ansätze
- lerntheoretische Ansätze
- identifikationstheoretische psychoanalytische Ansätze
- attributionstheoretische Ansätze, Ansätze von Erwartungshaltungen
- soziologische Theorien der Geschlechterdifferenz aus der Segregation des Arbeitsmarktes
- rollentheoretische Ansätze

Lerntheoretische Ansätze

In der Realität scheint nicht ein einzelner theoretischer Ansatz, sondern ein Konstrukt aus verschiedenen Lernwegen wirksam zu sein. Dazu seien hier nur einige Thesen aufgestellt, die Praxiskonsequenzen aus diesen lerntheoretischen Ansätzen zu formulieren versuchen:

- Kinder brauchen neue Vorbilder: Mädchen brauchen Vorbilder von Frauen, die es geschafft haben, sich mit Technik und Naturwissenschaften zu beschäftigen. Jungen brauchen wiederum Männervorbilder, die Pflege von Menschen und Tieren, die gefühlvollen Umgang und kein ausgeprägtes Denken in Richtung Sieg und Macht zeigen können. Ein Naturschützer aus dem Nationalpark Wattenmeer oder eine Abgeordnete als Gäste in der Schule können schon gute Vorbilder bieten.

- Mädchen und Jungen sollten vor allem das üben, was sie nicht so gut können, aber dabei zunächst für den Lernprozess an die eigenen Fähigkeiten anknüpfen. Jungen sollten Aufgaben des Pflegens von Tieren und Pflanzen bekommen, sanfte und langsame Körperübungen im Sport machen, während Mädchen mehr gestraffte Körperhaltung, Nein-Sagen und technische Anforderungen zu bewältigen üben sollten.

- Gerade an der Grundschule und im Kindergarten sind männliche Erziehende und Lehrende gefragt.

- Lehrkräfte sollten immer wieder gemeinsam darüber nachdenken, was sie für Erwartungen an Mädchen und Jungen haben. Gemeinsam ist es leichter, überholte Erwartungen zu überdenken.

– Es sollte weiterhin Förderprogramme geben, die Mädchen unterstützen, in untypische Berufe zu kommen.

– Kinder brauchen Zeit, um über das eigene Bild, was ein Mädchen und was ein Junge ist, nachzudenken, um für sich selbst neue Wege und Ziele zu erkennen. Dazu sind im Rahmen der koedukativen Schule spezielle Mädchen- und Jungenstunden sehr wichtig.

– Kinder sollten Freiheit bekommen, sich vielfältig zu entwickeln. Jede Begrenzung auf bestimmte Muster beeinträchtigt die Entwicklung.

Wenn wir uns diesen Maßnahmekatalog genauer anschauen, werden wir feststellen, dass die heutige Schule vielerlei Aufgaben wahrnimmt, aber in der Frage der Gleichberechtigungserziehung noch weitestgehend blind ist. Es wird nicht viel darüber nachgedacht, aber auch nichts getan, um nichtstereotype Vorbilder zu schaffen. So werden im Geschichtsunterricht noch überwiegend Männer als wichtige Personen vorgestellt, das Frauenbild in den Medien selten kritisiert und bei der Berufsorientierung von Mädchen wenig Einfluss genommen.

Ein mädchen- und jungengerechter Sachunterricht transzendiert die engen Lernbereichsgrenzen und führt zu einem konsequent – beide Lernbereiche integrierenden – Sachunterricht.

Literatur

Aissen-Crewett, Meike: Geschlechtsspezifische inhaltliche Unterschiede in Zeichnungen von Schulkindern. In: BDK-Mitteilungen 1989, H. 1, S. 26–33

Appel, Katrin: Mädchen und Jungen als Städtebauer. In: Die Grundschulzeitschrift 4, 1990, H. 40, S. 19–21

Barz, Monika: Jungengewalt gegen Mädchen. In: Valtin, Renate / Warm, Ute (Hrsg.): Frauen machen Schule. Frankfurt a.M.: Arbeitskreis Grundschule 1985, S. 120–124

Benard, Cheryl / Schlaffer, Edith: Das Patriarchat auf dem Lehrplan. In: Kaiser, Astrid (Hrsg.): FrauenStärken – ändern Schule. Bielefeld: Kleine 1996

Biermann, Christine / Wachendorff, Annelie: Ganz ohne Jungen geht die Chose nicht …! Bericht über die Arbeitsgruppe „Mädchen- und Jungensozialisation an der Laborschule Bielefeld". In: Luca, Renate u. a. (Hrsg.): Frauen bilden – Zukunft planen. Bielefeld: Kleine 1992, S. 280–293

Biscup, Claudia / Brink, Johann / Pfister, Gertrud: Konflikte aus der Sicht von Schülerinnen und Schülern. In: Hempel, Marlies (Hrsg.): Grundschulreform und Koedukation. Beiträge zum Zusammenhang von Grundschulforschung, Frauenforschung und Geschlechtersozialisation. Weinheim / München: Juventa 1996, S. 166–171

Burdewick, Ingrid: Schulhofgestaltung, Geschlecht und Raum. In: Grundschule 31, 1999, H. 12, S. 35–37

Butler, Judith: Das Unbehagen der Geschlechter. Frankfurt a.M.: Suhrkamp 1991

Connell, Robert W.: Der gemachte Mann. Konstruktion und Krise von Männlichkeiten. Opladen: Leske + Budrich 1999

Dinter-Schöttler, Marianne: Gruppenunterricht versus Frontalunterricht. In: Diskussion Deutsch 6, 1975, H. 22, S. 128–141

Duit, Reinders: Schülervorstellungen - von Lerndefiziten zu neuen Unterrichtsansätzen. In: Naturwissenschaften im Unterricht Physik 4, 1993, H. 16, S. 4–10

Enders-Dragässer, Uta / Fuchs, Claudia: Interaktionen der Geschlechter. Sexismusstrukturen in der Schule. Weinheim / München: Juventa 1989

Fichera, Ulrike: Die Schulbuchdiskussion in der BRD. Beiträge zur Neugestaltung des Geschlechterverhältnisses. Frankfurt / Berlin / Bern: Peter Lang 1996

Flade, Antje / Kustor, Beatrice (Hrsg.): Raus aus dem Haus. Mädchen erobern die Stadt. Frankfurt: Campus 1996

Fried, Lilian: Ungleiche Behandlung schon im Kindergarten und zum Schulanfang? In: Horstkemper, Marianne / Wagner-Winterhager, Luise (Hrsg.): Mädchen und Jungen, Männer und Frauen in der Schule. Weinheim: Juventa 1990, S. 61–76

Fuchs, Claudia: Mach dich nicht so dick! Kleiner Exkurs zum Thema Mädchen und Jungen, Körper und Raum in der Schule. In: Kaiser, Astrid (Hrsg.): FrauenStärken – ändern Schule. Bielefeld: Kleine 1996, S. 230–233

Fuchs, Claudia: Barbie trifft He-Man. Freiburg: Fillibach 2001

Glumpler, Edith: Kleine Mädchen wollen mehr als die Hälfte – Berufswünsche von Mädchen und Jungen. In: Pfister, Gertrud/ Valtin, Renate (Hrsg.): MädchenStärken. Frankfurt a.M.: Arbeitskreis Grundschule 1993, S. 51–66

Gudjons, Herbert / Reinert, Gerd-Bodo (Hrsg.): Schulleben. Königstein: Scriptor 1980

Hagemann-White, Carol: Sozialisation weiblich – männlich? Opladen: Leske + Budrich 1984

Hannover, Bettina: Spontanes Selbstkonzept und Pubertät. Zur Interessenentwicklung von Mädchen koedukativer und geschlechtshomogener Schulklassen. In: Bildung und Erziehung 45, 1992, H. 1, S. 31–46

Heller, Kurt: Koedukation und Bildungschancen der Mädchen. In: Bildung und Erziehung 45, 1992, H. 1, S. 5–30

Hempel, Marlies: Lebensentwürfe und Identität – Überlegungen zur Kindheitsforschung. In: Hempel, Marlies (Hrsg.): Grundschulreform und Koedukation. Weinheim / München: Juventa 1996, S. 141–153.

Hoffmann, Lore: Die Interessen von Schülerinnen an Physik und Technik. In: Die Realschule 97, 1989, H. 5, S. 201–205

Hoffmann, Lore: Mädchen im naturwissenschaftlichen Unterricht. Ansatzpunkte zur Verwirklichung der Chancengleichheit für Mädchen. In: Beispiele – In Niedersachsen Schule machen 15, 1997, H. 2, S. 42–47

Hoffmann, Lore: Mädchen und Naturwissenschaft / Technik – eine schwierige Beziehung. In: Pfister, Gertrud / Valtin, Renate (Hrsg.): MädchenStärken. Probleme der Koedukation in der Grundschule. Frankfurt a.M.: Arbeitskreis Grundschule 1993, S. 114–123

Hoffmann, Lore / Lehrke, Manfred: Eine Untersuchung über Schülerinteressen im Fach Physik. In: Zeitschrift für Pädagogik 32, 1986, H. 2, S. 189–204

Hopf, Arnulf: Grundschularbeit heute. München: Ehrenwirth 1993

Hopf, Christel (Hrsg.): Qualitative Sozialforschung. Stuttgart: Klett Cotta 1979

Kahlert, Joachim: Der Sachunterricht und seine Didaktik, Bad Heilbrunn: Klinkhardt 2002

Kaiser, Astrid u. a.: Ökologisches Waschen und Putzen in der Grundschule. Köln: Pahl Rugenstein 1987

Kaiser, Astrid: Hausarbeit in der Schule? Pfaffenweiler: Centaurus 1992

Kaiser, Astrid: Lernvoraussetzungen von Mädchen und Jungen für sozialwissenschaftlichen Sachunterricht. Oldenburg: ZpB 1996

Kaiser, Astrid: Pädagogische Wege zur sozialen Förderung von Jungen. In: Kaiser, Astrid (Hrsg.): FrauenStärken – ändern Schule. Bielefeld: Kleine 1996a, S. 207–218

Kaiser, Astrid: Mädchen und Jungen in einer matrilinearen Kultur – Interaktionen und Wertvorstellungen bei Grundschulkindern im Hochland der Minangkabau auf Sumatra. Hamburg: Dr. Kovac 1996b

Kaiser, Astrid: 1000 Rituale für die Grundschule. Baltmannsweiler: Schneider 2000

Kaiser, Astrid / Nacken, Karola / Pech, Detlef: Begründung und Konzept für Mädchenstunden und Jungenstunden im niedersächsischen Schulversuch. In: Praxisbuch Mädchen- und Jungenstunden. Baltmannsweiler: Schneider 2001, S. 58–82

Kaiser, Astrid / Nacken, Karola / Pech, Detlef: Soziale Integration in einer jungen- und mädchengerechten Grundschule. Münster: Lit Verlag 2002

Kaiser, Astrid (Hrsg.): Praxisbuch Mädchen- und Jungenstunden. Baltmannsweiler: Schneider 2001

Kaiser, Astrid u. a.: Projekt geschlechtergerechte Grundschule. Opladen: Leske + Budrich 2003

Kaiser, Astrid: Zukunftsbilder von Kindern der Welt. Baltmannsweiler: Schneider 2003a

Kaiser, Astrid: Praxisbuch handelnder Sachunterricht. Band 1. Baltmannsweiler: Schneider 2003b (9)

Kaiser, Astrid: Einführung in die Didaktik des Sachunterrichts. Baltmannsweiler: Schneider 2004 (9)

Kampshoff, Marita / Nyssen, Elke: Wie Technik zur Mädchensache wird. In: Kaiser, Astrid (Hrsg.): FrauenStärken – ändern Schule. Bielefeld: Kleine 1996, S. 195–200

Karrby, Gunni: Time structure and sex differences in Swedish preschools. Early Child Development and Care 39, 1988, Vol. 39, S. 45–52

Keller, Carmen: Geschlechterdifferenzen in der Mathematik: Prüfung von Erklärungsansätzen. Zürich: Dissertation Universität Zürich 1998

Keller, Monika: Die Entwicklung der Entwicklungspsychologie. In: Psychologie heute 9, 1982, H. 6, S. 44–55

Klafki, Wolfgang: Lernen in Gruppen. In: Pädagogik 44, 1992, H. 1, S. 6–11

Knauf, Anne / Knauf, Tassilo: Mini-Macker. Rollenklischees in der Grundschule. In: PÄD EXTRA 19, 1991, H. 9, S. 30–33

Krappmann, Lothar / Oswald, Hans: Schulisches Lernen in Interaktionen mit Gleichaltrigen. In: Zeitschrift für Pädagogik 31, 1985, H. 3, S. 321–337

Kroll, Renate (Hrsg.): Metzler Lexikon Gender Studies. Geschlechterforschung. Stuttgart: Metzler 2002

Metz-Göckel, Sigrid: Geschlechterverhältnisse, Geschlechtersozialisation und Geschlechtsidentität. In: Zeitschrift für Sozialisationsforschung und Erziehungssoziologie 8, 1988, H. 2, S. 85–97

Meuser, Michael: Geschlecht und Männlichkeit. Leverkusen: Leske + Budrich 1998

Mühlen-Achs, Gitta: Wie Katz und Hund. Körpersprache der Geschlechter. München: Verlag Frauenoffensive 1993

Nötzel, Renate: Spiel und geschlechtsspezifische Arbeitsteilung. Pfaffenweiler: Centaurus 1987

Nyssen, Elke: Mädchenförderung in der Schule. Weinheim / München: Juventa 1996

Reineke, Vera / Seefeldt, Dieter (Bearb.): Naturwissenschaften für Mädchen und Jungen (Physik und Chemie). In: Beispiele – In Niedersachsen Schule machen 15, 1997, H. 2, S. 30–41

Röhner, Charlotte: „Das vergißt Jochen nie!" – Wie geht man damit um: Gewalt von Jungen gegenüber Mädchen. In: Grundschule 17, 1985, H. 2, S. 32–33

Röhner, Charlotte: Mädchen und Jungen im offenen Unterricht. In: Hempel, Marlies (Hrsg.): Grundschulreform und Koedukation. Beiträge zum Zusammenhang von Grundschulforschung, Frauenforschung und Geschlechtersozialisation. Weinheim / München: Juventa 1996, S. 107–124

Röhner, Charlotte: Kindertexte im reformorientierten Anfangsunterricht. Baltmannsweiler: Schneider 1997

Rusch, Heike: Suchen nach Identität - Kinder zwischen Acht und Zwölf. Grundlagen der Schulpädagogik. Band 25. Baltmannsweiler: Schneider 1998

Schefer-Vietor, Gustava: Suchbewegungen nicht-geschlechtstypisierenden Lernens in der Schule. In: Horstkemper, Marianne / Wagner-Winterhager, Luise: Mädchen und Jungen, Männer und Frauen in der Schule. Weinheim: Juventa 1990, S. 139–159

Schmidt-Hollstein, Doris: Konflikte klären – aber wie? In: Grundschule 31, 1999, H. 12, S. 33–34

Schnack, Dieter / Neutzling, Rainer: Kleine Helden in Not. Jungen auf der Suche nach Männlichkeit. Reinbek: Rowohlt 1990

Schümer, Gundel: Geschlechtsunterschiede im Schulerfolg – Auswertung statistischer Daten. In: Valtin, Renate / Warm, Ute (Hrsg.): Frauen machen Schule. Frankfurt a. M.: Arbeitskreis Grundschule 1985, S. 95–100

Senatsverwaltung Für Schule, Jugend Und Sport Berlin (Hrsg.): Mädchen sind besser – Jungen auch. Konfliktbewältigung für Mädchen und Jungen. Bd. I. Dokumentation. Berlin: Paetec 1998

Senatsverwaltung Für Schule, Jugend und Sport Berlin (Hrsg.): Mädchen sind besser – Jungen auch. Konfliktbewältigung für Mädchen und Jungen. Bd. II. Curriculum, Spiele, Übungen. Berlin: Paetec 1998

Staudte, Adelheid: Für Koedukation und Geschlechterdifferenz in der ästhetischen Erziehung. In: Die Grundschulzeitschrift 5, 1991, H. 41, S. 32–40

Struck, Peter: Pädagogik des Schullebens. München / Wien / Baltimore: Urban & Schwarzenberg 1980

Tannen, Deborah: Du kannst mich einfach nicht verstehen. Warum Männer und Frauen aneinander vorbeireden. Hamburg: Kabel 1991

Thies, Wiltrud / Röhner, Charlotte: Erziehungsziel Geschlechterdemokratie. Weinheim: Juventa 2000

Whyte, Judith: Girl friendly science and the girl friendly school. In: Whyte, Judith u. a. (ed.): Girl friendly Schooling. London: Methuen 1985, S. 77–92

Wyatt, Valerie: The Science Book for Girls. Toronto: KIDS CAN PRESS LTD 1993

Zinnecker, Jürgen: Emanzipation der Frau und Schulausbildung. Weinheim: Beltz 1972

SIMONE SEITZ

Zu einer inklusiven Didaktik des Sachunterrichts

Sachunterricht findet aktuell in verschiedenen schulischen Organisationsformen statt. Neben der Grundschule sind hier die verschiedenen Sonderschularten sowie der *Gemeinsame Unterricht* in der Grundschule zu nennen, der im Fokus der folgenden Betrachtungen steht. Es ist eingangs zu konstatieren, dass sich die Grundschule unabhängig von den Einflüssen des *Gemeinsamen Unterrichts* im Zuge der Tendenzen zur gesellschaftlichen Pluralisierung, Individualisierung (vgl. Beck 1986) und Diversifizierung insgesamt deutlich gewandelt hat. Es wurden didaktische Ansätze entwickelt, in denen nach konstruktiven Umgangsweisen mit der Heterogenität der gegenwärtigen kindlichen Lebenswelten und Lernvoraussetzungen in einer globalisierten Welt gefragt wird (vgl. Faust-Siehl / Garlichs / Ramseger / Schwarz / Warm 1996; Prengel 1999; Graumann 2002; Heinzel / Prengel 2002). Die wachsende Zahl an Klassen mit *Gemeinsamem Unterricht* ist somit nur einer von mehreren Faktoren, die den Unterricht in der Grundschule in den letzten 25 Jahren verändert haben, stellt aber eine strukturelle Neuerung mit umfangreichen Konsequenzen für schulisches Lernen dar.

Ungeachtet der bedeutenden Einflüsse der Integrationspädagogik auf die Grundschulpädagogik, verortet sich das Fach Sachunterricht in seinem Selbstverständnis auch gegenwärtig unmissverständlich als 'Regelschuldidaktik'. Aspekte eines sonderpädagogisch (Kaiser 2000a; Kaiser / Teiwes 2003; Kaiser / Seitz, im Druck) oder integrationspädagogisch konzipierten Sachunterrichts (Kaiser 2000b) finden wenig Beachtung. Empirische Forschungsfragen des Sachunterrichts werden in den allermeisten Fällen ausschließlich auf 'nichtbehinderte' Kinder bezogen.[1] Didaktische Werke des Faches thematisieren freilich zunehmend die Heterogenität der Lernvoraussetzungen (vgl. Kaiser 2001; Kahlert 2002; Richter 2002; von Reeken 2003). Dabei werden für den Sachunterricht in einer sich verändernden Welt verschiedene Formen der Vermittlung zwischen den pluralen Lebenswelten der Kinder und Lerninhalten gefordert, der *Gemeinsame Unterricht* aber wird hier nur äußerst selten benannt.

Ein ausgearbeitetes sachunterrichtsdidaktisches Konzept für den *Gemeinsamen Unterricht* liegt bisher nicht vor. Dabei praktizieren Lehrerinnen und Lehrer selbstverständlich Sachunterricht im *Gemeinsamen Unterricht* und schaffen sich jeweils eigene didaktische Verknüpfungen zwischen Ansätzen des Sachunterrichts und der *Integrations-/Inklusionspädagogik*. Eine Spiegelung der dabei entstehen-

---

[1] Einen guten Überblick über aktuelle Forschungsfragen des Sachunterrichts liefern die Jahresbände der Gesellschaft der Didaktik des Sachunterrichts (GDSU). Kinder mit Lernschwierigkeiten spielen hier höchst selten eine Rolle.

den Praxiskonzepte in breiter angelegten theoriegeleiteten Reflektionen hat allerdings bislang nicht stattgefunden. Angehende Lehrerinnen und Lehrer spüren dieses Versäumnis bereits im Studium. Denn die Ausbildungsfelder Sonder-/ Integrations-/ Inklusionspädagogik werden meist gänzlich unverbunden mit der fachlichen Ausbildung im Sachunterricht angeboten, so dass Studierende gezwungen sind, jeweils eigenständig Verknüpfungs- und Transferleistungen zwischen verschiedenen fachlichen Kulturen mit teilweise disparaten Denkweisen zu erbringen.

In Anbetracht dieser Ausgangslage geht es in diesem Beitrag weniger um ein Angebot abgeschlossener Lösungen für einen zukünftigen Sachunterricht im *Gemeinsamen Unterricht*, sondern vielmehr um ein Aufzeigen möglicher Rahmenkategorien durch einzelne Verknüpfungen zwischen bislang weitestgehend separat agierenden wissenschaftlichen Arbeitsbereichen. Eine besondere Herausforderung hierbei liegt darin, dass weder der Sachunterricht noch die integrative / inklusive Didaktik in sich abgeschlossene Konzepte mit konsensuell verhandelten Prinzipien darstellen. Vielmehr handelt es sich bei beiden Bereichen um junge und unabgeschlossene Arbeitsbereiche, innerhalb derer jeweils verschiedene inhaltliche und konzeptionelle Diskurse zu finden sind. Trotz dieser Einschränkung soll im Folgenden ein kurzer Aufriss zentraler Gedanken der integrativen / inklusiven Didaktik erfolgen, um anschließend auf dieser Basis nach Ansatzpunkten für die Konzeption eines inklusiven Sachunterrichts zu fragen.[2] Einleitend scheint dabei zunächst eine kurze Begriffsklärung zwischen „integrativer" und „inklusiver" Pädagogik und Didaktik notwendig, die im folgenden Abschnitt vorgenommen wird.

Zur inklusiven Didaktik

Bis vor wenigen Jahren wurde für das gemeinsame Lernen von Kindern mit und ohne Beeinträchtigungen meist der Begriff der „Integration" verwendet. Unter dem Einfluss von internationalen Strömungen findet neuerdings – so auch hier – der Begriff der „Inklusion" („inclusive education") verstärkt Anwendung.

Der Begriff der „Integration" lässt sich aus etymologischer Perspektive als Beschreibung für die „Wiederherstellung eines Ganzen" verstehen (vgl. Duden 1997, S. 308). Hierin ist, bezogen auf integrative Pädagogik und Didaktik, die Vorstellung enthalten, dass es eine Gruppe von Menschen gibt, die vorangehend als 'abweichend' wahrgenommen wird und folglich wieder in ein Gesamt „integriert" werden soll sowie eine andere Gruppe von Menschen, die diese „integriert". Der Begriff gibt demnach ein Verhältnis von Passivität und Aktivität vor, bei dem die 'nichtbehinderten' Kinder die aktiv Tätigen und die 'behinderten'

---

[2] Für weitere Recherchen zum Themenbereich Integration / Inklusion ist die internetbasierte Volltextbibliothek „bidok" eine wahre Fundgrube (http://www2.uibk.ac.at/bidok/index.htm).

Kinder das eher passive Gegenüber der Integrationsleistung sind („Zwei-Grup-pen-Therorie"). Es ist in diesem Denkmodell die Aufgabe von Pädagogik und Didaktik, diesen Integrationsprozess zu unterstützen.

Der Begriff der „Inklusion" hingegen lässt sich so verstehen, dass ein Gesamt gar nicht erst in zwei oder mehr Gruppen zerteilt wird (vgl. ebd., S. 306), indem z. B. Abweichungen von einer vermeintlichen 'Normalität' konstruiert werden, sondern die gesamte Gruppe ein in sich vielfältiges Ganzes mit Verschiedenhei-ten in mehreren Dimensionen darstellt („Theorie der Vielfalt"). Dabei sind voraussetzungslos alle Kinder selbstverständlicher Bestandteil des Ganzen. Ver-schiedenheiten untereinander führen nicht zu Devianzen. Es ist die Aufgabe von Pädagogik und Didaktik, für dieses vielfältige Ganze konzeptionelle Antworten zu finden.

Beide Begriffe umfassen alle Handlungsfelder der Pädagogik und verweisen darüber hinaus auf einen gesellschaftlichen Entwurf (vgl. Feuser 1995; Dreher 2000; Wilhelm / Bintinger / Eichelberger 2002). Auf schulischer Ebene wird der Begriff der Inklusion zunehmend als qualitative Weiterentwicklung der Integra-tion in den zurzeit praktizierten Formen verstanden und angewendet (vgl. Hinz 2002b; Wilhelm / Bintinger / Eichelberger 2002; Sander 2002; Seitz 2003a). Inklusion bedeutet in der Konsequenz eine flächendeckende Umsetzung der 'Schule für alle' als Ort einer Erziehung und Bildung ohne Aussonderung. Damit wird eine Qualität von Schule eingeklagt, die einige Vertreter der Integrations-forschung bereits seit langem postulieren (Feuser 1998), die aber in Deutschland nie konsequent umgesetzt wurde.

Diese Zusammenhänge werden im Folgenden anhand einer kurzen Zusammen-schau der Entwicklung der schulischen Integration / Inklusion dargestellt.[3]

Gemeinsamer Unterricht findet in Deutschland (bzw. der BRD) seit fast 30 Jah-ren statt. Das erste offizielle Dokument, in dem das gemeinsame Lernen von Kindern mit und ohne Beeinträchtigung ausdrücklich befürwortet wurde, war 1973 die „Empfehlung des Deutschen Bildungsrates zur pädagogischen Förde-rung behinderter und von Behinderung bedrohter Kinder und Jugendlicher" unter dem Vorsitz von Jakob Muth. Hierin wird ausgeführt, dass Kinder und Jugendliche mit 'Behinderungen' bis dahin in eigens für sie eingerichteten Schu-len unterrichtet worden sind,

> „weil die Auffassung vorherrschte, dass ihnen mit besonderen Maßnahmen in abge-schirmten Einrichtungen am besten geholfen werden könnte. Die Bildungskommis-sion folgt dieser Auffassung nicht. […] Damit stellt sie der bisher vorherrschenden schulischen Isolation Behinderter ihre schulische Integration entgegen" (vgl. Deut-scher Bildungsrat 1974, S. 10f.).

---

[3] Ausführliche Darstellungen zur Geschichte des *Gemeinsamen Lernens* in Deutschland finden sich bei Eberwein 2002; Roebke / Hüwe / Rosenberger 2000 sowie Schnell 2003.

Zu dieser Zeit fanden erste Schulversuche mit wissenschaftlicher Begleitforschung statt (vgl. u. a. Feuser / Meyer 1987; Projektgruppe Integrationsversuch
1988; Dumke 1991). Diese waren meist von Eltern initiiert, deren 'behinderte'
und 'nichtbehinderte' Kinder vorangehend integrative Kindergärten besucht
hatten (vgl. Roebke / Hüwe / Rosenberger 2000). 1985 wurde die bundesweite
Elternvereinigung „Gemeinsam leben – Gemeinsam lernen" gegründet (vgl.
ebd., S. 53).

In der Folgezeit wurden vorwiegend aus der Praxis heraus innovative Ideen für
didaktische Umsetzungsformen eines *Gemeinsamen Unterrichts* entwickelt, die
allerdings nur selten Eingang in die wissenschaftliche Theorieentwicklung fanden. Parallel dazu hatte die Begleitforschung die Effektivität des *Gemeinsamen
Unterrichts* für alle Kinder belegen können (vgl. Bless 1995; Preuss-Lausitz
2002).

1994 wurde mit der UNESCO-Erklärung von Salamanca (Spanien) international
ein Meilenstein für schulische Inklusion gesetzt. In dieser Erklärung wird für alle
Länder eine strukturelle Änderung dahingehend gefordert, „Kinder, Jugendliche und Erwachsene mit besonderen pädagogischen Bedürfnissen innerhalb des
Regelschulwesens zu unterrichten" (UNESCO 1996, S. 8) und dort eine kind-
zentrierte Pädagogik zu verwirklichen, die jedem Kind mit seinen individuellen
Eigenschaften, Interessen und Lernbedürfnissen gerecht werden kann (vgl.
ebd., S. 9). Zeitgleich verabschiedete die Kultusministerkonferenz in Deutschland eine Empfehlung, nach der sonderpädagogische Förderung nicht mehr an
die Institution 'Sonderschule' gebunden ist, sondern – nun nach sog. Förder-
schwerpunkten gegliedert – regulär in der 'Regelschule' stattfinden kann (vgl.
Kultusministerkonferenz 1994).

Gemeinsamer Unterricht findet in Deutschland gegenwärtig in verschiedenen
Umsetzungsformen, allerdings auch mit sehr unterschiedlichen äußeren Bedingungen, statt. Aufgrund der Kulturhoheit der Länder divergieren sowohl das
quantitative Ausmaß, die rechtlichen Vorgaben (z. B. Rang des Elternwunsches)
wie auch die Rahmenbedingungen (personelle Ausstattung etc.) für *Gemeinsamen Unterricht* in den einzelnen Bundesländern stark (vgl. hierzu vertiefend
Roebke / Hüwe / Rosenberger 2000). Gleichwohl ist Deutschland gegenwärtig
im internationalen Vergleich bezogen auf schulische Inklusion insgesamt ein
rückständiges Land (vgl. Hans / Ginnold 2000). Ein wichtiger Faktor hierbei ist
das ungewöhnlich ausdifferenzierte Bildungssystem in Deutschland, in dem
'auffällige' Kinder systematisch 'nach unten' weitergereicht werden können. Die
darin enthaltene Idee, in stark homogenen Lerngruppen könne besonders effek-
tiv gelernt werden, wurde allerdings mittlerweile in internationalen Leistungs-
vergleichsstudien widerlegt (vgl. Eberwein 2003).

Zu fragen ist nun, welche konkreten didaktischen Konzepte, die im Sachunterricht Anwendung finden könnten, in der integrativen / inklusiven Didaktik entwickelt worden sind.

Hierzu ist zunächst festzustellen, dass innerhalb der Integrations-/ Inklusionsforschung nur wenig Energie für didaktische Forschung aufgewendet wird.[4] Die praxisgenerierten Ideen der Entstehungszeit favorisierten besonders offene Unterrichtsformen sowie reformpädagogische Ansätze, die sich bereits in jahrgangsübergreifendem Unterricht bewährt hatten. Theoretisch tiefergehend ausgearbeitet wurde allerdings allein Feusers entwicklungslogische Didaktik (vgl. Feuser / Meyer 1987; Feuser 1995; 1998).[5]

In diesem entwicklungspsychologisch und bildungstheoretisch fundierten Konzept wird gefordert, alle Lerngegenstände didaktisch in einer Weise zu strukturieren, die allen Kindern ein kooperatives Lernen am „Gemeinsamen Gegenstand" auf ihrem jeweiligen Entwicklungsniveau ermöglicht. Feuser bezieht sich dabei auf Klafki, kritisiert aber das Primat der Sache, das er dessen Didaktik unterstellt (vgl. Feuser 1998). Dagegen stellt er in seinem Konzept die Tätigkeitsstruktur- und Handlungsstrukturanalyse auf der Seite der Schülerinnen und Schüler an erste Stelle, die mit der Sachstrukturanalyse auf der Seite des Lerngegenstands verknüpft werden muss (vgl. Feuser 1995, S. 176ff.).[6] Die vorgesehene Handlungsform für diesen Unterricht ist das Projekt. Die entwicklungslogische Didaktik hat bislang keine lernbereichsdidaktische Konkretisierung erfahren.[7]

Innerhalb der Integrations-/ Inklusionsforschung ist umstritten, ob alle Kinder, wie es in Feusers Konzeption vorgesehen ist, durchgehend in Kooperation an einem „Gemeinsamen Gegenstand" lernen sollen oder ob Binnendifferenzierungen auch das Angebot von gänzlich verschiedenen Inhalten umfassen können (vgl. Riedel 1996; Wocken 1998). Wocken hat hierzu gewissermaßen eine pragmatische Komplementärposition zum Theorem des „Gemeinsamen Gegenstands" Feusers erarbeitet. Nach seiner soziologisch hergeleiteten „Theorie Gemeinsamer Lernsituationen" lässt sich Gemeinsamkeit im Unterricht nicht

---

[4] Einen Überblick über Forschungsfragen der Integrations-/ Inklusionsforschung liefern die verschiedenen Auflagen des Handbuchs Integrationspädagogik (vgl. Eberwein 1988; 1990; 1994; 1997; 1999; Eberwein / Knauer 2002), das als Standardeinführungswerk bezeichnet werden kann. Didaktische Themen spielen hier eine untergeordnete Rolle.

[5] Dies verweist auf ein tiefer liegendes Dilemma in der Entwicklung der Integrationspädagogik: Einerseits war es aus Sicht der Integrationsbefürworter/innen notwendig, die besondere Qualität des *Gemeinsamen Unterrichts* herauszustellen um ihn zu profilieren, andererseits konnte es unter dem Gesamtziel der flächendeckenden Einführung von *Gemeinsamem Unterricht* nicht das Anliegen sein, eine weitere 'spezielle' Pädagogik und Didaktik für spezielle (Integrations-) Schulen zu schaffen. Integrationspädagogik wurde als Substitut angesehen, d.h. als stellvertretender Übergangsbegriff, der sich auflöst, sobald seine Anliegen eingelöst worden sind (vgl. Eberwein / Knauer 2002, S. 17).

[6] Tätigkeitsstrukturanalyse meint die subjektbezogene Einschätzung des aktuellen Entwicklungsniveaus, Handlungsstrukturanalyse bezieht sich auf die aktuellen lerngegenstandsbezogenen Lern- und Handlungsmöglichkeiten der Schüler/innen. Sachstrukturanalyse umschreibt die sachbezogene Ermittlung jener Aspekte des Lerngegenstands, die unter Bezugnahme auf die individuellen Entwicklungsniveaus und Lern- und Handlungsmöglichkeiten eine Passung ergeben (vgl. Feuser 1995, S. 176f.).

[7] Sieht man vom Beispiel der „Gemüsesuppe" ab, anhand derer Feuser selber vorschlägt, thermodynamische Prozesse – physikalische Veränderungen durch Wärme – als „Gemeinsamen Gegenstand" zu bearbeiten (vgl. Feuser 1987, S. 32).

ausschließlich über Kooperation am „Gemeinsamen Gegenstand" konstituieren, sondern auch über vielfältige andere gegenstandsunabhängige soziale Situationen. Kooperationen am „Gemeinsamen Gegenstand", so führt er aus, nähmen im realen Unterricht ohnehin einen quantitativ geringen Anteil ein, ohne dass dies die Qualität des Unterrichts mindern würde (vgl. Wocken 1998).

An diesem Punkt ist nun konkret zu fragen, wie ein Sachunterricht verwirklicht werden kann, in dem alle Kinder einer inklusiven Klasse ihren individuellen Lernvoraussetzungen und Lernweisen gemäß sinnvoll zu sachunterrichtlichen Inhalten lernen.

Zu einer inklusiven Didaktik des Sachunterrichts

Im Folgenden werden für einen inklusiven Sachunterricht konzeptionelle Rahmenvorschläge vorgestellt. Hierfür werden drei aus Sicht der Integrations-/ Inklusionsforschung zentrale qualitative Kategorien herangezogen und für den Sachunterricht konkretisiert.

Die Frage nach den Inhalten

Die Grundschule ist ein Ort grundlegender Bildung für alle Kinder. Damit hat sie die Aufgabe, grundlegend wichtige Lerninhalte, die für eine aktive Teilnahme an (Welt-)Gesellschaft und Kultur als bedeutsam erachtet werden, allen Kindern – deren Lernvoraussetzungen gemäß – anzubieten.[8]

Die vertikal strukturierten Lehrpläne von Grund- und Sonderschulen (bzw. der sonderpädagogischen Förderbereiche), die auch für den *Gemeinsamen Unterricht* offizielle Geltung besitzen, stellen allerdings für die didaktische Strukturierung von Inhalten für inklusiven Sachunterricht nur sehr begrenzt Orientierungshilfen dar (vgl. Seitz, 2004a).[9] Sachunterrichtliche Themenfelder werden hier in aller Regel 'nach unten hin' immer stärker reduziert und weit später angesetzt, so dass zentrale Inhalte in den Vorgaben für die „Schule für Geistigbehinderte" (bzw. für den Förderbereich Geistige Entwicklung) oft gar nicht auftauchen.[10] Die Alternative, sich im inklusiven Sachunterricht einseitig am

---

[8]   Die Grundschule unterliegt insgesamt der Antinomie, auf der einen Seite als 'Gesamtschule' unabhängig vom Herkunftsmilieu chancengleich Bildungsangebote zur Verfügung zu stellen und dabei kompensatorisch zu wirken, aber auch jedes Kind auf dem individuellen Lernniveau zu fördern, während sie auf der anderen Seite als ein Ort der Selektion Bildungschancen für weitere (schulische) Laufbahnen vergeben muss (vgl. hierzu Faust-Siehl u. a. 1996; Glöckel 1997; Hinz 2002a).

[9]   Gemeinsamer Unterricht ist nach administrativen Vorgaben entweder 'zielgleich' oder 'zieldifferent' angelegt. Im 'zielgleichen' Unterricht sollen alle Kinder nach den Lerninhalten und -zielen der Grundschule unterrichtet werden, wenn auch einige mit kompensatorisch ausgerichteten 'Fördermaßnahmen'. In der 'zieldifferenten' Form sollen die Kinder mit 'sonderpädagogischem Förderbedarf' nach den Richtlinien des speziellen Förderbereichs, dem sie laut Gutachten zugeordnet werden, unterrichtet werden.

[10] Die aktuellen Richtlinien für die Sonderpädagogische Förderung in Schleswig-Holstein stellen einen ersten Versuch dar, dies zu überwinden. Dort wird ein fester Katalog von Leitthemen von den 'Regelschulen' übernommen und für alle Formen der sonderpädagogischen Förderung als verbindlich festgelegt (vgl. MfBWFK Schleswig-Holstein 2002).

Grundschullehrplan zu orientieren, greift freilich ebenfalls zu kurz. Denn zum einen ist zu bedenken, dass die Grundschullehrpläne auf theoretischen Vorentscheidungen entwicklungspsychologischer und lerntheoretischer Art beruhen, die auf das Lernen 'nichtbehinderter' Kinder verengt sind (vgl. Seitz, 2004b). Lernweisen, die nicht dieser 'Norm' entsprechen, finden hier keine Beachtung. Oberflächliche Lösungen wie die sprachliche Vereinfachung eines für 'Regelschülerinnen' und „Regelschüler' konzipierten Arbeitsblatts sind damit für inklusiven Unterricht unzureichend. Zum anderen bleibt auf diese Weise die Verschiedenheit in den Perspektiven und Zugangsweisen *aller* Kinder unbeachtet. Eine duale Umsetzung der Vorschläge aus den sonderpädagogischen Lehrplänen und denen der Grundschule im *Gemeinsamen Unterricht* widerspricht daher den Anliegen einer inklusiven Didaktik und ist zudem schon wegen unterschiedlicher Altersvorgaben kaum praktikabel.

Im inklusiven Sachunterricht führt eine individualisierende und kompetenzorientierte Sicht auf die vielfältigen Lernweisen aller Schülerinnen und Schüler zu didaktischen Entscheidungen. Über diese Herangehensweise kann das Elementare eines Inhalts, wie es Klafki beschrieben hat (vgl. 1996, S. 152), kindbezogen entwickelt werden. Dieses lässt sich allerdings nicht als eine statische Kategorie oder Eigenschaft an einem ontologisch gegebenen Inhalt festschreiben. Vielmehr entsteht es im Planungs- und Erarbeitungsprozess mit jeder Lerngruppe und unter Bezug auf die Lebenswelten der Kinder neu und unterliegt bis in den Unterrichtsprozess hinein einem steten Wandel (vgl. Faust-Siehl u.a. 1996, S. 68ff.). Das Elementare ist dabei keinesfalls immer auch das äußerlich alltagsnahe Element eines Inhalts. Dies greift für einen zukünftigen Sachunterricht der Erkundung in einer globalisierten Welt zu kurz (vgl. Kaiser / Pech in diesem Band). Lebensweltliche Nähe, wie sie für zukünftigen Sachunterricht zu Recht eingefordert wird, darf somit nicht oberflächlich mit räumlich-zeitlicher Nähe verwechselt werden. Inklusiver Sachunterricht beachtet gleichberechtigt die innere Nähe, d.h. die affektiven Anknüpfungen zu ausgewählten Lerninhalten, die durchaus räumlich-zeitlich entfernt liegen können (vgl. Kaiser 2001, S. 47). Affektive Zugänge sollten allerdings nicht konkurrierend gegen kognitive Zugänge ausgespielt werden, denn Lernen ist ein Prozess, in dem affektive und kognitive Prozesse nicht voneinander getrennt werden können (vgl. Ciompi 2001). Motivation für tief greifende Lernprozesse konstituiert sich jeweils über eine affektive und kognitive Passung der Lernangebote in vernetzter Form. Diese Lernprozesse sind hochkomplex, selbst gesteuert und verlaufen damit individuell einzigartig.

Mit der Einzigartigkeit der Lernprozesse ist gleichzeitig die Vielfalt der kindlichen Perspektiven angesprochen, die im folgenden Abschnitt näher beleuchtet wird.

Vielfalt

Aus inklusiver Sicht ist jede Lerngruppe heterogen. Es muss im Unterricht grundsätzlich von divergierenden Lernausgangsbedingungen sowie von individuell verschiedenen Aneignungsweisen ausgegangen werden. Ein hohes Maß an Vielfalt stellt im inklusiven Sachunterricht indessen keine Erschwernis, sondern eine Bereicherung dar.

Inklusiver Sachunterricht ist damit ein zutiefst kindzentrierter Unterricht, in dem individualisierende Maßnahmen nach den Maßgaben der einzigartigen Deutungsmuster und Zugangswiesen jedes einzelnen Kindes konzipiert werden. Entscheidend ist somit, dass nicht dichotom nach *den* Lernwegen der 'nichtbehinderten' Kinder und *den* Lernweisen der Kinder mit Förderbedarf gefragt wird, denn Kategorien solcher Art versperren den Blick auf das Kind und seine individuellen Kompetenzen. Inklusiver Sachunterricht konstituiert sich gleichberechtigt aus den vielfältigen Lernmöglichkeiten *aller* Kinder zu einem Lerngegenstand, denn erst dann erschließt sich dieser in seinen verschiedenen Dimensionen.

In der didaktisch-methodischen Umsetzung zeigt sich dies zum einen in offenen Unterrichtsformen, aber auch in dem Freiraum der Kinder, ihre vielfältigen Deutungsmuster in den Unterricht einzubringen und sich darüber auszutauschen (vgl. Kaiser in diesem Band). Inklusiver Sachunterricht nutzt dabei offensiv die Ressource des Lernens von Kind zu Kind, zwingt die Kinder aber nicht aus theoretischen Vorentscheidungen heraus direktiv zur Kooperation. Denn das Lernen von Kind zu Kind gelingt nur, wenn die Kinder innerlich bereit sind, sich aufeinander einzulassen bzw. diese Bereitschaft in der Situation selbst entwickeln können. Das Gelingen von Kooperation hängt demnach nicht primär vom Lerninhalt ab und auch nicht von der Frage nach Konvergenzen und Divergenzen der Lernvoraussetzungen, sondern wird zuvorderst auf der unmittelbaren Beziehungsebene zwischen den Kindern entschieden. Die Beziehungen der Kinder untereinander brauchen demnach im Unterricht Beachtung und u. U. Aufarbeitungen im Klassengespräch.

In Kind-zu-Kind-Lernsituationen darf darüber hinaus nicht davon ausgegangen werden, das Kind, das auf der Wissensebene als kompetenter wahrgenommen wird, sei in den Interaktionen immer das Gebende, von dem das 'schwächere' Kind einseitig profitierte. Die Erfahrungen im *Gemeinsamen Unterricht* zeigen, dass das Lernen von Kindern untereinander in komplexen Netzwerken verläuft, bei dem alle auf ihre Weise das gemeinsame Lernen beeinflussen und mit ihren spezifischen Zugängen bereichern können. Dies kann beispielsweise die Fähigkeit sein, sich in der Auseinandersetzung mit einem Experiment zunächst Zeit zu lassen für intensives Staunen, ehe nach schnellen Wegen zur Lösung gefragt wird. Ebenso kann die Bereitschaft eines Kindes, primär sinnliche bzw. handelnde Zugangsweisen zu wählen, den Unterricht bereichern, indem etwa Geschichten nicht nur gelesen, sondern auch in szenisches Handeln umgesetzt werden (vgl. Seitz 2000). Von solcherart unmittelbar handelnden Zugangsweisen können in der Folge gleichwohl alle Kinder profitieren.

Inklusiver Sachunterricht orientiert sich daher neben der Vielfalt der Lernvoraussetzungen und Zugangsweisen komplementär an den Gemeinsamkeiten, die im abschließenden Abschnitt thematisiert werden.

Gemeinsamkeit

Ein inklusiver Sachunterricht schließt prinzipiell kein Kind aus. Dies klingt als Postulat sicherlich zunächst anspruchsvoll, denn die vorliegenden Konzepte der 'Schwerbehindertenpädagogik' scheinen am meisten mit sachunterrichtlichen Anliegen zu kollidieren. In diesen Konzepten werden konkrete Lerninhalte, wie sie für den Sachunterricht konstitutiv sind, in der Regel ausgeblendet (zur Kritik vgl. Lamers 2000; Seitz 2003b).

Wenn nun nach möglichen Zugangsweisen dieser Kinder zu Lerninhalten des Sachunterrichts gefragt wird, sollte dabei keinesfalls exklusiv für diese Schülerinnen und Schüler auf einfache Reduzierungen zum nahsinnlich Greifbaren zurückgegriffen werden (wie im Extremfall zu einem sensorischen Angebot mit Steinen, wenn der Themenbereich „Steinzeit" bearbeitet wird). Vielmehr gilt es im inklusiven Sachunterricht herauszufinden, welche Zugangsweisen zu einem konkreten Lerninhalt vorangehend zu der individuellen Vielfalt die *gemeinsamen aller* Kinder sind und dies stets mit einer darauf Bezug nehmenden Analyse des Lerninhalts auf die möglichen unterrichtsrelevanten Facetten zu verknüpfen. Es ist also zu fragen, was *alle* Schülerinnen und Schüler mit einem Lerninhalt verbindet und was demnach das anthropologisch Bedeutsame des Lerninhalts ausmachen kann, allerdings ohne hierzu standardisierte und allgemeingültige Antworten zu liefern. Die Suche nach den Gemeinsamkeiten der Zugangsweisen ist ein dynamischer Prozess, der von den Lebenswelten und Kulturen der Kinder sowie von unmittelbar situationsgebundenen Einflüssen überformt werden kann. Die anthropologische Betrachtungsebene lässt sich somit nicht von der individuellen Erlebnisebene der Kinder trennen (vgl. Heinen 2003).

Für die Entwicklung von didaktisch-methodischen Umsetzungsformen kann trotz dieser Einschränkungen gesagt werden, dass auch abstrakte Lerninhalte oftmals zunächst auf ihre konkret-sensorischen Wurzeln zurückgeführt werden können. Auch bei abstrakten Inhalten sind es häufig die unmittelbar sinnlich-leiblichen Erfahrungen, welche die Gemeinsamkeiten im menschlichen Verhältnis hierzu bereitstellen können, denn unser Denken und Fühlen ist an unsere Körperlichkeit gebunden (vgl. Ciompi 1997). Soll etwa zum Thema „Luft" gearbeitet werden, kann die gemeinsame Lernressource, die alle Kinder mitbringen und die das menschliche Verhältnis hierzu prägen, das Atmen sein. Es kann aber auch eine konkrete geteilte Erfahrung der Kinder sein wie z.B. der Wind, der bei geöffneter Klassentür ständig von einem zugigen Flur aus in den Raum weht oder das Föhnen der Haare nach dem Schwimmunterricht. Wichtig ist, die Suche nach den Gemeinsamkeiten nicht allein am vermeintlich 'feststehenden' Lerngegenstand, losgelöst von den Kindern zu reflektieren, sondern primär die konkrete Lerngruppe und das kognitv-affektive Vorverständnis vom jeweiligen Lerninhalt zu beachten, der auf dieser Basis jeweils erst entsteht. Hieraus lassen sich die mehrdimensionalen Facetten des Unterrichtsgegenstands entwickeln.

Inklusiver Sachunterricht fragt somit zuvorderst nach den bereits vorhandenen Lernerfahrungen und Kompetenzen *aller* Kinder im Umgang mit dem Lerninhalt. Von dieser Basis der Gemeinsamkeit ausgehend kann der Lerngegenstand dann in seiner Vielschichtigkeit aufgefächert werden, indem nach den vielfältigen individuellen Kompetenzen und Zugangsweisen der Kinder und den möglichen individualisierenden Impulsen, zu deren Erweiterung bzw. Weiterentwicklung im Unterricht gefragt wird.

Lerngegenstandsbezogen erschließt sich somit durch die Akzeptanz der Verschiedenheit der Kinder der Reichtum eines Lerninhalts in der Auffächerung auf eine breite Fläche. Erst aus der Frage nach den Gemeinsamkeiten aller Kinder aber lassen sich seine tieferen Schichten erschließen. Erst hierdurch wird der didaktische Reichtum eines inklusiven Sachunterrichts in vollem Umfang ausgeschöpft.

Literatur

Beck, Ulrich: Risikogesellschaft. Auf dem Weg in eine andere Moderne. Frankfurt a.M.: Suhrkamp 1986

Bless, Gérard: Zur Wirksamkeit der Integration. Bern / Stuttgart / Wien: Verlag Paul Haupt 1995

Ciompi, Luc: Die emotionalen Grundlagen des Denkens. Entwurf einer fraktalen Affektlogik. Göttingen: Hogrefe 1997

Ciompi, Luc: Affektlogik, affektive Kommunikation und Pädagogik. Eine wissenschaftliche Neuorientierung. In: System Schule 5, 2001, H. 3, S. 79–88

Dreher, Walther: Eine Gesellschaft für alle Menschen – ohne besondere Bedürfnisse. In: Behinderte 23, 2000, H. 1, S. 50–57

Duden: Duden Etymologie. Herkunftswörterbuch der deutschen Sprache. Mannheim / Leipzig / Wien / Zürich: Dudenverlag 1997 (2)

Eberwein, Hans: Zur Integrationsentwicklung in Deutschland in Schule und Kindergarten. In: Eberwein, Hans / Knauer, Sabine (Hrsg.): Integrationspädagogik. Kinder mit und ohne Beeinträchtigung lernen gemeinsam. Weinheim / Basel: Beltz 2002 (6), S. 504–513

Eberwein, Hans: PISA und die Selektion von Kindern mit Lernschwierigkeiten. In: Zeitschrift für Heilpädagogik 54, 2003, H. 8, S. 338–342

Eberwein, Hans / Knauer, Sabine (Hrsg.): Integrationspädagogik. Kinder mit und ohne Beeinträchtigung lernen gemeinsam. Weinheim / Basel: Beltz 2002 (6)

Faust-Siehl, Gabriele / Garlichs, Ariane / Ramseger, Jörg / Schwarz, Hermann / Warm, Ute: Die Zukunft beginnt in der Grundschule. Empfehlungen zur Neugestaltung der Primarstufe. Reinbek bei Hamburg: Rowohlt 1996

Feuser, Georg: Behinderte Kinder und Jugendliche zwischen Integration und Aussonderung. Darmstadt: Wissenschaftliche Buchgesellschaft 1995

Feuser, Georg: Gemeinsames Lernen am gemeinsamen Gegenstand. In: Hildeschmidt, Anne / Schnell, Irmtraud (Hrsg.): Integrationspädagogik. Auf dem Weg zu einer Schule für alle. Weinheim / München: Juventa 1998, S. 19–36

Feuser, Georg / Meyer, Heike: Integrativer Unterricht in der Grundschule. Zwischenbericht. Solms-Oberbiel: Jarick Oberbiel 1987

Glöckel, Hans: Grundsatzdiskussion VI: Grundlegende Bildung. In: Haarmann, Dieter (Hrsg.): Handbuch Grundschule. Band 2. Weinheim / Basel: 1997 (3), S. 336–350

Graumann, Olga: Gemeinsamer Unterricht in heterogenen Gruppen. Von lernbehindert bis hochbegabt. Bad Heilbrunn: Klinkhardt 2002

Hans, Maren / Ginnold, Antje (Hrsg.): Integration von Menschen mit Behinderung – Entwicklungen in Europa. Neuwied / Kriftel / Berlin: Luchterhand 2000

Heinen, Norbert: Überlegungen zur Didaktik mit Menschen mit schwerer Behinderung. In: Fröhlich, Andreas / Lamers, Wolfgang / Heinen, Norbert (Hrsg.): Schulentwicklung – Gestaltungs(t)räume in der Arbeit mit schwerbehinderten Schülerinnen und Schülern. Düsseldorf: Selbstbestimmtes Leben 2003, S. 121–143

Heinzel, Friederike / Prengel, Annedore (Hrsg.): Heterogenität, Integration und Differenzierung in der Primarstufe. Opladen: Leske + Budrich 2002

Hinz, Andreas: Chancengleichheit und Heterogenität – eine bildungstheoretische Antinomie. In: Heinzel, Friederike / Prengel, Annedore (Hrsg.): Heterogenität, Integration und Differenzierung in der Primarstufe. Opladen: Leske + Budrich 2002a, S. 128–135

Hinz, Andreas: Von der Integration zur Inklusion – terminologisches Spiel oder konzeptionelle Weiterentwicklung? Zeitschrift für Heilpädagogik 53, 2002b, H. 9, S. 354–361

Kahlert, Joachim: Der Sachunterricht und seine Didaktik. Bad Heilbrunn: Klinkhardt 2002

Kaiser, Astrid: Sachunterricht unter sonderpädagogischer Perspektive. In: Borchert, Johann (Hrsg.): Handbuch der Sonderpädagogischen Psychologie. Göttingen / Bern / Toronto / Seattle: 2000a, S. 413–425

Kaiser, Astrid: Sachunterricht der Vielfalt – implizite Strukturen der Integration. In: Löffler, Gerhard / Möhle, Volker / Reeken, Dietmar von / Schwier, Volker (Hrsg.): Sachunterricht – Zwischen Fachbezug und Integration. Bad Heilbrunn: Klinkhardt 2000b, S. 91–107

Kaiser, Astrid: Einführung in die Didaktik des Sachunterrichts. Baltmannsweiler: Schneider 2001 (7)

Kaiser, Astrid: Kommunikativer Sachunterricht. (in Band 2 dieser Reihe)

Kaiser, Astrid / Pech, Detlef: Auf dem Wege zur Integration durch neue Zugangsweisen? (in diesem Band)

Kaiser, Astrid / Seitz, Simone: Sachunterricht mit Kindern des Förderbereichs Lernen. In: Walter, Jürgen / Wember, Franz B.: Förderschwerpunkt Lernen. Göttingen: Hogrefe (im Druck)

Klafki, Wolfgang: Neue Studien zur Bildungstheorie und Didaktik. Weinheim / Basel: Beltz 1996 (5)

Kultusministerkonferenz: Empfehlungen der Kultusministerkonferenz zur Sonderpädagogischen Förderung in den Schulen in der Bundesrepublik Deutschland. In: Drave, Wolfgang / Rumpler, Franz / Wachtel, Peter (Hrsg.): Empfehlungen zur sonderpädagogischen Förderung. Allgemeine Grundlagen und Förderschwerpunkte (KMK) mit Kommentaren. Würzburg: Edition Bentheim 2000, S. 25–39

Lamers, Wolfgang: Goethe und Matisse für Menschen mit einer schweren Behinderung. In: Heinen, Norbert / Lamers, Wolfgang: Geistigbehindertenpädagogik als Begegnung. Düsseldorf: Selbstbestimmtes Leben 2000, S. 177–206

Ministerium für Bildung, Wissenschaft, Forschung und Kultur des Landes Schleswig-Holstein (MfBWFK) (Hrsg.): Sonderpädagogische Förderung. Kiel: MfBWFK 2002. Online verfügbar unter: http://lehrplan.lernnetz.de/html/sonder/pdf/sonderpaedagogik.pdf (entnommen: 23.07.2003)

Prengel, Annedore: Vielfalt durch gute Ordnung im Anfangsunterricht. Opladen: Leske + Budrich 1999

Preuss-Lausitz, Ulf: Integrationsforschung. Ansätze, Ergebnisse und Perspektiven. In: Eberwein, Hans / Knauer, Sabine (Hrsg.): Integrationspädagogik. Kinder mit und ohne Beeinträchtigung lernen gemeinsam. Weinheim / Basel: Beltz 2002 (6), S. 458–470

Reeken, Dietmar von (Hrsg.): Handbuch Methoden im Sachunterricht. Baltmannsweiler: Schneider 2003

Richter, Dagmar: Sachunterricht – Ziele und Inhalte. Ein Lehr- und Studienbuch zur Didaktik. Baltmannsweiler: Schneider 2002

Riedel, Klaus: Was kann Didaktik zur Integration von Behinderten und Nichtbehinderten in der Regelschule beitragen? In: Eberwein, Hans (Hrsg.): Einführung in die Integrationspädagogik. Weinheim: Deutscher Studien Verlag 1996, S. 109–137

Roebke, Christa / Hüwe, Birgit / Rosenberger, Manfred (Hrsg.): Leben ohne Aussonderung. Eltern kämpfen für Kinder mit Beeinträchtigungen. Neuwied / Kriftel / Berlin: Luchterhand 2000

Sander, Alfred: Internationaler Stand und Konsequenzen für die sonderpädagogische Förderung in Deutschland. In: Hausotter, Anette / Boppel, Werner / Meschenmoser, Helmut (Hrsg.): Perspektiven Sonderpädagogischer Förderung in Deutschland. Dokumentation der Nationalen Fachtagung vom 14.–16. November 2001 in Schwerin. Middelfahrt: European Agency 2002, S. 143–164

Schnell, Irmtraud: Geschichte schulischer Integration. Gemeinsames Lernen von SchülerInnen mit und ohne Behinderung in der BRD seit 1970. Weinheim / München: Juventa 2003

Seitz, Simone: „Im Blauland essen wir immer Blaubeerkuchen" – TheaterSpiel mit Bilderbüchern. In: Lensing-Conrady, Rudolf / Beins, Hans Jürgen / Pütz, Günter / Schönrade, Silke (Hrsg.): Adler steigen keine Treppen ... Kindesentwicklung auf individuellen Wegen. Dortmund: Borgmann 2000, S. 69–93

Seitz, Simone: Wege zu einer inklusiven Didaktik des Sachunterrichts – das Modell der Didaktischen Rekonstruktion. In Feuser, Georg (Hrsg.): Integration heute – Perspektiven ihrer Weiterentwicklung in Theorie und Praxis. Frankfurt a.M.: Lang 2003a, S. 91–104

Seitz, Simone: Neue Wege im Unterricht – inklusive Didaktik als Perspektive. In: Fröhlich, Andreas / Heinen, Norbert / Lamers, Wolfgang (Hrsg.): Schulentwicklung – Gestaltungs(t)räume in der Arbeit mit schwerbehinderten Schülerinnen und Schülern. Düsseldorf: Selbstbestimmtes Leben 2003b, S. 275–294

Seitz, Simone: „Ich arbeite auf dünnem Eis" – Sachunterrichtslehrer/innen im Gemeinsamen Unterricht. In: Fölling-Albers, Maria & Hartinger, Andreas (Hrsg.): Lehrerkompetenzen für den Sachunterricht. Bad Heilbrunn: Klinkhardt 2004a, S. 213–221

Seitz, Simone: Forschungslücke inklusiver Fachdidaktik – ein Problemaufriss. In: Schnell, Irmtraud / Sander, Alfred (Hrsg.): Inklusive Pädagogik. Bad Heilbrunn: Klinkhardt 2004b, S. 215–231

Wilhelm, Marianne / Bintinger, Gitta / Eichelberger, Harald u. a.: Eine Schule für dich und mich! Inklusive Schule, inklusiven Unterricht gestalten. Innsbruck / Wien / München / Bozen: StudienVerlag 2002

Wocken, Hans: Gemeinsame Lernsituationen. Eine Skizze zur Theorie des gemeinsamen Unterrichts. In: Hildeschmidt, Anne / Schnell, Irmtraud (Hrsg.): Integrationspädagogik. Auf dem Weg zu einer Schule für alle. Weinheim / München: Juventa 1998, S. 37–52

ANGELA MAY

Empowerment – Prävention als Ansatz für den Sachunterricht

Der Begriff *Empowerment* findet heute eine breit gestreute Verwendung und wird regelrecht inflationär verwendet, was sich nach Eingabe des Begriffes in Internetsuchmaschinen an der Vielfalt und Menge der Ergebnisse ablesen lässt. Der Begriff *Empowerment* lässt sich nicht direkt übersetzen, sondern kann umschrieben werden mit „Stärkung von Autonomie und Selbstkompetenz".

Empowerment ist in der feministischen Frauen- und Mädchen-Bildungsarbeit [1] bedeutsam, die die Vorbeugung von sexualisierter Gewalt mit einschließt. Außerdem ist er präsent in der sozialen Arbeit in Bereichen der Behindertenarbeit (vgl. Theunissen 1997, S. 3), Suchtprävention [2], Sexualpädagogik [3] und der Gesundheitserziehung und -vorsorge [4]. Ebenso ist *Empowerment* als Element der Unternehmens- und Personalentwicklung sowie in der Managementschulung relevant [5].

In den psycho-sozialen Arbeitsfeldern ist allen die Grundannahme gemeinsam, dass unter *Empowerment* die „Selbstbefähigung"; „Stärkung von Autonomie und Eigenmacht" verstanden wird. *Empowerment* wird heute eine Sammelkategorie für verschiedene „Arbeitsansätze in der psychosozialen Praxis, die Menschen zur Entdeckung eigener Stärken ermutigen und ihnen Hilfestellungen bei der Aneignung von Selbstbestimmung und Lebensautonomie vermitteln" (Herringer 2003, http://www.socialnet.de/Domains/empowerment.de/index.html).

> „Ziel der *Empowerment*-Praxis ist es, die vorhandenen (wenn auch vielfach verschütteten) Fähigkeiten der Adressaten sozialer Dienstleistungen zu autonomer Alltagsregie und Lebensorganisation zu kräftigen und Ressourcen freizusetzen, mit deren Hilfe sie die eigenen Lebenswege und Lebensräume selbstbestimmt gestalten

---

[1] https://www.diplom.de/cgi-bin/bestellung?go_ssl=1&nr=70356827&mode=2&wtl=diplom,
 http://www.fhs-mannheim.de/hfs/Veranstaltungen/aW7Empowerment.htm,
 http://www.oneworld.at/frauen/frauen.htm,
 http://www.fgz.co.at/sexualber.htm

[2] http://www.suchthilfe-olten.ch/sucht_konzept.html

[3] http://www.pipepa.ch/text/erlaeuterungeneltern.html,
 http://www.akzente.net/make_it/vernetzung_prot_11042003.doc.

[4] http://www.gesundheitsfoerderung.ch/de/ges/con_ges_glo.aspEmpowerment,
 http://www.hausarbeiten.de/rd/faecher/vorschau/7477.html,
 http://www.bfge.de/Service/empowerment.html.

[5] http://www.empowerment.at/default.asp,
 http://www.human-empowerment.de/start.php3?srx=1024&brw=IE5x,
 http://www.hr-empowerment.ch/,
 http://www.identity-empowerment.ch/nl_archiv.php,
 http://www.themanager.de/Ressources/Empowerment.htm

können. *Empowerment* – auf eine kurze Formel gebracht – ist das Anstiften zur (Wieder-)Aneignung von Selbstbestimmung über die Umstände des eigenen Lebens" (Herriger 2003, http://www.socialnet.de/Domains/empowerment.de/index.html vom 31.07.03).

Im Bereich der Management-, Unternehmensberatung und Personalentwicklung liegt die Intention vorrangig in der Entwicklung und Förderung humaner Ressourcen, um unternehmenseffizientere und -profitablere Ziele zu erreichen – psychisch-emotional gesündere Menschen erbringen mehr Leistung als belastete und ausgepowerte. In psycho-sozialen Arbeitsgebieten geht es eher um die Reduzierung menschlich belastender Faktoren wie Gewalt, Sucht, Krankheit etc. und in Folge dessen, um Kostenvermeidung.

Der Begriff *Empowerment* wurde in den USA Ende der 70er Jahre durch eine feministische Frauennotrufgruppe für vergewaltigte Frauen („Women against rape") im Rahmen von schulischen Vorbeugungsprogrammen für Kinder (Child Assault Prevention Project - Projekt zur Prävention von Kindesmisshandlung, kurz CAPP) geprägt und basiert auf der feministischen Ursachenanalyse sexualisierter Gewalt.

CAPP wurde vielfältig kritisiert (vgl. May 1997, S. 45ff.) und erfuhr zumindest in Deutschland eine starke Modifikation. Dennoch sind einige Grundgedanken wie „Dein Körper gehört dir!", „Trau deinen Gefühlen!", „Du kannst NEIN sagen!", „Du darfst dir Hilfe holen!" usw. auch heute noch Bestandteil moderner Ansätze in der vorbeugenden Arbeit von sexualisierter Gewalt mit Kindern und Jugendlichen, Mädchen und Jungen.

Was wollen wir mit Empowerment in der Grundschule erreichen?

In der Entwicklung von Kindern und Jugendlichen lassen sich vielfältige mögliche Problemlagen antizipieren:

– Nachhaltige und folgenschwere Familienprobleme (Arbeitslosigkeit, Armut, Scheidung / Trennung / Tod, Wohnraummangel, Überforderung / Stress)

– (Flüchtlings-)Migration und kulturelle (Neu-)Integration usw. für Kinder und Jugendliche aus anderen Herkunftsländern

– Verschiedene Gewaltformen gegen Mädchen und Jungen

– Schwerwiegende und/oder chronische Erkrankungen oder Behinderungen

– Kompensationsversuche durch Suchtverhalten und -entwicklung, (stoffgebundene und stoffungebundene Suchtformen wie Essstörungen, Konsumsucht audiovisueller Medien usw.), ausgelöst durch Frustrationen, emotionalen Missbrauch oder Zurückweisungen sowie Vernachlässigungen

– Adoleszenz verbunden mit Ablösungsproblematiken vom Elternhaus und Neuorientierung in der Peergroup (Interessenskonflikte in der Familie, Risikoverhalten, Delinquenz, Schulversagen, Suchtmittelkonsum, Berufsorientierung, Verliebt sein und erste sexuelle Erfahrungen usw.)

All diese Problemlagen sind keine Erfindung der Neuzeit, sondern schon immer Teil der Sozialisation von Kindern und Jugendlichen, wobei in den letzten Jahren verstärkt der geschlechtsspezifische Blick auf die Sozialisation von Mädchen und Jungen geworfen wurde und damit verbunden auch geschlechtsspezifische Risikofaktoren wahrgenommen und entsprechende Reaktions- und Präventionskonzepte entwickelt wurden.

Empowerment in der schulischen Bildung von Mädchen und Jungen bedeutet die grundsätzliche Akzeptanz des Leitgedankens „Stärkung von Autonomie und Selbstkompetenz für Mädchen und Jungen". Spontan wird da jede/r zustimmen, doch über die Konsequenzen werden sich viele erst im alltäglichen Umgang mit den Kindern bewusst:

Widerworte eines Kindes akzeptieren? Entscheidungen begründen müssen, um sie einsichtig zu machen? Entscheidungen eines Kindes entgegen der eigenen Vernunft und Vorstellung akzeptieren?

Da wird schnell deutlich, was den Erwachsenen abverlangt wird. Wenn die Tochter eine rosafarbene Hose zu einem roten T-Shirt anziehen will, dann mag das in den Augen weh tun, ein Schaden wird dabei nicht entstehen! Wenn sich der Sohn ein Kleid und Lackschuhe zum Geburtstag wünscht sicherlich auch nicht. Aber bringt die Familie die Toleranz auf, dem Jungen den Wunsch zu erfüllen und ihn damit in die Schule gehen zu lassen, damit er sich in dieser Phase ausprobieren kann? Und was ist, wenn er dabei bleibt? Können sich dann die Erwachsenen auf die Seite des Kindes stellen und vertreten, dass das der akzeptierte Wunsch des Jungen ist oder werden sie dem Kind „gut zureden" das Tragen von Kleidern doch auf die eigenen vier Wände zu beschränken oder werden sie ihn gar lächerlich machen, damit er sein Vorhaben aufgibt und den gesellschaftlichen Konventionen entspricht?

Mädchen und Jungen erlernen Stärke, Selbstsicherheit und Autonomie nur dann nachhaltig und erfolgreich, wenn erwachsene Bezugspersonen diese Eigenschaften fördern und für wertvoll erachten. Andererseits kann niemand immer stark, durchsetzungsfähig und selbstbewusst sein. Es gehört zur Vielfalt menschlichen Erlebens, auch einmal schwach, unsicher, ängstlich, hilflos und schüchtern zu sein. *Empowerment* bedeutet deshalb auch, diese Seiten keinesfalls zu leugnen, sondern auch unsichere, ängstliche und schüchterne Menschen wertzuschätzen und ihnen Erfahrungsangebote zu machen, in denen sie sich als sicher, mutig und kompetent erfahren. Ein *Empowerment*-Konzept darf nicht „wir überwinden ein Defizit-Programm" sein, da sonst neue Ohnmachts- und Inkompetenzgefühle entstehen können, die die Person zusätzlich schwächen.

Grundelemente des Empowerment-Konzeptes
Entscheidungsfähigkeit stärken

Das Erlernen dieser Kompetenz ist nur dann möglich, wenn dem Kind verschiedene Alternativen angeboten werden oder das Kind verschiedene Alternativen äußert. Die Entscheidung des Kindes muss dann respektiert werden und sollte auch nicht durch „wohlgemeinte Ratschläge" oder Bevormundungen in eine von Erwachseneninteressen geprägte Richtung beeinflusst werden.

Bedürfnisse, Interessen und Wünsche wahrnehmen und äußern lernen

Indem Erwachsene Mädchen und Jungen nach ihren Bedürfnissen, Interessen und Wünschen fragen, vermitteln sie dem Kind, dass diese von Bedeutung sind. Wenn Erwachsene diese möglichst oft berücksichtigen, erfährt das Kind, dass diese auch respektiert und realisiert werden können und erlebt sich als ein aktiv gestaltendes Wesen.

Selbst-Bewusstsein fördern und erfahrbar machen

Die allgemeine Förderung von (Sinnes-)Wahrnehmung steigert auch die Ich-Wahrnehmung. Hier ist es einerseits von Bedeutung, eigene Stärken und Schwächen wahrzunehmen und anzuerkennen, andererseits aber auch sich gegen Bevormundungen und Übergriffe anderer zur Wehr zu setzen und ihnen entgegen zu treten.

Konfliktlösungskompetenzen entwickeln und fördern

Konflikte sind im sozialen Miteinander unvermeidbar; sie gewaltfrei zu lösen, stellt eine hohe Kompetenz dar. Erwachsene müssen Kindern sozial verträgliche Strategien vorleben hinsichtlich der Bewältigung von Konflikten. Sie können dann einen Gewinn darin erkennen, Konflikte nicht gewaltsam zu lösen oder sie zu ignorieren oder zu verleugnen, sondern durch Handeln und Agieren das soziale Leben aktiv (mit) zu gestalten und zu verändern.

Kinderrechte umsetzen

Kinder sollen wissen, dass sie Rechte in Familie und Gesellschaft haben. Sie hierüber zu informieren und in der Lebensrealität von Kindern umzusetzen und erfahrbar zu machen, trägt wesentlich zur Autonomie und Stärkung des Selbstbewusstseins bei.

Körperliches Selbstbestimmungsrecht

Mädchen und Jungen sollen lernen und erfahren, dass sie selbst entscheiden können, wer sich ihnen körperlich nähert, soweit es wichtigen, übergeordneten Interessen und Notwendigkeiten wie z. B. medizinischer Behandlung nicht widerspricht. Eine vom Kind ausgehende deutliche körperliche Abgrenzung löst bei vielen Menschen negative Gefühle aus; die Person fühlt sich zurückgewiesen und das Verhalten des Kindes wird als 'schroff' und 'abweisend' interpretiert. Viele Erwachsene reagieren, z. B. auf einen verweigerten Kuss oder die Ablehnung anderer körperlicher Zärtlichkeiten, negativ in Form von Abwendung, Liebesentzug usw. So gerät das Kind in den Widerspruch zwischen den eigenen (ablehnenden) Gefühlen und den Erwartungen der anderen. Es wird möglicherweise durch das eigene Abgrenzungsverhalten auf Ablehnung, Traurigkeit, Wut oder gar Strafe stoßen und gleichzeitig vielleicht die Erfahrung machen, dass es bei Zustimmung bzw. Duldung der „Zuwendung" eben durch Vermeidung dieser negativen Erfahrung belohnt wird. Diesen Widerspruch kann das Kind nur durch Unterstützung seiner sozialen Umwelt aushalten, indem es in seiner Wahrnehmung und Haltung unterstützt wird.

Schweigegebote aufheben

So genannte Familiengeheimnisse wie Alkoholkrankheit eines Elternteiles, Armut oder (sexualisierte) Gewalt in der Familie werden von Kindern, auch ohne ausdrückliches Verbot durch Erwachsene, häufig gewahrt und tragen damit erheblich zur psychischen Belastungssituation von Kindern bei. Gezielte Informationen über diese Themenkomplexe sollten zur Enttabuisierung beitragen und Kindern ein Sprechen darüber ermöglichen.

Recht auf Hilfe und Unterstützung

Dem Kind wird vermittelt, dass es ein Recht auf Hilfe und Unterstützung, insbesondere in Problem belastenden Situationen hat. Neben der persönlichen Zuwendung können durch das Aufsuchen und/oder Einbeziehen von nichtstaatlichen und staatlichen Hilfsangeboten, Ohnmachtgefühle beim Kind abgebaut und gezielte Intervention im Sinne des Kinderschutzes eingeleitet werden.

Im Zusammenhang mit *Empowerment*-Konzepten im Bereich der Kinder- und Jugendarbeit und insbesondere im Bereich der Vorbeugung von sexualisierter Gewalt gegen Kinder, werden Selbstverteidigungs(„crash")-kurse häufig kontrovers diskutiert – hier werden u. a. körperliche Selbstverteidigungsstrategien und -übungen vermittelt. Sofern Kindern in diesen Kursen vornehmlich suggeriert wird, sie hätten eine reelle Chance, sich körperlich gegen ältere oder erwachsene Menschen zu wehren, die Angriffe auf ihre Integrität vornehmen wollen, müssen diese als unzureichend und nutzlos eingestuft werden. Kinder sind Älteren und Erwachsenen in jedem Fall unterlegen, durch eine körperliche

Gegenreaktion kann es sogar zu einer zusätzlichen Gefährdung des Kindes kommen, weil es die Gewaltbereitschaft des „Angreifers" gegenüber dem sich körperlich zur Wehr setzenden Kindes fördern kann. Das Kind wiegt sich durch einen Kurs in Sicherheit, „stark" und „wehrhaft" zu sein und macht eine gegenteilige Erfahrung.

Verfolgen diese Kurse jedoch vorwiegend die oben geschilderten Aspekte des *Empowerments*, so kann davon ausgegangen werden, dass das Mädchen oder der Junge eher in der Lage sein wird, die (geplanten) Gewalthandlung als solche einzustufen. Die Absicht des Täters wird vielleicht schon im Vorfeld erkannt und seine manipulativen Handlungen können eingeordnet werden. So besteht eine größere Chance, dass das Kind Vorsichtsmaßnahmen ergreift, um nicht in eine Lage zu geraten, in der es leichter Opfer von Übergriffen werden kann. In jedem Fall hat das Kind eine größere Chance, die Gewalthandlung zu benennen und (anschließend) um Hilfe zu bitten – nicht zuletzt, weil es um die Verantwortlichkeit für den Übergriff weiß.

Da gerade sexualisierte Gewalt vorrangig in nahen sozialen Kontexten und nicht im fremden Umfeld stattfindet, ist das Kind viel weniger in Lage, den vertrauten Menschen als „Angreifer" einzustufen und demzufolge auch viel weniger geneigt, sich körperlich zur Wehr zu setzen. Selbstverteidigungskurse bauen auch heute immer noch zu häufig auf dem Fremdtäterkonzept auf und spiegeln daher eine falsche Realität wider.

Selbstverteidigungskonzepte, speziell für Mädchen und Frauen (z.B. Wendo), zielen häufig neben der physischen auch auf die psychische Stärkung und Stabilisierung des Selbstbewusstseins ab und werden nicht in Form von „Crash-Kursen" angeboten, sondern werden eher als (Entwicklungs-)Prozess verstanden und sind daher langfristiger konzipiert.

Die Vermittlung des *Empowerment*-Gedankens eignet sich besonders im fächerübergreifenden Sachunterricht der Grundschule - nicht zuletzt, da in diesen Stunden häufig projektorientiert gearbeitet werden kann, sofern sie mindestens als Doppelstunden im Stundenplan ausgewiesen sind oder als solche organisierbar sind.

Themen, die sich hier anbieten sind u. a.

– Gefühle – wahrnehmen, benennen und darauf reagieren
– Konflikte – erkennen, bewältigen, vermeiden
– Gewalt in der Familie
– Gewalt unter Kindern und Jugendlichen
– Soziales Lernen / soziale Kompetenz
– Gesundheitserziehung
– Suchtvorbeugung
– Familie und Sozialisation
– Sexualpädagogik

Unser Alltag ist geprägt von Themen der sozialen Interaktion und bietet damit genügend Raum und Inhalte, die mit den „Guidelines" des *Empowerment*- Konzeptes realisiert werden können und sollten. Es braucht nicht viel Kreativität und neue Methodik, diese Grundgedanken umzusetzen, sondern lediglich die Einsicht, dass selbstbewusste Menschen, die ihre Potentiale entwickeln konnten, eher auf Gewalt verzichten und ihr Leben konstruktiver gestalten können. Damit sie aber herausfinden, wie sie es gestalten wollen, müssen wir sie teilhaben und mitbestimmen lassen – von Anfang an!

Literatur

May, Angela: Nein ist nicht genug. Prävention und Prophylaxe. Inhalte, Methoden und Materialien zum Fachgebiet Sexueller Missbrauch. Ruhmmark: Donna Vita 1997

Herriger, Norbert: Online verfügbar unter: http://www.socialnet.de/Domains/empowerment.de/index.html (vom 31.07.2003)

Herriger, Norbert: Online verfügbar unter: http://www.socialnet.de/Domains/empowerment.de/grundlagentext.html (vom 31.07.2002)

Theunissen, Georg: „Empowerment – Ende der traditionellen Heilpädagogik". BHP. Online verfügbar unter: http://www.service4u.at/frame.html?/info/EMPOWER.html 1997

ASTRID KAISER

Caring Curriculum für den Sachunterricht

Erste Argumentationen für eine andere curriculare Sicht

Sachunterricht war von seinen anfänglichen Ursprüngen auf die Berufsarbeitswelt bezogen. Im Mittelalter kam die Maßkunde in städtischen Schulen für die Söhne des Patriziats auf, in der vorindustriellen Epoche des Verlagswesens und der gewerblichen Entwicklung wurden zunehmend die Realien als schulischer Inhalt gegenüber der klerikal geprägten Sprachschule gefordert. Auch die Wende von der Heimatkunde hin zum Sachunterricht wurde mit Veränderungen im Arbeitsleben und der verstärkten Notwendigkeit von Naturwissenschaft und Technik begründet. Der „Sputnik-Schock" in den USA war ein wesentlicher Motor für die Entwicklung naturwissenschaftlicher Curricula für die Primarstufe. Sachunterricht war also von den Anfängen bis heute von Kräften aus der ökonomischen Realität beeinflusst. Er war nie ein Fach, das nur an der reinen Menschenbildung orientiert war. Sachunterricht wurde entwickelt und bewegt, um Menschen auf die ökonomisch-gesellschaftliche Wirklichkeit und die Teilhabe daran vorzubereiten. Kerschensteiner (vgl. Band 1 dieser Reihe), dessen positiver Beitrag für die Geschichte des Sachunterrichts durch Integration praktisch werkender Aufgaben unbestritten ist, hat dies sehr klar ausgedrückt, indem er als erzieherische Folge des arbeitsteiligen Herstellens von Werkstücken schon in der Grundschule betonte: „Hier lernt der einzelne, sich unterzuordnen" (Kerschensteiner 1925, S. 70) und als Erziehungsresultat des Arbeitsunterrichts erwartete: „Hingabe und Selbstbeherrschung, Sorgfalt, Gewissenhaftigkeit, Fleiß und Ausdauer" (ebd., S. 70), „berufliche Tüchtigkeit und Arbeitsfreudigkeit" (ebd., S. 17). Meist wurde dieser Zusammenhang von Sachunterricht und Berufsleben nicht so deutlich formuliert, aber er lässt sich durchaus in der Geschichte nachweisen.

Doch mit dem zunehmenden Wandel von Gesellschaft und den rapiden Einbrüchen in der Arbeitsgesellschaft wird die Arbeitsbiographie nicht mehr die alleinige Lebensperspektive des Menschen. Wir reden von Patchwork-Biografien, in denen sich verschiedene Etappen des beruflichen Lebens neben- und überlagern. Die einfache Lebensplanungskette von Kindheit über Schulzeit und Berufsausbildung zur kontinuierlichen Berufstätigkeit bis ins Alter wird sich immer weniger zeigen.

Menschen verbringen nicht nur mehr Zeit außerhalb ihres Berufes, das private Leben selbst stellt immer mehr Anforderungen an den einzelnen Menschen.

Denn auch im privaten Bereich scheinen die emotionalen Anforderungen an Beziehungsfähigkeit mit der Zunahme an Scheidungen und gleichzeitig erhöhten Glückserwartungen an Partnerschaften deutlich zu steigen (Beck-Gerns-heim 1986). Nicht mehr Familientraditionen und ökonomisches Überleben sind die Basis von Ehen und Partnerschaften, sondern emotionale Motive wie die Suche nach Liebe oder Glück. Damit expandieren auch die Ansprüche an emotionale Kommunikation und soziale Kompetenz. Durch Erhöhung der Lebenserwartung und vor allem Senkung der Müttersterblichkeit in den letzten 150 Jahren ist aber auch die Dauer von Ehen und Partnerschaften in der Bilanz gestiegen (Beck-Gernsheim 1986), obgleich zunehmende Scheidungsquoten einen anderen Eindruck machen. Für das Leben von Menschen werden damit die Fähigkeiten, emotional dichte Beziehungen zu leben und auszugestalten sowie Konflikte dabei partnerschaftlich zu bearbeiten, zu ungleich wichtigeren Qualifikationen. Die Unfähigkeit, in den immer brüchiger werdenden sozialen Beziehungen und Netzen zu deren Erhalt beizutragen (Bronfenbrenner 1981), ist aber besonders beim männlichen Geschlecht stark verbreitet.

Der amerikanische Sozialpsychologe Urie Bronfenbrenner entwickelte aus der Kritik an zerfallenden sozialen Sicherheiten und der Isolierung von Kindheit die Forderung nach einem „Curriculum for Caring" vom ersten Schuljahr an (1981, S. 183). Er begründet diesen Ansatz einerseits generell, indem er ausführt:

> „Keine Gesellschaft kann bestehen, wenn ihre Bürger nicht die Regungen, Erfahrungen und Fertigkeiten erworben haben, die solche Fürsorge (kleine Kinder, Alte, Kranke, Einsame versorgen, trösten, pflegen) verlangt" (Bronfenbrenner 1981, S. 183).

Ein besonderes Defizit sieht er gerade hinsichtlich der empathischen und pflegerischen Fähigkeiten beim männlichen Geschlecht:

> „Die herkömmliche Erziehungspraxis in den USA bewahrt vor allem die Knaben vor dem Umgang mit hilfsbedürftigen Menschen. Die Folge ist, dass Männer die Bedürfnisse solcher Menschen oft nicht verstehen. ... In unserer Gesellschaft sind es die Frauen, die diese Erfahrungen und Eigenschaften besitzen" (Bronfenbrenner 1981, S. 184).

Seine Konsequenz ist es, gerade für Jungen ein Schulleben zu entwickeln, das konkrete zwischenmenschliche Kontakte ermöglicht.

> „Der Zweck dieses Pensums ist nicht, zu lernen, wie man jemandem hilft, sondern die Hilfe auszuüben, d. h. Kinder, Jungen wie Mädchen, übernehmen eine Verantwortung, betreuen und pflegen andere, geben den Alten, Jungen, Kindern, Kranken und Einsamen, was diese brauchen und was sie selber geben können" (Bronfenbrenner 1981, S. 183).

Aber es wäre verkürzt, aus der relativen Differenz bei der Entwicklung von Sozialkompetenz in der allgemeinen Geschlechtersozialisation nun zu behaupten, für Mädchen gäbe es keinen Lernbedarf. Insgesamt ist das Defizit in sozialen Kompetenzen sehr groß.

Auch aus diesen sich bereits anbahnenden gesellschaftlichen Entwicklungen lässt sich die Notwendigkeit begründen, alle Menschen frühzeitig gerade in Hinblick auf emotionale Stabilität, Beziehungs- und Kooperationsfähigkeit zu fördern (vgl. Kaiser 1993). Denn das wechselseitige aufeinander Angewiesensein aller Menschen aller Länder verlangt kooperatives Handeln, Verhandlungen und Aushandlungen, Akzeptanz und Anerkennung aller Beteiligten, anstelle Vorverurteilung oder gar Angriffskrieg.

Soziales Lernen wird hier also als notwendiges Lernziel von Allgemeinbildung verstanden. Es wird als fundamentale Vorbereitung auf das Leben angesehen – hat aber auch für die Gegenwart der Kinder in der sozialen Institution Schule einen hohen Stellenwert, denn auch die Interaktionen zwischen Schülerinnen und Schülern sind geprägt von sozialen Konflikten, differenten Bedürfnissen und Erlebnissen. Das soziale Geschehen in einer Grundschulklasse ist für die Kinder von hervorragender Bedeutung (vgl. Petillon 1993). Auch andere empirische Untersuchungen an Grundschulen belegen, dass das Interesse aller Kinder deutlich auf andere Kinder gerichtet ist (Thies / Röhner 2000, S. 167). Diesem aktuellen Interesse am sozialen Geschehen wie auch seiner wachsenden gesellschaftlichen Bedeutung wird in der Schule nicht entsprochen. Im Sachunterricht ist allenfalls eine Unterrichtseinheit „Ich und die anderen" in den Richtlinien vorgesehen. Soziales Lernen ist aber eine Zugangsweise, die sich durch den gesamten Sachunterricht und das gesamte Schulleben zu ziehen hat, um den hohen Zielen der Sozialkompetenz als Lebensbegleitung und -vorbereitung zu entsprechen.

Sozialkompetenz als Ziel

Soziales Lernen ist ein relativ junges didaktisches Konzept. Es hat sich im Laufe der letzten vierzig Jahre Sachunterrichtsgeschichte stark verändert. Aber wie in allen Konzeptionen können wir auch Vorläufer finden, bei denen schon ein wenig in die Richtung gedacht wurde. Dies gilt etwa für die begriffliche Aufschlüsselung von Emotionen bzw. Verhaltensnormen wie „Die Seelenstärke", „Die Mäßigkeit", „Die Emsigkeit", „Die Klugheit", „Die Geduld", „Die Gerechtigkeit", „Die Freigebigkeit", „Die Menschlichkeit" durch Comenius im orbis pictus sensualium (Comenius 1658), wenn auch in einem pansophischen Kontext (vgl. Mitzlaff in Band 1 dieser Reihe) und nicht als Dimensionen sozialen Lernens. Dörpfeld (vgl. von Reeken in Band 1 dieser Reihe) führte als erster nicht nur die Fachbezeichnung Sachunterricht ein, sondern auch neben Naturkunde und Religion gesellschaftskundliche Dimensionen unter dem Begriff „Menschenleben" (Dörpfeld 1903, S. 1). Damit meinte er vor allem geschichtliche Inhalte. Aber auch bei den konkreten Unterrichtsvorschlägen war dies nicht mit dem heutigen Verständnis von sozialem Lernen zu verwechseln, da es sich um eine kognitive Wissensvermittlung handelte, die nicht auf Verhaltens- oder

Einstellungsveränderung gerichtet war, sondern lediglich als damals zeitgemäßer Anschauungsunterricht mit erweiterten Inhalten verstanden wurde.

Erst in den 60er Jahren entwickelte sich eine Debatte, in der soziale Themen im engeren Sinne umstritten waren. Jeziorsky (vgl. Plickat in Band 1 dieser Reihe) lehnte damals noch soziale Inhalte als solche für das Grundschulalter als problematisch ab. So kritisiert er das klassische Thema „Wochenmarkt" fürs erste Schuljahr als „vordergründig informatorisch" (Jeziorsky 1982, S. 195) oder das Thema Schule, bei dem im 1. Schuljahr nicht mehr begriffen werden kann als dass „die Kinder erfahren sollen, dass das Schulpersonal aus den Putzfrauen, dem Hausmeister, den Lehrern und dem Rektor besteht, die alle eine bestimmte Aufgabe haben" (ebd., S. 195). Nach seiner Einschätzung gibt es

> „für die Kinder dieses Alters … keine Möglichkeit zu der eben angedeuteten nachdenklichen Behandlung einer soziologischen Problematik. Hintergründiges können die Schüler sich nicht erschließen. … Und wenn dann im freien Gespräch die Fragen behandelt werden, wie man die Aufgaben verteilen kann, wenn Vater nicht da ist, was man tun kann, wenn Mutter krank ist, dann haben die dabei zustande kommenden vernünftelnden Aktionshypothesen doch keinen praktisch-sozialerzieherischen Wert; und von soziologischer Denkschulung kann bei diesem Vorhaben-Verbalismus auch nicht die Rede sein" (ebd., S. 195).

Für soziales Lernen ist in seinem Konzept noch kein Platz. Seine methodische Konzeption geht vom „Wissen-Wollen aus (dem) Wirken-Wollen" (ebd., S. 41) aus. Dies hängt eng mit seiner Forderung nach Realbegegnung im Unterricht zusammen, die er sich beim damaligen sachunterrichtsdidaktischen Entwicklungsstand für soziale Fragen wohl noch nicht vorstellen konnte.

Doch mit der Wende zum Sachunterricht und der generellen sozialwissenschaftlichen Wende in der Pädagogik gegen Ende der 60er Jahre, erfuhren soziale Inhalte von Sachunterricht eine neue Bewertung. Besonders Gertrud Beck hatte damals Anfang der 70er Jahre die Debatte um soziales Lernen stark beeinflusst. Das bekannteste und schon sehr früh differenziert ausformulierte, wissenschaftsorientiert verstandene sozialwissenschaftliche Konzept für den Sachunterricht stammt von Gertrud Beck. Sie hat schon in den frühen 70er Jahren ein mehrfach aufgelegtes „Arbeitsbuch zur politischen Bildung in der Grundschule" (Frankfurt 1973) als erstes Sachunterrichtsbuch für sozialwissenschaftliches Lernen mit anderen Autoren zusammen herausgegeben, an Materialien zum sozialen Lernen mitgearbeitet, bei den Richtlinien für das Land Hessen mitgewirkt und durch Handreichungen für Lehrerinnen und Lehrer in die Praxis hineingewirkt. Für den neu etablierten Sachunterricht wurden die ersten Materialien zu sozialen Themen wie Rolle, Macht oder Fernsehen in einer Heftreihe von Gertrud Beck herausgegeben. Das damalige soziale Lernen war aber eher ein kognitives Reflektieren von sozialwissenschaftlichen Inhalten, auch wenn schon damals durch vereinzelte Bilder oder Geschichten versucht wurde, emotionale Betroffenheit oder Beteiligung der Schülerinnen und Schüler hervorzubringen (vgl. Kaiser und Lange in Band 1 dieser Reihe).

Die ersten handlungs- und erfahrungsorientierten Ansätze des Sozialen Lernens im Sachunterricht wurden von Charlotte Röhner (1985; 1987) in den 80er Jahren des 20. Jahrhunderts publiziert. Sie entwickelte einen erfahrungsorientierten Ansatz sozialen Lernens für die Grundschule, indem sie interaktionspädagogische Übungen in die jeweiligen Ziele des Sachunterrichts integrierte. Beispiele waren der Umgang mit Stärke oder Gewalt, das Lernen von Vertrauen oder die Wahrnehmung verschiedener Muster von Geschlechterstereotypen. Diese damals entwickelten interaktionspädagogischen Ansätze finden wir auch in heutigen Konzepten sozialen Lernens.

Mittlerweile ist eine breite Debatte zur Förderung sozialer Kompetenzen aufgeflammt. Ereignisse von schulischer Gewalt oder empirische Erhebungen über den Anteil an gewaltsamen Handlungen und Einstellungen auf deutschen Schulhöfen spitzen diese Debatte von Zeit zu Zeit zu. Materialien zur sozialen Kompetenzförderung genießen einen Boom.

Sozialkompetenz ist ein vielfältiges Gebilde, zu dem die Fähigkeiten zur Empathie und Toleranz und das Vermeiden unmittelbar gewaltsamer Lösungen gehören.

Zur Sozialkompetenz zählt auch die Fähigkeit, anderen Menschen zuzuhören, also das So-Sein-Lassen. Den anderen Menschen zu akzeptieren, ist eine wichtige Voraussetzung, um friedlich zusammen zu leben.

Sozialkompetenz gibt es aber nicht nur zwischen zwei Menschen. Erst in der Gruppe wird sie schwierig und besonders nötig. Viele haben bisher schon das hohe Lied der Teamfähigkeit gesungen, aber das Handeln im Team ist durchaus nicht einfach. Doch nur, wenn alle Fähigkeiten aller Teammitglieder in die gemeinsame Aufgabenlösung einmünden, können die Teamfähigkeiten vermehrt werden. Hier gilt in besonderem Maß, dass das Ganze mehr als die Summe seiner Teile ist. Wenn wir verschiedene Fähigkeiten einzelner Personen aneinanderfügen, ist nicht viel erreicht, wenn wir sie aber im Team zusammenwirken lassen, kann dadurch eine ganz neue Qualität entstehen. In modernen Firmen ist das Wissen um die enorme Steigerungskraft der Leistung im Team längst bekannt. Da werden bei Volvo, VW oder in Softwareentwicklungsfirmen nicht nur die Menschen verschiedener Fähigkeiten an einem Arbeitsplatz nebeneinander gestellt, vielmehr wird das Miteinander bewusst trainiert. Dies erfolgt nicht aus bloßer Romantik und Bewunderung des Gemeinschaftsgedankens, sondern schlicht und einfach aus der ökonomischen Tatsache, dass die Produktivität im Team größer ist.

Wir brauchen diese Produktivität des Teams aber auch und vor allem für die Lösung der zukünftigen Probleme in der Welt. Hier ist es existenznotwendig, dass es lebendig kommunizierende Teams gibt, die in Kooperation zu neuen Lösungen kommen.

Manfred Bönsch hat seinen Band zu den sozialen Kontexten von Schule und Lernen mit der Formel „Beziehungslernen. Pädagogik der Interaktionen" (Bönsch

2002) überschrieben. Diese Positionierung zeigt schon, wie wichtig er diese Fähigkeiten im schulischen Leben einschätzt.

Er geht davon aus, dass soziale Kompetenzen in allgemeinen Deklarationen wie denen der Menschenrechte, dem Grundgesetz und Schulgesetzen (Bönsch 2002, S. 8) auch in schulischen Zielen eine Rolle haben.

Manfred Bönsch entwickelt daraus einen umfassenden praxisnahen Ansatz für Schulen mit den Konzeptteilen:

Kooperationsmuster, Vertragslernen, Stille-Übungen, Spielen als soziales Lernen, Gesprächserziehung, Streitschlichtung, Interventionsstrategien in Alltagssituationen.

Neben dieser praxisnahen Ausarbeitung der mittlerweile klassischen Formen sozialen Lernens erweitert er diesen Ansatz auch auf die Frage des Schullebens, indem er Kriterien einer sozialfreundlichen Schule aufstellt und die Ganztagsschule sowie die Klassenfahrten als wesentliche Kontextbedingungen sozialen Lernens entwickelt (Bönsch 2002). Er eröffnet damit bereits eine erweiterte Sicht sozialen Lernens vom Erlernen sozialer Techniken hin zur Entwicklung eines Erfahrungsraumes. Dennoch fehlt noch die Integration der sozialen Dimension in die fachlichen Inhalte schulischen Lernens. Denn in diesen schulpädagogischen Ansätzen wird zwar der hohe Stellenwert des sozialen Lernens gesehen, dieser wird aber als Lernbereich neben den schulischen Inhalten betrachtet. Für den Sachunterricht gibt es allerdings auch schon Ansätze, die Methode und Inhalt zu integrieren versuchen. In Niedersachsen ist dieser Ansatz systematisch erprobt worden (vgl. Kaiser / Nacken / Pech 2002).

Abschließend sei noch einmal zur Übersicht ein Abriss über die historische Herausbildung des Sozialen Lernens gegeben:

Name	Zeit	Konzept gesellschaftskundlichen Lernens bzw. sozialen Lernens
Comenius (1658)	17. Jh.	Wissenserweiterung um Begriffe aus Beruf, Ethik und Seele
Dörpfeld (1903)	19. Jh.	Gesellschaftskunde als einer von drei Grundbestandteilen des Sachunterrichts
Gaudig (1917)	1920 ff.	Idee der Persönlichkeit als Bildungsinhalt
Jeziorsky (1948)	1948, 1982	Sachkunde, Ablehnung sozialwissenschaftlicher Themen, gegenständliche Erweiterung der Heimatkunde um Lebenskunde, Warenkunde, Arbeitskunde und Völkerkunde
Beck (1973)	1970 ff.	Soziales Lernen, kognitiv-aufklärerischer Schwerpunkt, aber auch Einstellungswandel als Ziel
Schaeffer-Hegel (1978)	ca. 1980	Sozialkritisch handlungsorientierter Begriff sozialen Lernens, Soziale Verantwortung als Ziel
Röhner (1985) Dreßler (1973)	1970er bis 80er Jahre	Erste emotional fundierte praxisorientierte Ansätze sozialen Lernens
Niederlande (Annink u. a. 1984)	1984 ff.	Soziale Weltorientierung als neues Fach
Klafki 1992 Meier 1993 Richtlinien Saarland 1992	90er Jahre	„Sach- und Sozialunterricht" (Klafki) als Fachbeschreibung „Soziale Wende" (Meier) in der Grundschuldidaktik Soziale Kompetenz als zentrales Ziel für den Sachunterricht in den Richtlinien des Saarlandes

Soziales Lernen als übergeordnetes Ziel im Niedersächsischen Schulversuch

Während in den bisherigen Ansätzen das soziale Lernen in einzelnen Unterrichtsanregungen enthalten war, sollte im niedersächsischen Schulversuch „Soziale Integration in einer jungen- und mädchengerechten Grundschule" dem sozialen Lernen ein systematischer Stellenwert eingeräumt werden. Soziales Lernen sollte nicht mehr als Element neben anderen, sondern als integrierte Aufgabe gesehen werden. So wurde das soziale Lernen zur obersten Norm erklärt (vgl. Kaiser 2003) und systematisch auf den Sachunterricht bezogen. Dazu wurden in den vier niedersächsischen Versuchsschulen auf verschiedenen Ebenen Maßnahmen der sozialen Kompetenzförderung geplant, nämlich

– gezielte Interaktionsübungen für Jungen und Mädchen in den Mädchen- und Jungenstunden (vgl. Kaiser 2001)

– das Ziel sozialen Lernens soll bewusst im gesamten Unterricht und Schulleben gefördert werden

– kommunikativer Sachunterricht, bei dem jeweils bei den verschiedenen Themen des Sachunterrichts die soziale Dimension durch Kommunikation der Kinder untereinander, durch Wahrnehmen und Akzeptanz verschiedener Sichtweisen praktiziert wurde

In diesem Ansatz erhielt die Entwicklung sozialer Kompetenz auf verschiedenen Zielebenen Bedeutung, nämlich

– auf der generellen Zielebene: Soziale Kompetenz als zentrales Ziel. Hier wurden vor allem in Selbstreflexionen auf Fortbildungsveranstaltungen und Supervisionssitzungen weitere Impulse aus der kollegialen Kommunikation entwickelt.

– auf der interaktionistischen Ebene: Hier wurden in kollegiumsinternen Fortbildungen nach gemeinsamen Hospitationen von Unterricht die jeweiligen Interventionen in Hinblick auf das Ziel differenziert weiter entwickelt.

– auf der interventionistischen Ebene: Auf dieser Ebene geht es um die Umsetzung konkreter Übungen im koedukativen Unterricht wie auch in speziellen Mädchen- und Jungenstunden (vgl. Kaiser 2001), die gezielt darauf hinwirken sollen, die soziale Kompetenz von Mädchen und Jungen zu entwickeln.

– und schließlich auf der Ebene konkreter Unterrichtsinhalte: Hier geht es darum, dass in Unterrichtsstunden oder gar -einheiten soziale Lernziele auch auf der Ebene von konkreten Unterrichtsmaterialien (vgl. Kaiser Hrsg. 2001) im Mittelpunkt stehen. Unterrichtseinheiten wie „Ich und die anderen", aber auch die institutionalisierten Jungen- und Mädchenstunden sind Beispiele für diese inhaltliche Ebene sozialen Lernens.

Das Beziehungslernen wurde also durchgängig angestrebt und besonders im Sachunterricht betont wie auch in verschiedenen besonderen institutionalisierten Formen sozialen Lernens:

	Durchführungsintensität im Schulversuch	Ergebnisse
Jungenstunden und Mädchenstunden	Ab Mitte des 1. Schuljahrs, eine Schule erst im dritten Schuljahr	differenzierte Konfliktbeschreibung, Analyse des Konflikts aus der anderen Perspektive, Entlastung durch Thematisierung des Konflikts und emotionale Ausdrucksmöglichkeiten; Erkennen des eigenen Anteils am Konflikt, Diskussion und Erprobung von Verhaltensalternativen
Klassenrat	Eine Schule ab Mitte des 1. Schuljahrs	differenzierte Konfliktbeschreibung, Analyse des Konflikts aus der anderen Perspektive
Streitbuch	Eine Klasse über ein halbes Jahr durchgängig	Wissen um die andere Perspektive; Entlastung durch bildliche oder schriftliche Thematisierung des Konflikts
Integration sozialen Lernens in den alltäglichen Unterricht	In allen Versuchsschulen durchgängig erprobt	Nicht praktikabel bei Zielen, die über das Einhalten von Regeln hinausgehen
Streitschlichtermodell	Nur punktuell erprobt	Praktikabel, aber nicht für alle Kinder einer Grundschulklasse als Aufgabe geeignet

Diese institutionalisierten Konfliktlösungsansätze bedürfen gerade im Grundschulalter längerer Einführungszeit. Die Erfahrungen im Schulversuch zeigen, dass es wichtig ist, dass sie nicht nur in einem Fach wie dem Sachunterricht verortet sind, sondern in der Schule insgesamt positiv verankert werden. So muss allein für die Einführung des Streitbuches Zeit verwendet werden, um dies beispielhaft zu erläutern. Auf längere Sicht gesehen wird aber auch viel Zeit für das eigentliche Arbeiten gewonnen, wenn es ritualisierte Formen der eigenständigen Konfliktbearbeitung durch die Schülerinnen und Schüler gibt. Wenn es allerdings um Ziele des sozialen Lernens geht, bei denen neue Inhalte, Orientierungen, Einstellungen und Handlungsmuster erworben werden sollen, bedarf es einer weiteren Intervention der Lehrkräfte und dauerhafter gesteuerter Lernprozesse. Für diesen erweiterten Bereich sozialer Lernziele wurde im niedersächsischen Schulversuch der folgende Zielkatalog für das erste Schuljahr umzusetzen versucht:

Allgemeine Aufgabe	Spezielle Aufgabe
Ich-Stärkung	Selbstwertgefühl stärken
	Selbstwahrnehmung
	Entwicklung von Selbstsicherheit, „innerer Sicherheit"
	Entwicklung von Fehlertoleranz
	Entwicklung von Verhaltensalternativen
Sozialkompetenz	Kennenlernen der anderen Kinder
	Kontaktaufnahme mit anderen, auch körperlich
	Erweiterung des Verhaltensspektrums
	Erprobung geschlechtsuntypischer sozialer Gruppen
	ausgewogener Umgang mit Nähe und Abgrenzung
	Streitsituationen lösen
	Vertrauen in andere entwickeln
Emotionale Kompetenz	Wahrnehmung unterdrückter Gefühle
	Umgang mit „schwierigen" Gefühlen
	Aufwertung von Gefühlen
	Reflexion von Gefühlen
Neue Leitbilder entwickeln	Auseinandersetzung mit alten und neuen Leitbildern der Geschlechter
	bewusste Auseinandersetzung mit den eigenen Vorbildern
	die Rollengrenzen spielerisch erkunden
Körpererfahrung	den eigenen Körper bewusst wahrnehmen
	Entwicklung positiven Körperbewusstseins
	körperliche Veränderungen anbahnen
Grenzen setzen	Grenzverletzungen wahrnehmen
	Ja und Nein sagen können

(vgl. Kaiser u. a. 2003)

Diese Ziele stellen für den Sachunterricht große Anforderungen. Es bedarf langer Zeiträume, in denen sinnvoll Übungen eingebettet werden, die diesen Zielen entsprechen. Gleichzeitig ist soziales Lernen ein langfristiger Prozess. Mit einfachen, einmaligen Interaktionsübungen ist es nicht getan. Es bedarf vielfältiger, variierender Übungen und der Reflexion aller Kinder der Klasse, damit soziales Lernen nicht zu einem von außen gesetzten Kurs verkommt, sondern von den Mädchen und Jungen einer Klasse getragen wird. Aber es fehlt noch die systematische Verknüpfung der Ziele mit den Inhalten des Sachunterrichts. Hierzu bedarf es eines integrierenden theoretischen Rahmens.

Hausarbeitsdidaktik – ein erster Ansatz

Ein derartiger integrierender theoretischer Rahmen, der die Inhalte des Sachunterrichts ordnet und systematisiert, könnte der Hausarbeitsbegriff sein. Ich verstehe dabei unter Hausarbeit nicht allein die materielle Hausarbeit wie Kochen, Nähen oder Putzen, sondern die umfassenden Anforderungen, die aus der Zunahme von Erziehungs- und Beziehungsarbeit (Kaiser 1992) erwachsen.

Denn Hausarbeit eröffnet als Komplementärbegriff zur Berufsarbeit den Blick auf das ganze Leben. Dahinter steht der Gedanke, eine ausgewogene Bildung zu schaffen. Denn wenn Bildung auf beide Seiten des Lebens gleichermaßen bezogen ist, dürfte es keine einseitigen Fehlorientierungen geben.

Eine weitere Fehleinschätzung von Hausarbeitsdidaktik wäre es, dies nur als spielerische Rolleneinübung zu verstehen – wie es im Konzept des „Educational Housekeeping" (E. Boris 1979) geschieht, das im Anschluss an die Reformschulen von John Dewey in den USA erprobt wurde. Dabei ging es darum, dass Vor- und Grundschulkinder in Form von szenischen Spielen Situationen der privaten Hausarbeit intensiver kennen lernen. Ein derartiges Einüben in Techniken und Fähigkeiten erfüllt nicht den Anspruch der Allgemeinbildung für das Privat- und Berufsleben.

Vielmehr muss Hausarbeitsdidaktik auch Erfahrungslernen von Konflikten eröffnen – zum Beispiel als reale Auseinandersetzung in Fragen der Arbeitsteilung.

Obgleich Hausarbeit als gesellschaftliches Handeln in einer hoch industrialisierten Gesellschaft wie der BRD, gegenwärtig einen Großteil aller Arbeit (die Schätzungen schwanken je nach verwendeten Kategorien zwischen 30 und 50%, vgl. Kaiser 1992) ausmacht, findet sie im didaktischen Denken kaum Beachtung.

Auch wenn die Mehrheit aller schulischen Curricula in der Welt auf die Vorbereitung für die Berufswelt orientiert ist, gibt es allerdings einige Praxisansätze, die über das bloße Einüben von Techniken hinaus gehen und Schülerinnen und Schülern über das Erfahren von Hausarbeit eine breitere Qualifizierung zukommen lassen.

Ein klassisches Beispiel finden wir in Neuseeland mit der Reformschule Jacks Mill School in Kotuko. Dort wurde in den 30er Jahren des 20. Jahrhunderts in einer isolierten und abgelegenen Landschaft auf der Südinsel ein handlungsorientiertes Modell von Schule entwickelt, in dem Selbstversorgung mit zusätzlichem Wissen in Domestic Science, Hausbau und die Organisierung des gemeinsamen Lebens zum selbstverständlichen Erfahrungshorizont aller Schülerinnen und Schüler gehörte (Coburn 2003).

Um die Bildungsdimensionen von Hausarbeit (Kaiser 1992a) genauer zu analysieren, müssen wir schauen, was Hausarbeit ist und qualifikatorisch impliziert. Ohne hier zu beanspruchen, den Stand der gegenwärtigen Hausarbeitsanalyse in der gebotenen Kürze wiedergeben zu können, sollen hier einige wesentliche Merkmale von Hausarbeit skizziert werden.

Wie komplex und umfangreich tatsächlich die Qualifikationen sind, die durch Hausarbeit hervorgebracht werden können, soll die folgende – keineswegs vollständige – Aufstellung von hausarbeitsbezogenen Bildungsmöglichkeiten zeigen:

Der Umgang mit Paradoxien

dazu zählen:

- situative Problemlösungsstrategien
- Widersprüche, emotionale Ambivalenzen und Konflikte akzeptieren und den Umgang damit lernen anstelle harmonistischer Weltsicht
- die Fähigkeit und Bereitschaft, lineare Lösungsmöglichkeiten und individuelle Autonomie zugunsten sozialer Belange zurückzustellen
- die Fähigkeit, in privater Organisationsstruktur ohne festgelegte Zeitstrukturen zu arbeiten
- Hausarbeit als komplexe Struktur mit widersprüchlichen inneren Strukturen und Beziehungen begreifen
- Ermöglichung geschlechtlicher Entwicklungsvariabilität
- Beziehungs- und Konfliktfähigkeit
- menschliches Zusammenarbeiten im Kontext menschlicher Bedürfnisse

Personenbezogene Orientierungen in Wahrnehmung, Denken und Handeln zu realisieren, wie

- Arbeit als unmittelbar personenbezogene Produktion und Reproduktion begreifen und nicht nur als Gelderwerb
- lernen in persönlich-sozialer Abhängigkeit produktiv zu arbeiten
- emotionales und soziales Wahrnehmen als Einheit begreifen
- nicht bei einer gegenständlich-oberflächlichen Betrachtungsweise der „Sach"-welt stehen bleiben, die Innenseite von Problemen in den Vordergrund stellen
- Beziehungs- und Konfliktfähigkeit
- menschliches Zusammenarbeiten im Kontext menschlicher Bedürfnisse

Fähigkeiten, verschiedene Seiten zu integrieren wie

- zwischen Subjekt- und Objektwelt vermitteln
- materielle und immaterielle Seiten von Arbeit aufeinander beziehen
- die Gleichzeitigkeit von materiellem Handeln und emotionalen Qualitäten begreifen

– zwischen Naturrhythmus und abstraktem Zeitrhythmus vermitteln

– verschiedene Tätigkeiten gleichzeitig miteinander verschränkt planen und ausführen können

– konkrete Handlungsebene mit allgemeiner Verantwortung verknüpfen

– situativ vermittelnde Entscheidungsfähigkeit

– materielle und immaterielle Seiten von Arbeit aufeinander beziehen

Eine veränderte Definition geschlechtsbezogener Arbeitsteilung

– Aufwertung von Hausarbeit als gesellschaftlicher Arbeit und des – durch Hausarbeit wesentlich bestimmten – weiblichen Lebenszusammenhanges

– Aufhebung der ausschließlichen Zuordnung von Hausarbeits-Inhalten an Mädchen und Integration der Hausarbeitsdidaktik in ein Konzept der Allgemeinbildung

– gezielte didaktische Interventionen zur Aufhebung der tradierten geschlechtsspezifischen Arbeitsteilung

– insbesondere Betonung der Hausarbeit als Bildungsinhalt für Jungen

– weitergehende Entwicklungsziele für Jungen, Erweiterung ihrer Lebensmöglichkeiten durch hausarbeitsnahes Lernen

– Demokratisierung gesellschaftlicher Beziehungen und Prozesse auch zwischen den Geschlechtern

Konkrete Hausarbeitsqualifikationen wie

– Umgang mit Menschen

– Pflege von Kleidung

– ökologische Reinigungskompetenz

– technisches und ästhetisches Wissen über Textilien

– Wissen über Haltbarkeit von Lebensmitteln

– ästhetische Wertungskompetenz

Unter dem Stichwort Hausarbeitsdidaktik lassen sich für diesen Kompetenzrahmen vielfältige bereits in der Grundschule erprobte praktische Ansätze fassen (vgl. Kaiser 1992):

– Aufbau und Betreiben einer schuleigenen Müslibar / Teestube / Salatbar

– Selbstversorgungsklassenfahrt

– Ökologisches Waschen und Putzen während der Klassenfahrt

– Klassentiere pflegen

- Patenschaft für jüngere Kinder
- Zimmerpflanzen verantwortlich pflegen
- Gesundheitspflege und -fürsorge für andere (z. B. Pflastervergabe auf dem Schulhof durch eine Klasse für die anderen)
- Fleckentfernungsdienste
- Kleidungsreparatur
- Fahrradreparatur
- Kontakt mit alten Menschen
- Kinder übernehmen Verantwortung für die Reinigung ihrer Klassenräume
- Kinder nehmen Kontakt mit ausgegrenzten Menschen im eigenen Ort auf
- Kinder entwickeln Freundschaft mit Kindern in anderen Regionen / Ländern

Gegenwärtig gibt es nur wenige praktische Versuche und Forschungsansätze, die dem hier vertretenen hausarbeitsdidaktischen Prinzip entsprechen. Hervorzuheben ist dabei insbesondere das an der Laborschule Bielefeld entwickelte Konzept der Hausarbeitsdidaktik, das gleichzeitig mit einer Förderung der Mädchen in öffentlichem Auftreten und dem Bezug von Mädchen und Jungen auf das eigene Geschlecht verbunden ist (Biermann 1991).

Ein verändertes Schulleben, das konkrete Erfahrungsmöglichkeiten bietet, um soziale Beziehungsfähigkeit, Empathie und zwischenmenschliche Konfliktfähigkeit zu entwickeln, ist unter dem Stichwort „Hausarbeitsdidaktik" (Kaiser 1992) zu verstehen.

Eine pädagogische Orientierung an den hausarbeitsnahen Sozialisationsmustern der sozialen Orientierung auf Menschen anstelle auf die nach außen gerichtete Sachbeherrschung (Kaiser 1992; 1995), ist gegenwärtig allerdings für beide Geschlechter dringend geboten. Zukünftiger Sachunterricht ist wesentlich auch Sozialunterricht zwischen konkreten Menschen in systemischen sozialen Beziehungen.

Die zentrale didaktische Begründung für die Entwicklung von Hausarbeitskompetenzen bei beiden Geschlechtern lässt sich aus einem erweiterten Verständnis der pädagogischen Norm „Autonomie" im Rahmen eines Verschiedenheitskonzeptes (Prengel 1993) entwickeln. Bisher war die Kategorie „Autonomie" im männlichen Verständniskontext zu sehr auf kognitive Fähigkeiten, beruflich-öffentliche Durchsetzungsfähigkeit und individualistisches Denken reduziert (vgl. Schaeffer-Hegel 1987). Sie soll hier um die Dimensionen konkreter sozialer Verantwortung und die Fähigkeit, das eigene Leben auch im Haushalt zu bewältigen und nicht mehr abhängig von der Hausarbeit des anderen Geschlechts zu bleiben, erweitert werden. Umgekehrt lässt sich an der Berufswelt mit ihren primär auf Effizienz, technische Rationalität und Funktionalität ausgerichteten Strukturen zeigen, dass Dimensionen wie humane Verantwortung, Sorge um die ökologischen und sozialen Folgen des Handelns fehlen oder nur unzureichend zur Geltung kommen, während sie im Hausarbeitsbereich als Kompetenzen einseitig und gegenständlich eingegrenzt herausgebildet werden. Sowohl subjektiv als auch gesellschaftlich gesehen ist also eine Bereicherung der Geschlechter um bisher vernachlässigte Seiten der Persönlichkeit und Entwicklungsmöglichkeiten außerordentlich wichtig. Um diese hohen Entwicklungsziele zu erreichen oder zumindest anzunähern, bedarf es gezielter pädagogischer Neuorientierungen.

Caring Curriculum im Modell von Nel Noddings

Die Rezeption des Begriffes Hausarbeitsdidaktik in dem hier vertretenen integrativen Sinne gestaltet sich als außerordentlich schwierig. Die Abwertung des dem weiblichen Geschlecht zugewiesenen Arbeitsbereiches ist dabei ein störender Faktor neben dem bloß technischen engen Verständnis von Hausarbeit. Von daher wären andere theoretische Fassungen eines auf das Leben orientierenden Bildungsbegriffs wünschenswert, m. E. ist in dieser Hinsicht das Konzept Caring Curriculum weiterführend.

Die amerikanische Wissenschaftlerin Nel Noddings (1992) hat mit dem Begriff Caring Curriculum ein Modell aufgestellt, dass alles Lernen vor allem auf die *Sorge* gerichtet sein muss. Dabei unterscheidet sie die Sorge für sich, für die nahe stehenden Menschen wie Freunde, für fremde Menschen, die uns fern sind, für Pflanzen und Tiere, für die von Menschen gemachte Welt und für Ideen.

Dieser Grundgedanke, auf allen Ebenen für die Welt zu sorgen, ist außerordentlich wichtig in Hinblick auf das Vermeiden von Katastrophen. Denn diese wirken nicht nur auf die einzelne Person ein, sondern auf alle. Gemeinsames Handeln ist notwendig – besonders aber damit Katastrophen gar nicht erst entstehen. Wir wissen, dass im Vorfeld von Katastrophen alle Ebenen ineinander greifen. Da gibt es die Unachtsamkeit beim Umbau von Natur, wie z. B. bei der Begradigung von Flussbetten – ohne zu bedenken, dass damit die Fließgeschwindigkeit erhöht wird und damit auch die Deichbruchgefahr. Dies wäre ein Beispiel der fehlenden Sorge für die Welt. Wir finden aber auch fehlende Sorge für fremde Menschen, wenn wieder einmal jemand mit großer Motorlautstärke an einem Wohngebiet vorbei fährt. Da gibt es den Blick allein auf den großen Gewinn einer Maßnahme wie dem Verkauf von Mobiltelefonen und nicht die gleichzeitige Rücksicht auf die Entsorgungsfrage oder mögliche Nebenwirkungen.

Ohne Ich-Stärke gibt es keine soziale Kompetenz, aber ohne Bezug zur Welt kann auch die soziale Kompetenz nicht tief genug greifen. Die verschiedenen Felder menschlich-gesellschaftlicher Existenz greifen ineinander und in allen gilt es, soziale Verantwortung für die Zukunft zu entfalten. Insofern ist der Ansatz des Caring Curriculums keine nur private, sondern eine zutiefst gesellschaftlich-politische Angelegenheit.

Aber das Sorgen ist keine einfach anzueignende Fähigkeit, sie muss sich in den Gefühlen der Menschen niederschlagen. Eine zentrale Bedingung ist dabei, dass die jeweiligen Individuen dieses wollen. Diese Haltung sollte erfahrungsintensiv entwickelt und stabil in den Personen verankert sein. Es geht also nicht nur um die Mitmenschlichkeit als Gefühl, das von Herzen kommt. Sorge ist mehr. Sie umfasst Verantwortung und Begreifen von Zusammenhängen. Sorge muss also emotional fundiert sein – und emotionales Lernen ist weitaus schwieriger als der Erwerb von Handfertigkeiten oder Wissen. Aber ohne diese Gefühlsseite ist Sozialkompetenz leer und wirkungslos, bloße Handlungsstrategien und das Wissen um soziale Beziehungen reichen nicht aus. Gleichzeitig ist die emotionale Stärke inhaltslos, wenn sie nicht mit den konkreten Problemen der nahen und fernen Welt verbunden ist, sie versteht und daraus Handlungskonsequenzen zieht.

Das Verdienst von Nel Noddings ist, nicht nur Sozialkompetenz als formale Fähigkeit zu fordern, sondern darüber hinaus auf der Seite der Inhalte eine integrierte Dimension des Caring didaktisch einzufordern. Ihr Konzept lässt sich am ehesten in der folgenden Weise grafisch veranschaulichen:

Caring Curriculum

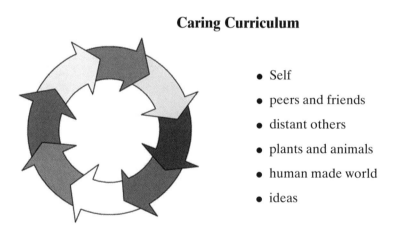

- Self
- peers and friends
- distant others
- plants and animals
- human made world
- ideas

Der Kernbereich dieses Ansatzes von Nel Noddings, das „Self" als Ausgangspunkt für Lernen zu nehmen, mag auf den ersten Blick atomistisch wirken. Gleichzeitig bedeutet es nicht eine Verstärkung eines sozial isolierten oder gar egoistischen „Selbst", sondern gerade die Voraussetzung dafür, dass ein Kind das Fremde akzeptieren kann, auch mit aversiven Gefühlen umgehen lernen kann. Denn Selbsterfahrung ist eine entscheidende Voraussetzung für tolerante Fremdwahrnehmung.

Vor allem bei der Umgrenzung des „Self" durch soziale und Weltdimensionen wird deutlich gesagt, dass hier keine didaktische Perspektive der Verstärkung von individueller Atomisierung gemeint ist.

Besonders dieses wechselseitige aufeinander Angewiesensein sich immer stärker verallgemeinernder Weltsichten, ist die produktive Dimension dieses Denkansatzes. Es schafft Gemeinsamkeit, auch wenn in jedem Kreis wiederum sehr verschiedene Sichtweisen zum Tragen kommen.

Die Dimensionierung des Caring-Ansatzes halte ich in allen Ausbildungsbereichen für bedeutsam, denn ohne ein sozial entwickeltes Selbst, das die Mit- und Umwelt achtet, können Ideen nicht fruchtbar werden.

Insofern ist ihr Ansatz ein wichtiger konzeptioneller Schritt, um die soziale Kompetenzentwicklung nicht von den Inhalten loszulösen und ein soziales didaktisches Konzept für den Sachunterricht zu fundieren.

Literatur

Annink, Hans / Greven, Jan / van Vliet, Eddie: Zo mogelijk in samenhang; Doel, structuur en inhoud van sociale wereldoriëntatie. Enschede: SLO 1984

Beck, Gertrud u. a.: Arbeitsbuch zur politischen Bildung in der Grundschule. Frankfurt a. M.: Hirschgraben 1973

Beck-Gernsheim, Elisabeth: Von der Liebe zur Beziehung? In: Berger, Johannes (Hrsg.): Die Moderne – Kontinuitäten und Zäsuren. Göttingen: Schwarz 1986, S. 209–233

Biermann, Christine: Haushalts(s)paß für Jungen und Mädchen. In: Brehmer, Ilse u. a.: Schule im Patriarchat – Schulung fürs Patriarchat? Weinheim / Basel: Beltz 1991, S. 125–135

Bönsch, Manfred: Beziehungslernen. Pädagogik der Interaktionen. Basiswissen Pädagogik. Band 2. Baltmannsweiler: Schneider 2002

Boris, Eileen: Social Reproduction and the Schools: "Educational Housekeeping". In: Signs 1979, Archives, vol. 4, no. 4, p. 814–820

Bronfenbrenner, Urie: Soziale Umweltzerstörung. In: Neue Sammlung 21, 1981, S. 176–185

Coburn, Dawn: Kotuku: Learning from the Past. In: Benson, Clare u. a. (ed): Designing the future. Fourth international primary design and technology conference. Birmingham: University of Central England 2003, p. 14–17

Comenius, Johann Amos: Orbis sensualium pictus. Nürnberg: Noribergae 1658

Dörpfeld, Friedrich Wilhelm: Die sachunterrichtliche Verbindung der sachunterrichtlichen Fächer. In Grundlinien einer Theorie des Lehrplans – zunächst für Volks- und Mittelschulen. Gütersloh: Bertelsmann 1903

Dreßler, Gudrun (Hrsg.): Lernziel Ich-Erfahrung. München: Urban und Schwarzenberg 1973

Gaudig, Hugo: Die Schule im Dienste der werdenden Persönlichkeit. Band 1. Leipzig: Quelle & Meyer 1917

Jeziorsky, Walter: Allgemeinbildender Unterricht in der Grundschule. Braunschweig: Westermann 1948; 1968 (2)

Jeziorsky, Walter: Verfrühungen im Grundschul-Unterricht (1978). In: Moll-Strobel, Helgard (Hrsg.): Grundschule – Kinderschule oder wissenschaftsorientierte Leistungsschule? Darmstadt: Wissenschaftliche Buchgesellschaft 1982, S. 185–197

Kaiser, Astrid: Hausarbeit in der Schule? Pfaffenweiler: Centaurus 1992

Kaiser, Astrid: Beziehungsfähigkeit statt Gewalt in der Schule. In: Päd. Extra 21, 1993, H. 1, S. 4–9

Kaiser, Astrid: Ansatzpunkte für eine nicht-patriarchale Sachunterrichtsdidaktik. Oldenburger Vordrucke. H. 251. Oldenburg: ZpB-Verlag 1995

Kaiser, Astrid (Hrsg.): Praxisbuch handelnder Sachunterricht. Band 3. Baltmannsweiler: Schneider 2000

Kaiser, Astrid (Hrsg.): Praxisbuch Mädchen- und Jungenstunden. Baltmannsweiler: Schneider 2001

Kaiser, Astrid / Nacken, Karola / Pech, Detlef: Soziale Integration in einer jungen- und mädchengerechten Grundschule. Münster: Lit Verlag 2002

Kaiser, Astrid: Hausarbeit in der Schule? Pfaffenweiler: Centaurus 1992

Kaiser, Astrid u. a.: Projekt geschlechtergerechte Grundschule. Opladen: Leske + Budrich 2003

Kaiser, Astrid: Schülervoraussetzungen für sozio-ökonomischen Sachunterricht. Oldenburg: ZpB Verlag 1996

Kerschensteiner, Georg.: Staatsbürgerliche Erziehung der deutschen Jugend. Erfurt: Villaret 1925 (8)

Klafki, Wolfgang: Die Bedeutung der klassischen Bildungstheorien für ein zeitgemäßes Konzept allgemeiner Bildung. In: Zeitschrift für Pädagogik 32, 1986, H. 4, S. 455–476

Klafki, Wolfgang: Allgemeinbildung in der Grundschule und der Bildungsauftrag des Sachunterrichts. In: Lauterbach, Roland et al. (Hrsg.): Brennpunkte des Sachunterrichts. Kiel: IPN 1992, S. 11–31

Meier, Richard: Dimensionen des Zusammenlebens. In: Lauterbach, Roland u. a. (Hrsg.): Dimensionen des Zusammenlebens. Kiel: IPN 1993, S. 19–44

Noddings, Nel: The Challenge to Care in Schools. An Alternative Approach to Education. New York: Teachers College Press 1992

Petillon, Hanns: Das Sozialleben des Schulanfängers. Die Schule aus der Sicht des Kindes. Weinheim: Beltz 1993

Prengel, Annedore: Pädagogik der Vielfalt. Opladen: Leske + Budrich 1993

Röhner, Charlotte: Kann ich dir vertrauen? In: Grundschule 17, 1985, H. 9, S. 44–46

Röhner, Charlotte: „Stark wie ein Master und bildschön wie Barbie". Die Medienwelt der Kinder wahrnehmen. In: Die Grundschulzeitschrift 2, 1987, H. 9, S. 19–23.

Saarland. Ministerium für Bildung und Sport. Lehrplan Sachunterricht. Saarbrücken: Eigenverlag 1992

Schaeffer-Hegel, Barbara: Plädoyer und Thesen für ein feministisches Bildungskonzept. In: Prengel, Annedore u. a. (Hrsg.): Schulbildung und Gleichberechtigung. Frankfurt a. M.: Nexus 1987, S. 121–129

Schaeffer-Hegel, Barbara: Zur Definition des sozialen Lernens. In: Brodke-Reich, Gabriele (Hrsg.): Soziales Lernen und Medien im Primarbereich. Paderborn / Hannover: Schöningh 1978, S. 11–30

Thies, Wiltrud / Röhner, Charlotte: Erziehungsziel Geschlechterdemokratie. Weinheim: Juventa 2000

ASTRID KAISER

Zur Praxis integrativer Zugangsweisen im Sachunterricht

Sachunterricht ist ein Fach, das noch stark in Entwicklung ist. Diese Offenheit gibt eine Chance zur Veränderung, verstärkt aber auch die Tendenz, sich der Bewegung nicht zu stellen, sondern an vermeintlich bewährten Mustern festzuhalten.

Viele suchen Sicherheit in überkommenen Vorlagen oder Fachmustern. Dadurch wird es erschwert, Modelle innovativen Sachunterrichts zu entwickeln und in der Praxis zu erproben. Wir sehen dann, dass es sehr oft in der Schule beim Alten bleibt. Das Wissen von Schulbüchern wird hintereinander in Form von Merksätzen in Hefte abgeschrieben oder in ausgefüllten Arbeitsblättern abgeheftet. Oder es wird in Sachunterrichtstests das auswendig gelernte Faktenwissen abgefragt und so getan, als gäbe es nicht die enorme Entwicklung der Informationen und die Vielfalt medialer Präsentationsmöglichkeiten.

Doch die Welt hat sich geändert und wird es weiter in globaler Richtung tun. Damit wälzen sich auch die Anforderungen an Kinder um. Sie können in einer Welt mit vielen Konflikten und gebrochenen Traditionen nicht mehr ohne eigene ethische Beurteilungsfähigkeit existieren. Sie müssen ihren individuellen Weg in einer hoch komplexen Welt finden. Dies macht erforderlich, dass sie gelernt haben, darüber gründlich nachzudenken. Hierin liegt der eigentliche Bildungssinn philosophischer Zugangsweisen im Sachunterricht.

In einer sich rapide wandelnden Welt müssen Kinder gestärkt werden, um diesem Wechsel Stand halten zu können. Sie müssen befähigt werden, Kraft aus den eigenen inneren ästhetischen Fähigkeiten zu schöpfen. Deshalb sind ästhetische Zugangsweisen, um die Verschiedenheiten einer Klasse deutlich zu betonen und jedes Kind in seiner emotional-ästhetischen Persönlichkeit anzusprechen, von besonderer Bedeutung. Auch biografische Zugangsweisen sollen die Person stärken. Kein Sachunterricht kann sich lebendig entwickeln ohne die Erfahrungen jedes einzelnen Kindes. Im Anknüpfen an Erlebtes liegt die Quelle zur breiteren Entfaltung der Inhalte; gleichzeitig werden die lernenden Menschen in ihrer Person mit ihrer Vorgeschichte stärker angesprochen.

Eine Stärkung der Kinder ist in mehrfacher Hinsicht erforderlich. Sie müssen schon als junge Menschen gegenüber Gefahren der Welt wie Drogen oder Missbrauch individuell Stärke entwickeln. Angesichts der zunehmenden Heterogenität in der Welt braucht jeder einzelne Mensch Orientierungsfähigkeit und die Bereitschaft, sich in diese Verschiedenheit positiv einzubringen.

Aber auch die zunehmende Heterogenität der Lernenden, die sich notwendigerweise mit der globalen Ausweitung des Erfahrungshorizonts vergrößert, stellt eine unumgängliche Herausforderung an heutigen Sachunterricht dar, im Hinblick auf seine zukünftige Entwicklungsfähigkeit. Die Vielfalt der Kulturen, von den Geschlechtern über Fähigkeitsdifferenzen bis hin zur religiösen und ethnischen Pluralität, ist in jeder Schulklasse präsent und kann den Sachunterricht bereichern, wenn sie positiv gesehen wird. Doch auf den ersten Blick wirkt es wie eine Quadratur des Kreises, wenn man Kinder in ihrer Heterogenität ernst nehmen und positiv aufgreifen will und gleichzeitig einen gemeinsamen Unterricht entwickeln möchte. Die produktive Integration des Verschiedenen wirkt zudem so schwierig, da wir aus einer monotonen Unterrichtskultur stammen: Ein Text für alle, ein Buch für alle, eine Frage für alle – das waren Markenzeichen einer Jahrhunderte langen Unterrichtskultur. Doch diese stößt nun an zweifache Grenzen:

Die Menschen können nicht mehr so hin und her sortiert werden bis sie homogene Gruppen ergeben und die Welt wird immer vielfältiger und bunter.

Der Sachunterricht im gerade vollzogenen Übergang zum 21. Jahrhundert steht vor der Aufgabe, diese vielfältigen Anforderungen an die Bildung, auch in die Tat umzusetzen.

Deshalb haben wir in diesem Band nicht nur das Besondere an neuen Zugangsweisen im Sachunterricht heraus gestellt und Begründungen für integrative Zugangsweisen formuliert, sondern wollen ergänzend dazu die konkreten praktischen Möglichkeiten beispielhaft vorstellen.

So werden nun auf den folgenden Seiten Praxisbeispiele dokumentiert, die zeigen, dass der Anspruch, der durch die im ersten Teil dieses Bandes beschriebenen Ansätze für integrativen Sachunterricht durchaus erfüllbar ist. Die Beispiele sind nicht Musterexemplare oder Vorbilder, sondern eher als alltäglich mögliche Praxisansätze für philosophische und ästhetische Zugangsweisen zu verstehen. Sie sollen gerade in ihrer Alltäglichkeit Mut machen, die Alltagspraxis des Sachunterrichts zu verändern.

SILKE PFEIFFER

Worüber Kinder nachdenken – Praxisdokumente für philosophische Zugangsweisen

Kinder sprechen über ihre Vorstellungen vom Anfang und vom Ende der Welt. (2./3. Klasse)

Maria: Ich glaube am Anfang war alles schön. Da war ein Garten mit Bäumen und ganz vielen Blumen. Später kamen dann auch Tiere dazu.

Sandra: Das kann ich mir auch vorstellen, aber vielleicht war das nicht so ein Garten, sondern mehr wie ein Urwald. So stelle ich mir das vor. Da wächst alles durcheinander, wie es will. Und Tiere und Menschen gibt es da noch nicht. Deshalb wissen wir auch nicht, wie es richtig ausgesehen hat am Anfang.

Ole: Ich denke, da war ein Knall und alles ist explodiert und daraus ist was entstanden.

Maria: Dann muss aber schon vorher was da gewesen sein. Sonst kann es nicht explodieren.

Ole: Da ist bestimmt was gewesen, aber man weiß ja nicht was.

Sandra: Und am Ende wird wieder alles explodieren und dann entsteht was Neues.

Franziska: Weil es immer wärmer wird.

Ole: Aber ob dann was Neues entsteht, weiß man nicht.

Maria: Aber es kann ja nicht einfach alles weg sein. Es muss ja was Neues draus werden.

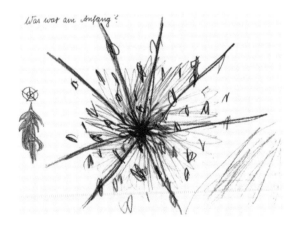

Gibt es Außerirdische? (2. Klasse)

Patrick: Ich glaube, es gibt Außerirdische.

Lehrerin: Warum glaubst du das?

Patrick: Weil es bestimmt noch andere Planeten gibt und da leben bestimmt auch welche?

Peter: Die sind ganz grün und haben so Dinger auf dem Kopf. Antennen.

Julia: Ich stelle die mir anders vor. (Julia hält ihr Bild mit ihrem Außerirdischen hoch. Darauf zeigen auch die anderen Kinder ihre Bilder.)

Lehrerin: Fällt euch etwas auf, wenn ihr die Bilder vergleicht?

Robert: Die sehen alle bisschen ähnlich aus. Ein bisschen wie Menschen.

Lehrerin: Was ist ähnlich?

Robert: Die haben Beine und Arme und einen Kopf und sind sonst nur ein bisschen anders?

Lehrerin: Habt ihr eine Erklärung dafür, dass sie alle ein bisschen wie Menschen aussehen?

Julia: Weil man sich das nicht anders vorstellen kann. Weil man nicht weiß, wie die vielleicht wirklich aussehen.

Ole: Und vielleicht gibt es ja gar keine Außerirdischen.

Robert: Das glaube ich aber doch.

Kinder sprechen über Freundschaft (3. Klasse)

Nadine: Freundschaft ist, wenn man sich gegenseitig hilft.

Clara: Wenn man sich mag, kann man befreundet sein.

Jan: Man muss auch gemeinsam was unternehmen, Fußball spielen oder
             Fahrrad fahren.

Clara: Das muss aber nicht Fußball spielen oder so sein. Man kann auch ein-
             fach so zusammen was machen.

Susi: Freundschaft geht nicht nur unter Kindern auch mit Tieren.

Lehrerin: Wie meinst du das?

Susi: Man kann auch einen Hund oder eine Katze als Freund haben, man
             hat den doch auch gern.

Jan: Aber ein Hund kann dir wohl kaum helfen, wenn du in der Patsche sitzt.

Robert: Na klar, z. B. ein Blindenhund hilft auch dem Blinden.

Jan: Der ist ja auch extra drauf dressiert, der macht das ja nicht von sich aus.

Susi: Der Hund und der Blinde können sich aber mögen und sich auch helfen. Dann ist auch der Hund nicht so allein.

Kinder denken über Schönheit nach. (1. Klasse)

CLAUDIA SCHOMAKER

„Herzlich Willkommen im Schneckenzirkus"
– Anregungen und Ideen zur Umsetzung ästhetischer Zugangsweisen im Sachunterricht

Im Folgenden werden Ausschnitte einer Unterrichtseinheit zur Lebensweise von
Schnecken dargestellt, die in einer vierten Klasse an einer Schule für Lernhilfe
durchgeführt wurde. Die Schülerinnen und Schüler sind in vorangegangenen
Projekten an Methoden wie das Experimentieren, Beobachten, Sammeln und
Dokumentieren von Gegenständen im Sachunterricht herangeführt worden. Für
viele der Kinder war die Begegnung mit Schnecken zu Beginn der Unterrichtseinheit mit einer Mischung aus Scheu und Ekelgefühlen verbunden. Nur wenige
waren bereit, sich den Schnecken zu nähern oder sie anzufassen. Über verschiedene ästhetisch-orientierte Zugangsweisen sollte ihnen ein unbefangener
Umgang mit den Tieren ermöglicht und sie auf die Besonderheiten der Tiere aufmerksam gemacht werden.

Zwei oder drei Kinder haben während der gesamten Unterrichtszeit gemeinsam eine
Schnecke betreut und ihr für diese Zeit einen Namen gegeben.

Über diese enge Beziehung war es schließlich jedem möglich, die Schnecke auf die Hand
zu nehmen.

Für viele Kinder fing der Schultag während dieser Unterrichtseinheit auf folgende Weise
an:
Ein Kind kommt in die Klasse, stellt seine Tasche an seinen Platz und geht zum Terrarium.

 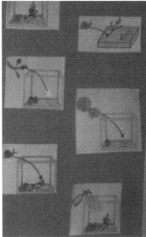 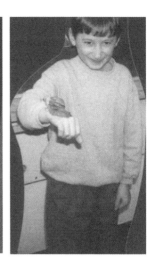

Lehrerin: „Guten Morgen!"
Der Schüler ist über das Terrarium gebeugt: „Guten Morgen, ihr Lieben. Habt ihr auch gut geschlafen? Ich werde euch erst einmal etwas Wasser und frischen Salat bringen!"

Lehrerin: „Guten Morgen!"
Erst jetzt reagiert der Schüler auf die Ansprache der Lehrerin und entschuldigt sich: „Ich musste doch erst einmal nachgucken, wie es den Schnecken übers Wochenende ergangen ist. Schließlich wollen die auch begrüßt werden."

Die erste Begegnung mit einer 'Schnecke': Der „kleine Weg" von Hundertwasser inspirierte die Schülerinnen und Schüler eigene Schnecken zu gestalten:

Dieser ersten Schnecke sind noch viele gefolgt.

Für viele Schülerinnen und Schüler war es schwierig, die Fortbewegung und die Sinnesleistungen einer Schnecke als Besonderheit gegenüber den menschlichen Fähigkeiten wahrzunehmen. Die 'Schnecke auf Rollen' war für sie ein Anlass, sich mit der Fortbewegung von Schnecken intensiver zu befassen. Sie versuchten die Muskelbewegungen mit dem eigenen Körper nachzuahmen. Schließlich nahmen sie ein Seil zu Hilfe:

Nachdem die Schülerinnen und Schüler festgestellt hatten, wie sich eine Schnecke fortbewegt und welche Funktion der Schleim übernimmt, war der Weg frei für viele Versuche:

Im Rahmen dieser Versuchsreihe entstand die Idee, die besonderen Fähigkeiten der Schnecken den Schülerinnen und Schülern anderer Klassen im Rahmen eines Schneckenzirkuses vor-
zuführen.

Ein Schüler eröffnet die Zirkusvorstellung.

Zwei Mädchen und ein Junge präsentieren die
Schnecke auf dem Hochseil.

Eine Schnecke kriecht wie ein Fakir über
ein Nagelbrett.

Das senkrechte Kriechen an der Tafel oder über Kopf ist im Schnecken-Zirkus eine Attraktion.

Vorsichtig werden die Schwimmfähigkeiten der Schnecke getestet.

Im Verlauf der Unterrichtseinheit entstand eine Sammlung von Schneckenhäusern.

Erste Reaktionen auf das Bild des Drosselschmiedens:

„Sind die schön!" „Die Farben, alles glänzt so wunderschön!" „Und so viele auf einmal!"

Nach ein paar Minuten:

„Die Häuser sind ja alle kaputt. Die Schnecken leben ja gar nicht mehr!" „Ich glaube, eine hat sich noch gerettet." „Guckt mal, die sind alle in der Mitte aufgehackt worden." „Wer könnte das gewesen sein!"

Im Verlauf des Gesprächs werden die verschiedenen Feinde von Schnecken benannt. Man einigt sich, dass dies das Werk eines Vogels sein müsste, weil der mit seinem Schnabel die Häuser so gleichmäßig aufpicken könne.

Auch in einer solchen Situation werden die anschaulichen Seiten hervorgehoben und führen schließlich dazu, dass die Schülerinnen und Schüler selbstständig den richtigen Verursacher benennen können.

Die Ekelgefühle und die Scheu gegenüber den Schnecken sind einer intensiven Auseinandersetzung mit ihren Fähigkeiten und besonderen Merkmalen gewichen. Sowohl die Mädchen als auch die Jungen fühlten sich für 'ihre' Schnecke verantwortlich und erkannten diese bereits nach wenigen Tagen nicht mehr an dem bunten Klebepunkt, mit dem die Schnecken zunächst gekennzeichnet waren, sondern machten winzige Merkmale aus, die ihre Schnecke von den anderen unterschied.

Über die intensive Begegnung mit den anschaulichen, wahrnehmbaren Seiten der Schnecke konnte ein enger Kontakt aufgebaut werden. Damit in einem weiteren Schritt über die anfängliche Faszination für die Andersartigkeit des Tieres auch die Aufmerksamkeit auf die Besonderheiten in der Fortbewegung und der Ausprägung von Sinnesleistungen gelenkt werden konnte, war es sehr hilfreich, bestehende Vorstellungen („Wenn wir ganz *leise* sind, kommt die Schnecke bestimmt aus ihrem Haus gekrochen!") über künstlerische Darstellungen in Frage zu stellen. Warum hat die Schnecke bei Leo Lionni ein solch buntes Haus?[1] Gibt es solche Schnecken wirklich? Eine Schnecke mit Rollen unter dem Fuß? Wie bewegt sich die Schnecke denn sonst?

Die Faszination für diese Tiere drückte sich nicht zuletzt auch in der stetig anwachsenden Sammlung von Schneckenhäusern aus, von Schneckendarstellungen aus Knete, Tonpapier und Wellpappe, die auch von Kindern aus anderen Klassen ergänzt wurde.

Ästhetisch-orientierte Zugangsweisen ermöglichen den Schülerinnen und Schülern eine intensive Auseinandersetzung mit dem zu untersuchenden Sachgegenstand. Über die anschaulich-ästhetischen Seiten dringen sie in tiefere Bedeutungszusammenhänge ein und können in der Kommunikation über diese Wahrnehmungserfahrungen vorhandene Denkmuster in Frage stellen.

---

[1] Vgl. Lionni, Leo: Das größte Haus der Welt. Köln: Middelhauve 1974.

Verzeichnis der Autorinnen und Autoren dieses Bandes

Bäuml-Roßnagl, Maria-Anna, Univ. Prof. Dr. Universität München, geb. 1945 in Gleißenthal / Oberpfalz, Grundschullehrerin, Aufbaustudiengänge in Pädagogik, Philosophie, Psychologie und Germanistik an der Universität Regensburg und der Hochschule für Philosophie in München, berufspraktische Tätigkeiten im Lehramtsbereich und in der Erwachsenenbildung, seit 1983 Univ. Prof. an der LMU München, zahlreiche Publikationen mit Schwerpunkt Sachunterrichtsdidaktik und Sinn(es)kultur, Grundschulpädagogik und Bildungsanthropologie.

Brülls, Susanne, Dr., geb. 1961 in Essen, Lehramt für Grund- und Hauptschule Universität Hannover, Referendariat, später Univ. Hannover und Oldenburg

Freeß, Doris, Dr., Staatliches Seminar für das Lehramt an Grund- und Förderschulen Leipzig, geb. in Leipzig, langjährige Tätigkeit als Kunsterzieherin in der Grundschullehrerbildung, seit 1993 Fachbereichsleiterin für Didaktik des Sachunterrichts

Fischer, Dietlind, Dipl. Päd., geb. 1944, Volksschullehrerin, wiss. Mitarbeiterin im Projekt EVI-CIEL, seit 1979 am Comenius-Institut Münster.

Hartmann, Jutta, Gast-Prof. Dr., geb. 1963, Erziehungswissenschaftlerin, Diplompädagogin, Staatsexamen für Lehramt an Realschulen, Wissenschaftliche Mitarbeiterin an der Technischen Universität Berlin, Lehrbeauftragte an den Universitäten Graz, Klagenfurt und Wien sowie an Fachhochschulen für Sozialwesen, z. Z. Gastprofessorin an der Universität Innsbruck. Schwerpunkte: Pluralisierung und Normierung von Lebensformen, Gender und Queer Studies, Erziehungswissenschaft der Generationen, Pädagogik vielfältiger Lebensweisen

Hering, Jochen, Dr., geb. 1951 in Unna/Westf., Volksschullehrerstudium, Arbeit als Grund-, Haupt- und Gesamtschullehrer, Dozent an der Universität Oldenburg für Sachunterricht, Schwerpunkte: Philosophieren mit Kindern, Biografisches Lernen, Reformpädagogik, z. Zt. Dozent im Fach Deutschdidaktik an der Universität Bremen, Schwerpunkt Kinder- und Jugendliteratur.

Kaiser, Astrid, Prof. Dr. phil., geb. 1948 in Astfeld/Harz, Studium für das Volksschullehramt in Hannover, Studium Erziehungswissenschaft, Soziologie, Psychologie an der Philipps Universität Marburg, mehrjährig Lehrerin an Grund- und Hauptschulen, Wiss. Mitarbeiterin Uni Bielefeld, jetzt Professorin für Didaktik des Sachunterrichts an der Carl von Ossietzky Universität Oldenburg

Lange, Dirk, Dr., Dipl.-Pol., Juniorprofessor für Politikdidaktik und Politische Bildung an der Universität Oldenburg, geb. 1964 in Peine, mehrj. Schultätigkeit als Lehrer für Politik, Geschichte und Grundschulpädagogik, Wissenschaftlicher Mitarbeiter an der Freien Univ. Berlin und der Univ. Braunschweig.

May, Angela, Dr., geb. 1955 in Berlin, Lehramtsstudium für die Fächer Biologie und Sport an der PH Berlin, Promotion in Erziehungswissenschaften an der TU Berlin, Lehrerin mit pädagogischem Schwerpunkt „Integrationspädagogik", Krisenintervention, Suchtprävention und Prävention und Prophylaxe sexualisierter Gewalt gegen Mädchen und Jungen, Lehrbeauftragte und Dozentin an verschiedenen Hochschulen und in der Aus- und Fortbildung pädagogischer Berufsgruppen zu den Themen: Sexualisierte Gewalt, Sexualpädagogik und Integration von Kindern und Jugendlichen mit Behinderungen in die Regelschule.

Pech, Detlef, Dr. phil., Diplom-Sozialwissenschaftler, Diplom-Pädagoge, geb. 1970 in Bremen, Studium an der Universität Oldenburg, im Anschluss wissenschaftlicher Mitarbeiter in mehreren Forschungsprojekten, zwischenzeitlich tätig im Kinderschutzzentrum-Oldenburg und beim DGB Niedersachsen-Bremen, derzeit Universität Lüneburg

Pfeiffer, Silke, Dr. phil., geb. 1962 in Rostock, Lehrerin und Dozentin für Sachunterricht / Philosophieren mit Kindern, z. Z. Wissenschaftliche Mitarbeiterin an der Universität Oldenburg

Reeken, Dietmar von, Prof. Dr. phil., geb. 1959, Studium, Promotion und Habilitation an der Univ. Oldenburg, Sachunterrichts- und Geschichtsdidaktiker, Professor für Didaktik des Sachunterrichts am Zentrum für Lehrerbildung der Universität Bielefeld

Schomaker, Claudia, geb. 1976 in Lohne/Oldbg., Studium für das Lehramt an Sonderschulen mit den Fachrichtungen Pädagogik bei Beeinträchtigungen des schulischen Lernens und Verhaltensgestörtenpädagogik an der Universität Oldenburg, Tätigkeit als Lehrerin an einer Schule für Lernhilfe, seit Feb. 2004 wissenschaftliche Mitarbeiterin im Fachbereich Erziehungs- und Kulturwissenschaften / Sachunterricht an der Universität Osnabrück

Seitz, Simone, geb. 1968, Lehrerin für Sonderpädagogik in Grundschule mit Integration und Sonderschule, Doktorandin im Oldenburger Promotionsprogramm Didaktische Rekonstruktion, wiss. Mitarbeiterin an der PH Heidelberg

Siller, Rolf, Prof. Dr., Päd. Hochschule Heidelberg, geb. 1939 in Heidenheim / Brenz, Studium für das Grund- und Hauptschullehramt PH Freiburg, Studium der Philosophie Univ. München, mehrj. Lehrer, später PH Karlsruhe

Raum für Notizen

Raum für Notizen

Raum für Notizen

Raum für Notizen

Raum für Notizen

Basiswissen Sachunterricht Band 1–6

Hrsg. von **Astrid Kaiser** und **Detlef Pech**

2004. Zus. XXX, 1284 Seiten. Kt. ISBN 3896768603. € 80,—

Diese neue sechsbändige Reihe grundlegender Studienbücher zum Sachunterricht will fundiertes Wissen kompakt anbieten. Von der Geschichte und historischen Konzeptionen des Sachunterrichts über aktuelle neuere Konzeptionen, Richtlinien und Zielsetzungen im Sachunterricht, integrative Dimensionen des Sachunterrichts sowie Grundlagen des Lernens bis hin zur Unterrichtsplanung und Methodik sowie Inhaltsauswahl für diese Welt nach dem Konzept der epochaltypischen Schlüsselprobleme reichen die Schwerpunkte der sechs Bände.

In jedem der sechs Bände kommen bekannte Expertinnen und Experten zu den verschiedenen Aspekten zu Wort. Kurze und gut lesbare Artikel zu den einzelnen Punkten sollen helfen, das umfassende Wissen im Sachunterricht und seiner Didaktik gezielt anzueignen und die Bedeutung dieser Disziplin für grundlegende Bildungsprozesse zu erfassen.

Die kompakte Darstellung erleichtert es Studierenden, sich in den wichtigen Wissensbereichen im Fach zu orientieren. Doch sind die Bände nicht nur eine Bestandsaufnahme. Sie zeigen auch neue inhaltliche Orientierungen für den Sachunterricht auf.

Die Auswahl von Inhalten und Schwerpunkten der sechs Bände ist so angelegt, dass sie auch als Basiscurriculum für die neuen BA-MA-Studiengänge verwendet werden können. Wichtige Module wie Geschichte und Konzeptionen des Sachunterrichts, fächerübergreifender Sachunterricht, Lernen im Sachunterricht, Methoden oder Ziele und Inhalte des Sachunterrichts können mit diesen Bänden gut fundiert werden.

Band 1:
Geschichte und historische Konzeptionen des Sachunterrichts

Hrsg. von **Astrid Kaiser** und **Detlef Pech**

2004. VI, 190 Seiten. Kt. ISBN 3896768611. € 17,—

Der erste Band widmet sich der Geschichte des Sachunterrichts. Von den Anfängen in Antike und Mittelalter über berühmte Klassiker wie Comenius, Pestalozzi bis hin zur Reformpädagogik werden alle wichtigen Quellen heutigen Sachunterrichts in 32 Kurzdarstellungen von Werk und Leben skizziert. Die Kurzvorstellungen historischer Konzepte werden mit der Vorstellung wichtiger Ansätze aus den 70er Jahren des 20. Jahrhunderts abgerundet. Einleitende Überblicke runden diesen Band ab.

Band 2:
Neuere Konzeptionen und Zielsetzungen im Sachunterricht

Hrsg. von **Astrid Kaiser** und **Detlef Pech**

2004. VI, 216 Seiten. Kt. ISBN 389676862X. € 17,—

Im zweiten Band werden grundlegende Perspektiven und neuere Konzeptionen des Sachunterrichts präsentiert. Diese werden mit der Diskussion wesentlicher Lernprinzipien im Sachunterricht verbunden. Zugleich wird in diesem Band der aktuelle Stand der curricularen Entwicklung in der Bundesrepublik beispielhaft vorgestellt und die Möglichkeit eröffnet werden, diesen mit dem internationalen Stand anhand ausgewählter Länder zu vergleichen.

 Schneider Verlag Hohengehren
Wilhelmstr. 13; D-73666 Baltmannsweiler

Band 3:
Integrative Zugangsweisen für den Sachunterricht
Hrsg. von **Astrid Kaiser** und **Detlef Pech**

2004. VI, 220 Seiten. Kt. ISBN 3896768638. € 17,—

In diesem Band sollen verschiedene Diskurse und Konzeptansätze einer über einzelfachliche Perspektiven hinaus gehenden Neudimensionierung von Sachunterricht vorgestellt werden. Es geht hier in Richtung einer mehrperspektivischen Pädagogik der Vielfalt, die stärker die Bildung der Person fokussiert und weniger die direkte fachliche Vermittlung von Inhalten. Hier stehen mehr von den Lernsubjekten und ihren Denk- und Wahrnehmungsweisen her gedachte konzeptionelle Innovationen im Zentrum

Band 4:
Lernvoraussetzungen und Lernen im Sachunterricht
Hrsg. von **Astrid Kaiser** und **Detlef Pech**

2004. IV, 210 Seiten. Kt. ISBN 3896768646. € 17,—

In diesem Band wird der Sachunterricht aus der Perspektive des Lernens und der Lernenden beleuchtet. Erkenntnisse über Lernvoraussetzungen für den Sachunterricht und lerntheoretische Ansätze sowie die konzeptionellen Konsequenzen für einen lernförderlichen Sachunterricht stehen hier im Zentrum der Analyse.

Band 5:
Unterrichtsplanung und Methoden
Hrsg. von **Astrid Kaiser** und **Detlef Pech**

2004. VI, 230 Seiten. Kt. ISBN 3896768654. € 17,—

In diesem Band steht die praktische Umsetzung des Sachunterrichts im Vordergrund. Planung und Unterrichtsanalyse werden in ihren Möglichkeiten beleuchtet. Verschiedene methodische Ansätze werden erörtert und in ihrer Begründung wie auch hinsichtlich der Probleme der unterrichtlichen Umsetzung reflektiert.

Band 6:
Die Welt als Ausgangspunkt des Sachunterrichts
Hrsg. von **Astrid Kaiser** und **Detlef Pech**

2004. IV, 220 Seiten. Kt. ISBN 3896768662. € 17,—

Dieser Band widmet sich schwerpunktmäßig dem Sachunterricht als Theorie der Allgemeinbildung. Die verschiedenen epochaltypischen Schlüsselprobleme wie sie Klafki als Strukturierung von Allgemeinbildung formulierte, werden hier bezogen auf den Sachunterricht in der Grundschule entwickelt.

 Schneider Verlag Hohengehren
Wilhelmstr. 13; D-73666 Baltmannsweiler